• 鄭駜謨教授指導 博士學位 論文 3 •

英美 著者記號表 研究

• 鄭駜謨教授指導 博士學位 論文 3 •

英美 著者記號表 研究

박 준 식 著

KSI 한국학술정보[주]

목 차

緖 論

문헌정리에 있어서 저자 기호법은 분류작업의 한 부분으로 이루어지고 있는바, 분류란 일반적으로 類別化(grouping)의 절차를 의미한다. 문헌분류는 제1차적으로는 동일한 주제, 동일한 내용의 문헌을 한곳에 집결시킨다는 의미를 가진다. 그러나 도서관에서는 저자기호법을 통하여 이미 유별화 된 문헌을 다시 서가상에 배열하고, 문헌의 효과적인 이용과 검색을 위하여 각각의 문헌단위로 個別化시키게 되는 것이다.

문헌의 개별화 작업은 1871년 Jacob Schwartz가 분류와 도서기호의 개념이 복합된 조합식 기호법을 고안하여 발표한 이래, Charles A. Cutter에 의해 십진식, 혼합기호법으로서의 기초가 확립되었다. 그 후 Cutter의 저자기호표는 1891-1895년에 Kate G. Sanborn에 의해 Cutter-Sanborn Three-figure. Author Table[1]로 개편되고, 이 Sanborn의 기호표가 오늘날까지 대부분의 도서관에서 정리업무에 필수적인 도구로 활용되어 왔다.

그러나 Sanborn기호표는 오늘날의 관점에서 분석, 평가되고 새롭게 개편될 필요성이 있다. 먼저 Sanborn 기호표가 분석, 평가되어야 할 필요성은 이 기호표가 만들어진 이후 100년이 지났으나 아직까지 한번도 기호표의 구조와 장, 단점에 대해서 분석적인 평가가 이루어지지 않았다는 점이다. 저자기호와 더불어 청구기호를 구성하는

---

1) Sanborn의 기호표는 *Cutter-Sanborn Three-figure Author Table*이 공식명칭이나 기호표의 독자성을 인정하여 Sanborn기호표(*Sanborn's Table*)로 통용되고 있다. 따라서 본고에서도 약칭을 사용하기로 한다.

DDC는 지금까지 115년동안 20번이나 개정되었고, 그 특성과 장, 단점에 대해서 각 나라별로 헤아릴 수 없을 만큼 많은 연구가 있어 왔지만, Sanborn기호표에 대해서는 1890년대 후반과 1900년대 초반 기호표의 사용방법이나 DDC의 적용방법에 관한 단편적인 기사가 발표되었을 따름이고, 평가에 관련된 문헌은 근년의 도서기호법에 관한 Donald J. Lehnus와 John P. Comaromi의 저서에서 부분적으로 언급되고 있을 따름이다.2)

따라서 Sanborn기호표의 어떤 요소가 오랫동안 많은 도서관에서 별 비판 없이 이 기호표를 사용해 오도록 했으며, 단점이 있다면 어떤 부분에서 어느 정도의 결함이 있는가? 이것은 정리업무에 어떤 영향을 미치는가? 이것은 어떠한 방법으로 개선될 수 있는가? 등의 문제가 분석적으로 다루어질 필요성이 있는 것이다.

그리고 Sanborn기호표가 개편되어야 할 필요성은 이 기호표가 표목의 선정범위, 문자별 표목의 점유비율, 그리고 표목의 세분화 등 세 가지 관점에서 문제점을 내포하고 있을 것으로 예상되기 때문이다.

먼저 표목의 선정범위 면에서 예상되는 문제점을 살펴보기로 한다. 100년 전 Sanborn의 기호표가 편찬되었던 당시는 서주의 문헌들이 주로 개인 저자에 의해 발행되는 것이 일반적인 관례였으므로 이 기호표가 주로 인명을 대상으로 표목을 선정한 것은 당연하였으나, 오늘날 문헌이 발행되는 상황은 그때의 양상과 상당히 다르다. 즉, 학술단체의 급증에 따른 단체저자의 문헌과 정부조직이나 정부산하기관에서 발행하는 문헌의 급속한 증가, 표제가 기호매김의 대상이 되는 학술잡지나 참고도서의 대량증가등의 현상은 Sanborn의

---

2) Lehnus, Donald J. *Book Numbers: History, Principles and Application. Chicago*, ALA., 1980. 이 논문에서는 도서기호법의 발전과 각 기호법의 문자별 번호할당 비율을 중심하여 논하고 있다.
Comaromi, John P. *Book Numbers: A Historical Study and Practical Guide to Their Use*. Littleton, Co1o., Libraries Unlimited Inc., 1981. 이 논문은 도서기호법의 DDC 적용에 대해서 강조하고 있다.

기호표가 만들어졌던 당시의 상황과 크게 다른 점이다. 따라서 기존의 Sanborn기호표로서 이러한 단체명과 연속간행물 및 참고도서의 표제를 개별화하기에는 무리가 따를 수밖에 없는 것이다.

문자별 표목의 점유율과 표목의 세분화에서 예상되는 문제점은 Sanborn이 어떤 기준에 의거해서 문자별 점유율을 결정하고, 표목을 세분하였는지 그 근거를 전혀 언급하지 않았으며, 실무자들이 실제 사용하는데도 표목에 따라 저자번호가 집중되고 분산되는 문제가 있는 것으로 밝히고 있다는 점이다. 이 두 가지 가정은 Sanborn이 기호표를 만들 때 도서관의 장서목록 등의 자료에 근거하였다 할지라도 여전히 제기된다. 왜냐하면 그 당시 도서관의 자료수집규모나 장서량이 워낙 영세했으므로 저자의 빈도조사를 위해서는 적합하지 않을 것이기 때문이다. 열거식 저자기호표는 그 특성상 인명과 단체명, 표제 등의 철저한 빈도조사에 근거하여 표를 구성하여야 하는데 Sanborn기호표에서는 이 두 가지 부분에서 문제가 있을 것으로 예상할 수 있다.

이러한 두 가지의 관점에서 본 연구에서는 Sanbom기호표의 특성과 장, 단점을 분석하여 그 위상을 정립하고, 분석결과 나타난 단점들을 보완하여 새로운 기호표를 구성하여 제시함으로써 문헌의 개별화 작업을 효율적으로 수행할 수 있도록 하고자 하는 것이다. 그러나 본 연구에서 제시된 새로운 저자기호표는 알파벳 표기문헌을 위해 광범하게 적용할 수 있도록 시도되었지만 人名의 경우 그 빈도조사를 Books in Print에 의거하였으므로 非英語圈 자료에 적용하는데는 부분적인 제한점이 있을 것으로 보인다.[3)]

이상 두 가지 목적과 더불어 부차적으로 저자기호표의 자동검색시스템을 개발하고자 한다. 과거 Cutter계열의 열거식 저자기호포가

---

3) 이러한 제한점은 *Books in Print*, 1990-1991년판이 500,000만명의 국제적인 저자목록으로서 다양한 언어의 인명을 광범하게 포함하고 있으나 미국의 저자를 중심으로 편성되어 있기 때문이다.

기호매김을 할 때마다 일일이 표를 들춰 보아야 하는 불편이 단점으로 지적되어 왔으므로 이를 효과적으로 개선하기 위하여 기호를 자동으로 검색하는 시스템을 개발하고자 하는 것이다.

Ⅰ. 저자기호의 기능과 성격

A. 저자기호의 기능

문헌을 서가상에 배열하여 주제를 나타내고, 그 위치를 지시해 주는 기호는 문헌관리의 한 요소로서 대단히 중요한 역할을 하고 있다. 이 기호를 도서의 청구기호라고 부르는데, 이 기호는 크게 보면 분류번호와 도서기호라는 두 가지의 기본요소로 구성된다.

"분류번호는 한 문헌의 주제를 나타내며, 다른 색들과의 관계를 표현한다. 한편, 도서기호는 특정 분류 내에서의 다수의 문헌을 유용하게 배열할 수 있도록 한다."[1] 따라서 도서기호는 분류번호에 이은 2차적 배열 기준으로서 동일한 분류항목내의 각 문헌에 대한 배열 위치를 최종적으로 확정해 주는 기호법이다.[2] 다른 말로 표현하면 "동일한 분류항목 내에 두개 이상의 문헌이 모일 때, 또는 이를 예상하여 이들 간을 서로 개별화하는데 쓰이는 기호법"[3]으로서 서가배열에 있어서 중요한 역할을 한다.

도서기호는 저자를 나타내는 문자 또는 숫자인 저자기호와 저작의 첫 머리글자를 표시하는 저작기호로 구성된다. "저자기호는 기본 표목인 개인 및 단체명을 표시해 주기 위해 청구기호상의 분류번호 다

---

1) Comaromi, John P. *Book Numbers: A Historical Study and Practical Guide to their Use*. Littleton, Colo. Libraries Unlimited, 1981. pp. 10-11.
2) 金南碩. 圖書記號. 대구, 계명대학교 출판부, 1988. p. 15.
3) Ranganathan, S.R. *Prolegomena to Library Classification*, 2nd ed. London, Library Association, 1957. p. 371.

음에 부여해주는 기호로서 동일한 분류번호 내에서 그 문헌의 서지적 사항에 책임이 있는 개인이나 단체명을 순차적으로 배열하는데 편리하게 하기 위한 표시로서 사용된다."[4] 따라서 저자기호가 존재해야 할 기본적인 목적은 서가배열에 있어서 각 문헌의 개별화에 있다고 보아야 할 것이다. 이러한 관점에서 도서관의 장서량이 많아질수록 저자기호의 필요성은 당연히 제기된다.

Schwartz의 저자기호법이나, C.A. Cutter의 저자기호법이 처음으로 소개되고 난 다음부터 도서관계 일부에서 저자기호법의 필요성 여부에 대한 논쟁이 있었다.[5] 이러한 논쟁은 그 당시 도서관들의 장서규모가 아직까지는 저자기호법의 도입 필요성을 절감할 만큼 많지는 않았으며, 대다수의 도서관들이 분류번호와 수입순 기호법에 의해서 어느 정도 개별화의 목적을 달성할 수 있었기 때문이었다. 그래서 저자기호법의 채용을 유보하거나 이미 사용하고 있던 도서관들도 폐기하는 경향까지 생기게 되었다.[6]

저자기호법의 채용여부는 그 도서관의 성격이나 사정에 의해 결정되어야 할 문제지만 적어도 다음과 같은 조건을 면밀히 검토하고 채용여부를 결정하여야만 한다.

1) 장서의 규모와 성격
2) 정밀한 분류표의 사용여부
3) 개가식, 폐가식 여부
4) 저자기호의 보조 없이 문헌을 출납할 수 있는 능력과 소요시간
5) 각각의 문헌을 개별화하는 다른 방법의 채용여부 (예를 들면 수입순번호등을 채용하고 있는가?)[7]

---

4) *ALA Glossary of Library and Information Science. Chicago*, ALA., 1983. p. 16.
5) Comaromi, John P. op. cit., p. 11.
6) Loc. cit.
7) 仙田正雄. 圖書分類と 圖書記號. 東京, 蘭書房, 1955. p. 202.

저자기호는 이상의 5가지 요소를 충분히 검토한 후 채용여부가 결정되어야 함에도 선불리 기호의 채용을 폐지함에 따라 자연히 여러 가지 문제점이 제기되었다. 이러한 문제점에 대해 Corinne Bacon은 1925년에 다음과 같이 요약하여 보고하고 있다.[8)]

1) 동일 분류 아래에서 저자순 배열을 하기에 적합하지 않은 도서가 많다. 公文書의 경우에는 일반적으로 저자명(발행관청명)이 책등에 표시되어 있지 않다.
2) 어느 저사가 本名과 異名을 함께 쓰고 있는 경우, 어느 때는 본명, 때로는 異名이 책등에 표시되어 있을 수 있다.
3) 傳記에서는 독자나 도서관 모두 著者와 被傳者를 혼동하는 수가 자주 있다.
4) 異版의 도서에 대해서는 어떤 조직적인 배열을 하는 것도 불가능하다.
5) 분석적 참조에서는 독자는 일반적으로 類와 著者와, 분석된 표제를 써서 만족하지만 담당계는 저자기호가 없으면 바로 도서를 찾아내기 위해 도서 자체의 저자와 표제를 알고 있어야 한다. 이것은 대규모도서관에서는 대단히 어려운 일이다.

"도서기호(저자기호)의 불필요론은 동일한 분류항목 내의 문헌을 無順으로 아무렇게나 배열하자는 것이 아니라 실은 책등에 쓰인 저자나 서명을 배열어로 삼아 자모순으로 배열하고자 하는 것이니, 결국은 도서기호 중 자모순법에 속하는 것이라 하겠다. 도서기호의 불필요론은 기호화하는데 드는 작업상의 노력과 시간을 절약하기 위한 방편으로서 결국은 그 수고를 서가 배열하는 사람에게 돌리고 있는 것이다."[9)]

이러한 문제점을 실제 증명하기 위하여 1927년에 하나의 간단한

---

8) Ibid. p. 203.
9) 리재철. "구조론에 입각한 한국 저자기호표에 관한 연구 한글의 구조상의 특색, 기입의 형식, 배열, 표기법 문제등과 관련한 고찰" 圖書館學, 제1집 (1970). p. 5.

시험이 행해지고 그 결과가 조사 보고서로 제출되었다.[10)]

이 조사 보고서에서 많은 도서관들이 저자기호법을 폐지한 것에 대해 유감을 표시하고 대출부문과 목록부문의 사서장들이 저자기호의 생략이 공공의 업무를 지장받게 하고 시간을 절약하지 못했음을 만장일치로 동의했음을 보고했다.[11)] 또한 이 보고서는 William Del이 도서기호를 생략하여 실제로 시간이 절약되는지에 대해 몇 가지 시험을 행한 결과를 소개하고 있다.

이 시험 결과에 의하면:

"도서기호를 생략함으로써 확실히 서가에 책을 배열하는 데는 시간이 절약되었다. 한 책에 합당한 번호를 할당하고 카드와 책에 번호를 적어 넣는데 얼마나 시간이 드는가를 보기 위해 기록을 유지했다. 그 다음에 카드를 철하고 책이 반납되었을 때 그들을 찾는데 드는 시간을 기록했다. 즉 이용자가 책을 청구했을 때 서가에서 책을 찾는데 (예를 들면 Porter라는 이름의 4명의 서로 다른 저자가 있을 때) 소요되는 시간과 서가상에 적절한 위치로 책을 반환시킬 때의 시간을 측정했다. 이 실험은 정리부문에서 약간의 시간절약이 있으나 열람부문에서 모든 과정을 명백히 지연시키며, 열람부문에서 지연되는 시간은 정리부문에서 번호를 할당하고 위치시키는데 요구되는 시간보다 훨씬 더 많이 소요되고 있음을 보여 주었다."[12)] 이 실험은 아주 완벽한 것은 아니지만 도서기호법을 도서관의 정리업무에서 정착시키는데 기여했다.

이 보고서가 나온 이후 저자기호의 필요성은 당연한 것으로 받아들여지게 되었고, 특히 장서량의 증가에 따라 동일 분류아래에서 세분되게 문헌을 개별화하는데 있어서 저자기호의 존재는 불가피해졌다. 아울러 이렇게 도서기호를 각 문헌마다 정확하게 부여해 놓으면 장서

---

10) ALA. *A Survey of Libraries of United States*, 4 vols. Chicago, ALA., 1921.
11) Ibid. p. 17.
12) Loc. cit.

량의 증가에 따라 문헌을 재배열하고자 할때 문헌의 위치가 아무리 바뀌어도 도서기호에 따라 문헌의 배열위치가 일정해 질것 이므로 비용과 시간을 줄이고, 실수를 최소화시킬 수 있게 되는 것이다.13)

Bertha Barden은 일찌기 저자기호의 필요성을 다음과 같이 세분하여 지적한바 있다.

1) 서가상에 도서를 순서있게 배열하기 위해서
2) 각각의 도서에 간단하고 명확하게 청구기호를 부여하기 위해
3) 서가상의 특정 도서를 확인하기 위해
4) 이용자가 대출하는데 필요한 적절한 기호를 마련하기 위해
5) 서가상에 도서를 재배열하는데 도움을 주기 위해
6) 도서를 검색할때 신속히 확인하기 위해14)

이런 모든 필요성은 결국 서가배열에 있어서 개개의 문헌을 한 문헌 단위로 개별화시켜 특정한 위치를 부여해 주는데 근본 목적이 있는 것이다.15)

B. 저자기호의 성격

저자기호가 분류의 한 부분으로서 유별의 기능을 갖는가? 아니면 분류와는 무관한 독자적인 것으로서 개별화의 기능만 갖는가? 이 문제에 대해 정확히 규명하는 것은 가장 이상적인 저자기호표를 고안

---

13) Lehnus, Donald J. *Book Numbers: History, Principles, and Application*. Chicago, ALA. 1980. p. 8.
14) Barden, Bertha R. *Book Numbers: a Manual for Students with a Basic Code of Rules*. Chicago. ALA., 1937. p. 9.
15) Mann, Margaret. *Introduction to Cataloging and Classification of Books*, 2nd ed. Chicago, ALA., 1943. p. 86.

하는데 있어서 대단히 중요하다. 왜냐하면 저자기호가 분류의 한 부분이라면 한 도서관에서 사용하는 저자기호표는 분류의 조직구조나 배열원칙과 합치되어야 하며, 저자기호가 독자적인 것으로서 개별화의 기능만 갖는 것이라면 굳이 분류의 조직구조나 배열원칙과 합치시킬 필요성이 없기 때문이다.

먼저 저자기호가 분류와는 무관한 독자적인 것으로서 개별화의 기능만 갖는다고 보는 관점에 대해서 분석해 보기로 한다.

국내에서 발행된 '도서관학 · 정보학 용어사전'에서는 저자기호를 "글자나 숫자등으로 저자를 나타내는 기호로서 도서나 목록의 배열을 단순화하기 위하여 서가번호 혹은 분류번호가 같을 때 개별화하기 위한 것이다."[16]고 하여 저자기호의 목적이 개별화에 있음을 밝히고 있고, 미국도서관협회의 용어사전에서도 동일한 관점을 나타내고 있다.[17] 또한 Margaret Mann은 저자기호의 성격을 "동일한 분류항목내의 각 책을 구별하는데 쓰여지는 기호"[18]로서 설명하고 있고, C.A. Cutter는 "개개의 문헌을 동일 類, 書架에서 혹은 기타의 부속기호를 가지고 있는 다른 전체의 문헌으로부터 구별하는데 쓰인다."[19]고 하여 서가배열상 한 문헌의 특정 위치를 구분시켜 주는 관점에서 논하고 있다.

저자기호의 독자성은 저자기호의 기능적 관점에서도 나타난다. Bertha R. Barden은 도서기호가 개별화의 기능을 갖는 것으로 설명하고 있으며,[20] 도서기호가 고정적인데 비해 분류번호는 상관적이어서 양자는 결코 합치 될 수가 없다고 하였다.[21] 또한 일본의 藤井千

16) 사공 철 등편. 도서관학. 정보학 용어사전, 서울, 한국도서관협회, 1986. p. 179.
17) *ALA Glossary of Library and Information Science*. op. cit.. p. 16.
18) Mann, Margaret. op. cit., p. 86.
19) Cutter, Charles A. *Rules for a Dictionary Catalog, 4th ed. Washington*, D.C. GPO., 1904. p. 14.
20) Barden, Bertha R. op. cit., p. 9.
21) Ibid. p. 5.

年도 도서기호의 기능을:

1) 동일 분류 내에서 한 도서의 서가상의 배열위치를 지시해 준다.
2) 동일 분류 내에서 한 도서를 개별화해 준다.
3) 분류번호와 함께 청구기호를 구성한다. 그 결과
4) 도서의 출납을 용이하게 하고
5) 장서점검시 도서의 식별을 용이하게 한다[22]고 하여 개별화의 기능을 강조하고 있다.

한편, 이러한 관점에 대해, 비록 저자기호가 개별화의 기능을 갖기는 하나 그 성격은 분류의 연속 또는 보조기호로 보는 관점도 있다.[23] 이 관점은 저자기호를 매길때 동일한 분류항목내의 문헌을 일단 저자순으로 類聚한 다음 다시 개별화하는 과정을 밟기 때문에 분류의 보조 또는 보완책으로 보는 것이다.[24] 이는 Sayers가 말한 것처럼 "저자기호가 특수한 주제안에서 著作을 저자명순으로 분류하기 위하여 쓰이고 있다."[25]는 지적이나, Mann의 "LC 저자기호는 LC 분류번호의 한 부분으로서 쓰이고 있다."[26]는 주장에서도 나타나듯이 저자기호는 문헌의 배열과 검색의 편의를 위한 것으로 내용상 분류의 일환으로 보는 것이다.

저자기호가 분류의 일원으로 사용되는 경향은 특히 초기의 저자기호법에서 자주 나타난다. Schwartz가 1871년 처음으로 문헌의 크기에 따른 저자기호법을 고안하고, 그 이듬해 Apprentice's Library의 문헌 再分類를 위해 시험적으로 적용시켰을때, 저자기호의 형식은

---

22) 藤井千年. "整理委託に 對應する 圖書整理法". 圖書館界, 32巻 5號(1981, 1) p. 187.
23) 金南碩. op. cit., p. 15.
24) 리재철. op. cit., p. 2.
25) Sayers, W.C. Berwick. *An Introduction to Library Classification*, 9th ed. London, Grafton, 1958. p. 105.
26) Mann, Margaret. op. cit., p. 94.

분류와 저자기호를 결합시킨 조합식 기호법이었다.27) 한 가지 적용 실례를 들어 보면: Wyndam 저, *German History*(8절판)의 청구기호는 R.4796이다. 이때 'R은' '유럽의 역사와 기행'을 나타내는 주제분류이고, 첫 번째 숫자 '4'는 '독일'이란 국가를 나타내며, 마지막 '796'은 '8절판에서의 저자'를 나타내는 기호이다. Schwartz의 조합식 기호법에서는 분류기호와 저자기호가 결합된 상태로 나타난다.

저자기호를 분류의 보조기호 또는, 분류의 일원으로 보는 또 하나의 요소는 특히 소설과 전기서등의 기호매김에서 찾아 볼 수 있다. "목록에서 한 저자의 저작을 한데 모으고, 한 저작의 여러 판들을 한데 모으고, 그 저자의 저작과, 특정 저작에 관한 저작을 한데 모으려고 하는 것처럼, 서가에서 저자기호에 의해 이러한 목적을 이루고자 한다."28) 즉, 저자기호법을 통해:

1) 특정 주제나 형태에 관한 한 저자의 저작
2) 한 저작의 각 版이나 번역서
3) 한 저자의 저작이나 집서에 관한 저작
4) 북 포켓이나 책등에 의존하지 않고 전기나 문학비평과 같은 범주의 특정 주제의 저작들을 모으고자 할때,29) 또는
5) 한 작가의 소설을 한데 모으고 같은 被傳者의 전기서를 모으고자 할 경우 저자기호는 그 자세로서 유취의 기능을 가지게 되는 것이다.30)

"전기서에 있어 被傳者는 사실상 주제이며, 문학에 있어서의 작가도 CC의 구분법과 같이 국어(language), 형식(form)과 더불어 문학분류의 중요한 facet인 것이다."31) John Edmands가 고안한 저자기

---

27) Schwartz, Jacob. "A Combined System for Arranging and Numbering". Library Journal, 3 (Mar. 1878). p. 6.
28) Comaromi,. John P. op. cit., p. 12.
29) Loc. cit.
30) 리재철. op. cit.. p. 2.
31) Ibid. p. 3.

호법은 저자기호 자체가 분류기호로서의 역할을 할 수 있도록 했다. Edmands는 소설을 분류번호없이 저자기호와 저작번호만으로 배열했다.[32] 예를 들면, Trollope의 소설 *Barchester Towers*는 T730 15가 청주기호가 된다. T730은 저자기호이며, 15는 저작번호이다.

소설에 있어서 저자기호가 바로 분류기호가 되는 형식은 C.A. Cutter도 초기에 사용했다. 1879년 Cutter가 그의 두자리수 기호법을 Winchester 공공도서관을 위한 문헌의 재정리에 시험적으로 적용할 때, 소설은 분류번호없이 저자를 기호화하여 알파벳순으로 배열했다. 즉, Arthur의 *Nothing But Money*는 A79 N으로 표시했다. A79는 두자리수 저자기호이며, N은 서명을 나타내는 저작기호이다.[33]

저자기호가 분류와 상호 연관성을 가지는 것은 LCC나 DDC 같은 분류표에서도 나타난다. "LCC는 문학분류에서 작가를 분류기호에 의해서 구분하고 있고, DDC도 14판까지는 상당수의 작가가 분류번호에 의해서 구분되어 있으며, 모든 작가기호를 저자기호로 돌리고 있는 15판 이후의 DDC에서도 Shakespeare 만은 822.33에 분류하고 있어 그 잔영을 남기고 있다."[34]

이상에서 저자기호의 성격에 관한 두 가지의 관점에 대해 살펴 본 결과 분류와 저자기호의 성격과 한계가 매우 애매함을 알 수 있다. 이를 요약하면 저자기호는 동일 분류항목내의 저작들을 각각 개별화시켜 서가상에 특정 위치를 지시해 주는 목적으로 만들어지기 때문에 그 기능이 개별화에 있음은 분명하다.[35] 그러나 저자기호법을 통해 동일한 분류항목 내에서 한 저자의 모든 저작과 평론서, 전기서 등 연관 저작을 한데 모으고, 다만 맨 마지막에 저작기호와 판차기

32) Edmands, John. "Plan for Numbering, with Especial Reference to Fiction." *Library Journal*, 4 (Feb. 1879). pp. 38－40.
33) Lehnus, Donald J. op. cit., p. 17.
34) 리재철. op. cit., p. 3.
35) 張一世. "우리나라에 있어서 저자기호표에 관한 연구." 圖書館學, 제2집 (1971). p. 8.

호에 의해서 배열의 선후가 결정되기 때문에 저자기호를 분류의 보완책으로도 볼 수 있는 것이다.

이러한 요소를 전제로 할때, 이상적인 저자기호법은 그것이 비록 분류법처럼 상관적이 아니고 고정적인 것이긴 하나 분류의 기호매김에서 나타나는 형식 또는 배열기준과 가능한 한 합치시키는 것이 서가배열이나 검색에 있어서 혼동을 줄이고 일관성을 갖게 하는데 중요하다고 할 수 있다.

Ⅱ. 저자기호표의 구성원리와 기준

A. 저자기호표의 구성원리

저자기호의 성격이 분류의 보완책으로서 개별화의 기능과 부분적인 유별의 기능을 동시에 가진다고 보았을 때, 특히 서가배열에 있어서 동일한 배열기준을 가지는 것이 배열과 검색에 편리하다면, 기호표의 구성원리와 형식은 당연히 분류번호의 구성원칙과 형식에 합치시키는 것이 좋을 것이다. 따라서 저자기호표의 구성원리는 분류표의 구성원리로 부터 그 방법을 채용할 수 있으리라 본다.

일반적으로 "표의 구성원리에는 크게 두 가지 방식이 있다. 그 하나는 열거식 방법(enumrative system) 이고, 다른 하나는 분석 합성식 방법(analytical synthetic system)이다. 열거식 방법이란 표출코자 하는 모든 사물이나 事象을 일일이 늘어놓는 방법을 말하며, 분석 합성식 방법이란 표출코져 하는 사물이나 사상을 일일이 항목을 잡아 늘어 놓는 대신, 얻어진 元素를 어떤 연결 원칙에 의하여 다시 합성하여 표출해 내는 일종의 조립식, 또는 조합식 방법을 말한다. 이를 분류법에 비긴다면 전자는 지식의 전분야(university of knowledge)를 구분하고 전개하는데 일일이 자리를 잡아 列記해 가는 LC, SC, BC, DDC, KDC 등과 같은 시스템이고, 후자는 전체 지식을 더이상 분석할 수 없는 기본요소로 분석한 다음 이를 다시 어떤 용도, 즉 facet에 따라 합성 시키는 CC와 같은 시스템을 말한다."[1)]

저자기호표를 위한 구조론은 정형화된 것은 없으나, 지금까지 만들어진 저자기호표를 보면 대개 이상의 두 가지 기본 유형을 토대로 구성되어 있음을 알 수 있다. 즉 외국에서의 Cutter系列의 기호표와 Olin기호법,[2] Merrill기호법,[3] 日本著者記號法,[4] 中國著者號碼編製法,[5] 그리고 국내의 李春熙: 東書著者記號表,[6] 張一世: 東洋書著者記號表,[7] 정필모: 韓國文獻記號表,[8] 등 기존 저자기호표의 대부분이 열거식 저자기호표들이다. 이들 기호표들은 정필모: 한국문헌기호표를 제외하고는 주로 저자명으로 사용되는 성명을 쓰여지는 빈도에 따라, 또는 쓰여질 것을 예상하여 항목을 채기하여 자모순으로 열거하고 여기에 아라비아 숫자를 순차적으로 부여하여 편찬한 것이다.

다음에서 이들 두 가지 저자기호표의 구성원리에 대해 각각 그 특성과 장, 단점을 논술해 보기로 한다.

1. 열거식 기호법

오늘날 알파벳계 문헌의 저자기호 매김을 위해서 가장 보편적으로 사용하고 있는 Sanborn저자기호표의 구성 실례를 예시하고(표 2-1), 이를 중심으로 열거식 기호법의 특성과 장, 단점에 대해 살펴 보기로 한다.

---

1) 리재철, "구조론에 입각한 한국 저자기호표의 연구: 한글 구조상의 특색, 기입의 형식, 배열, 표기법의 문제등과 관련한 고찰." 도서관학, 제11집 (1970). p. 7.
2) Olin, C.R. "An Order Table for Collective Biography." *Library Journal*, 18 (May 1883). p. 144.
3) Merrill, William S. "The Merrill Book Numbers," *Public Libraries*, 17(Apr. 1912). pp. 127-129.
4) もり きよし. 日本著者記號表. 改訂版. 東京, 日本圖書館協會, 1974.
5) 汪學文. 中國著者號碼編製法. 臺北, 中華書局. 1956.
6) 李春熙. 東書著者記號表. 서울, 성균관대 도서관, 1960.
7) 張一世. 東洋書著者記號表. 서울, 新書閣, 1964.
8) 정필모. 韓國文獻 記號表. 서울, 中央大學校, 1972 및 同改訂版, 1982.

Sanborn기호표를 사용할때는 저자성의 두문자 한字와 여기에 해당하는 번호 3자를 붙여서 사용하는 단순한 구조로 되어 있다. 즉, Akers는 A315가 된다. 따라서 Sanborn기호표는 기본적으로 문자, 숫자를 합하여 4자리수가 되지만 저자명의 빈도가 적은 알파벳의 경우에는 숫자가 두 자리 수, 또는 한자리수가 되는 경우도 있다.

<표 2-1> Sanborn기호표의 구조

Aa	111	Adams	211	Ait	311
Aal	112	Adams, F	212	Aj	312
Aar	113	Adams, G	213	Ak	313
Aars	114	Adams, J	214	Aker	314
Aas	115	Adams, M	215	Akers	315
Aba	116	Adams, N	216	Al	316
Abal	117	Adams, S	217	Alain	317
Abar	118	Adams, T	218	Alam	318
Abat	119	Adams, W	219	Alan	319
Abau	120	Adamson	220	Alar	320
Abb	121	Add	221	Alard	321
Abbat	122	Adde	222	Alary	322
Abbe	123	Addi	223	Alav	323
Abbo	124	Addison	224	Alb	324
Abbot	125	Addison, M	225	Alban	325
Abbot, J	126	Addison, S	226	Albar	326
Abbot, M	127	Ade	227	Albe	327
Abbot, S	128	Adelh	228	Alber	328

<표 2-1>의 실례에서 보는 바와 같이 Sanborn기호표의 저자명 항목은 어떤 필연성에 의한 나열이 아니라 단순한 저자명의 세분된 나열에 불과하며, 부여된 숫자도 고정적이기 때문에 사서의 판단이 작용할 여지가 없이 기계적인 기호매김을 하도록 되어 있다.

열거식 기호표가 갖는 장점은: 첫째, 기호가 단순하고 간결하다는 점이다.9) 즉, 저자 성을 중심으로 열거된 기호표에서 해당되는 저자

9) 정필모. "韓國文獻記號法研究: 現行 列擧式 著者記號法에 대한 代案." 국회

성의 번호를 찾아 성의 頭文字와 그 번호를 결합시키면 기호의 매김이 끝나도록 되어 있어서 기호표에 관한 특별한 지식이나 훈련이 없어도 기호 매김이 가능하도록 단순하고 간결하게 구성할 수 있다.

두 번째의 장점은 기호표가 성명의 빈도에 따라 신축적으로 전개할 수 있으므로 필요한 곳에서는 세밀하게 전개할 수 있어 구분능력이 뛰어나다는 점이다.[10] 즉, 저자명으로서 자주 쓰이지 않는 성의 경우 전개를 단순화 시키고, 자주 나타나는 성의 경우 세분시켜 전개함으로써 구분성의 효과를 극대화시킬 수 있는 점이다. Sanborn 기호표의 예를 들면, Smith와 같은 경우에는 하나의 성에 20개의 독립된 기호를 배정하여 구분을 세밀하게 하고 있어서 저자기호의 기본 목적인 개별화의 기능을 충실하게 반영시킬 수 있도록 되어 있다. Sanborn기호표의 구분능력(표목의 수)은 모두 12,330개[11] 로서 알파벳계 문헌을 위한 저자기호표로서는 Cutter의 세자리수 기호표 다음으로 뛰어난 구분능력을 갖고 있다.

세 번째의 장점은 기호의 배열기준이 대다수의 분류표의 배열기준과 합치됨으로 배열과 검색에 편리하다는 점이다. 문자와 숫자의 조합으로 되어 있는 LC분류표나, 아라비아 숫자만으로 되어 있는 DDC 및 UDC분류표 등 기존의 분류표와 더불어 동일한 체계로 배열하도록 되어 있어서 청구기호를 구성하는데 적합하다.

이러한 장점 때문에 비교적 근년에 대규모 도서관들, 특히 LC 분류표를 사용하는 도서관들에서 일부 이용되고 있는 LC 저자기호표를 제외하고는 열거식 기호표인 Sanborn 기호표가 문헌정리를 위한 필수적인 도구로서 가장 보편적으로 사용되어 왔다.[12]

열거식 기호표는 이러한 장점을 가지고 있지만 몇 가지 단점도 동

도서관보, 9권 5호 (1972, 7) pp. 6-7.

10) Loc. cit.

11) 리재철. op. cit., p. 18.

12) Lehnus, Donald J. *Book Numbers: History, Principles and Application.* Chicago, ALA. 1980. p. 42.

시에 가지고 있다. 첫 번째의 단점은 표목의 선정이 용이하지 않다는 점이다. "분류표에 있어서 모든 주제항목을 열거하기로 아무리 애쓴다 할지라도 현존하는 주제를 완전무결하게 다 수록 할 수는 없다. 설혹 그것이 가능하다 할지라도 장차 생길 주제를 예상해서 미리 다 수록해 놓기는 어려운 것이다. 그와 마찬가지로 저자기호에 있어서도 기존의 열거식 기호표를 보건데, 과거와 현재의 인명, 국명, 지명, 표제 등의 표목을 다 수록해 놓기가 어려우며, 더욱이 미래를 대비한 표목을 장만해 놓기란 어려운 일이다."[13] 이러한 관점에서, 기존의 열거식 기호표의 대표적인 Sanborn 기호표도 어느 정도 취약점을 가지고 있으며, 여타의 다른 기호표들도 동일하다.

Sanborn 기호표는 인명에 있어서는 상당한 구분능력을 가지고 있지만 국명, 지명, 단체명, 표제 등을 별로 고려하지 않고 만들었기 때문에 기호매김에 한계가 있다.[14]

Sanborn기호표의 이러한 한계를 개선하고자 만들어진 Merrill기호표는 모두 3개의 표로 구성되어 있는데, 제1표는 인명, 지명, 주제명 등을 위한 십진식 기호표로서, 01부터 99까지의 숫자로 되어 있다. 제2표는 정기간행물의 표제를 위한 것으로서 01에서 99까지의 숫자기호로 되어 있다. 또한 제3표는 십진식으로된 연대 기호표이다.[15] 이 표는 Cutter의 초기 기호표의 결점을 보완하고자 시도하였으나, 현재 2표와 3표는 거의 활용되지 않고 있으며, 1표 마저도 구분 능력이 99개 밖에 되지 못함인지, 아니면 Cutter와 Sanborn기호표에 의해 점유된 기성 도서관계를 뚫고 들어 가기 어려움인지 별로 보급되지 않고 있는 실정이다.[16]

---

13) 리재철. op. cit., p. 10.

14) 정필모. "한국 문헌기호법연구: 현행 열거식 저자기호법에 대한 대안." 국회도서관보, 9권 5호(1972, 7). p. 7.

15) Merrill, William S. "The Merrill Book Numbers." *Public Libraries*, 17 (Apr. 1912). pp. 127-129.

16) 리재철. op. cit., p. 21.

또 다른 하나의 단점은 기호표가 방대하여 기호를 매길 때 일일이 표를 들추는데 시간과 노력이 든다는 점이다.[17] 이 요소는 기존의 열거식 기호표가 지니는 공통의 결점으로서, 특히 구분능력을 극대화시키기 위해 표목을 세분화하면 할수록 이 결점은 증대된다. 그러나 이 문제는 오늘날 컴퓨터의 도입으로 인해 자동기호매김이 가능해졌기 때문에 자동 검색 시스템을 적용할 경우 더 이상의 문제점으로 지적될 요소는 아닌 것으로 보인다.

2. 분석 합성식 기호법

저자기호법에 있어서 분석 합성식 기호법이란 문헌분류표에서의 多面的 分類表(faceted classification)와 동일한 개념으로서 국내의 李載喆 敎授가 고안하여 발표한 일련의 저자기호표[18]와 미의회도서관에서 채용하고 있는 LC저자기호표[19]가 대표적인 예이다. LC 저자기호표는 LCC와 같이 세분된 분류표를 사용하고 있는 대규모 도서관에서 기호매김을 위해 사용하고 있다.

이 기호표는 저자성의 첫째 문자를 S, Q, 그리고 자음과 모음의 4가지로 나누고, 그 다음에 나타나는 문자에 따라 2-9의 번호를 부여하여 저자성의 두문자와 결합하는 변환시스템을 취하고 있다. 기호표에 나타난 기본원칙만으로 저자기호를 구성한다면, 한 문자와 한 숫자만 조합된 매우 단순한 기호구조를 가지게 된다. 또한 장서량이 많은 도서관이라면, 계속해서 기호를 전개할 수 있도록 부가적

---

17) Ibid. p. 10.

18) 리재철. 동서저자기호표. 서울, 이화여대, 1958. 및 同書의 제2판 (서울. 아세아문화사, 1973), 그리고 또 다른 개정판인 한글순도서기호법,(서울, 아세아문화사, 1982)등이 있다.

19) Laws, A.C. *Author Notation in Library of Congress*. Washington D.C. GPO., 1917.

인 전개규칙을 마련해 놓음으로서 대규모 도서관에서도 사용할 수 있도록 하였다. LC저자기호표가 이렇게 단순한 구조를 가질 수 있었던 것은 LC 분류기호표 자체가 密集分類(세분된 분류)이기 때문에 분류표만으로 이미 상당한 구분능력을 가지고 있기 때문이다.

LC 저자기호표가 갖는 가장 큰 장점은 전체 기호를 외울 수 있어서 기호를 매길 때 일일이 표를 들추지 않아도 기호매김이 가능하다는 점이다. 이 요소는 Cutter 계열의 열거식 기호표와 비교해 볼 때 기호를 매기는데 소요되는 시간을 절약할 수 있는 요소가 장점이 될 수 있다.[20] 또한 기호가 단순하고 간결하며, 배열기준이 분류기호와 합치됨으로 배열과 검색이 편리하다는 장점은 열거식 기호표의 장점에서 논술한 바와 동일하다.

그러나 LC 저자기호표가 가지는 가장 큰 단점은 구분능력의 취약성에 있다. Sanborn 기호표가 가지는 구분능력이 12,330개 인데 비해 LC저자기호표는 기호배정을 위한 기본원칙만 적용시킬 경우 불과 188개의 구분능력 밖에 가지지 못한다.

즉, S 다음의 문자 해당 기호수			8개
Qu	〃		7개
나머지 자음 19개 X 7개		=	133개
모음 5개 X 8		=	40개,

합계 188개의 개별화 능력을 가지고 있다.[21] 따라서 한 분류항목 내에서 동일하거나 유사한 성을 가진 저자를 구분해 주기 위해서 원래의 기호매김 외에 부차적으로 1-9까지, 주어진 규식에 따라 임의의 숫자를 부가해 주지 않으면 안 되며, 문학작품중의 소설과 같이 한

---

20) 리재철. "구조론에 입각한 한국 저자기호표의 연구: 한글 구조상의 특색, 기입의 형식, 배열, 표기법의 문제등과 관련한 고찰." 도서관학. 제1집(1970). p. 11.

21) 이 구분능력의 산출은 LC기호표에서 제시된 부차적인 전개규칙을 적용하지 않고, 한문자와 한숫자만으로 구성되는 1차적인 전개규칙을 적용했을때의 경우이다.

항목 내에 너무 많은 문헌이 집중될 경우 한 단위의 임의의 숫자 부가만으로 부족하여 계속해서 자릿수를 전개해야 하며, 이렇게 될 경우 숫자기호만 4-5개씩이나 되는 많은 자리수의 기호가 되고 만다.

그리고 경우에 따라서는 알파벳순 배열의 질서가 무너질 수도 있다. 예를 들면 Shipley란 저자는 .S5 란 기호를 주도록 되어 있는데, 나중에 동일 분류항목 내에서 Shank란 저자의 책이 입수되었을 경우 .S45 정도의 번호를 주어야하므로 (Shipley 보다 Shank가 앞에 있어야 하므로) 알파벳순 배열에 있어서 불합리한 경우가 생긴다. 왜냐하면 .S4는 S다음의 문자가 e일 경우에 주는 문자이기 때문에, Sh로 시작됨에도 불구하고. 기호표에 나타난 Sh의 해당번호인 .S5를 줄 수 없기 때문이다. 또한 기호표가 간단하여 1문자 1자리수가 부여되는 1단계의 기호를 작성하는데는 시간의 절약을 가져올 수 있지만, 숫자자리수가 2단계, 3단계로 세분되게 전개시켜야 할 경우에는 기존의 서가목록을 일일이 확인해 가면서 기호매김을 해야 하므로 열거식 기호표에 비해 오히려 더 많은 시간을 요하게 된다.

원래 모든 저자기호는 저자 성명을 중심하여 알파벳 순서로 배열되는 일정한 질서체계를 유시하여야 하는데, LC저자기호법처럼 사람이 외울 수 있는 범위의 기호표로서는 이런 불합리성이 나타나게 되는 것이다. 이런 요소를 감안하면 원래 저자기호의 기본 목적인 문헌의 개별화와 저자별 알파벳순 배열을 이루기 위해서는 오히려 LC저자기호법이 다른 열거식 기호법에 비해 불리한 요소가 된다. 이것은 LC저자기호표와 같은 분석적 합성식 기호표가 가지는 치명적인 결함이 될 수 있다. 따라서 LC저자기호표와 같은 분석 합성식 기호법은 LC 분류표와 같은 매우 세분된 분류표를 사용함으로써 분류표만으로 이미 문헌의 개별화 목적을 부분적으로 이루고 있는 도서관에서나 가능한 기호법임을 알 수 있다.

이상에서 열거식 저자기호법과 분석 합성식 저자기호법의 구조와 특성 및 장, 단점을 살펴 본 결과 이 양자는 각각 장, 단점이 있어서 어느 방법이 더 우수한 것이라고 단정적으로 말하기는 어렵지만, 저자기호의 기본 목적인 개별화의 능력과 기호의 작성에 소요되는 시간, 단순, 간결성, 그리고 자동과 시스템의 설계등의 관점에서 본다면 세분화된 열거식 기호표가 오히려 유용성이 더 높다고 볼 수 있다. 따라서 열거식 기호표에서 표목의 범위를 모든 대상어로 확대하여 표를 만들고, 이를 자동검색이 가능하도록 시스템을 고안한다면, 열거식 기호표가 저자기호의 목적과 기능을 더 효과적으로 수행할 수 있을 것으로 판단된다.

B. 저자기호표의 기준

이상적인 저자기호표를 구성하기 위한 기준에 대해서는 일찌기 H.E. Bliss가 분류기호에 대해서 기술한 '기호원칙의 요약'에서 나타난다. 이 원칙 가운데서 저자기호에 관계되는 부분을 요약하면 다음과 같다.[22)]

1) 기호는 조절성, 상관성, 그리고 전개성을 가져야 한다.
2) 기호는 그 이용 및 경제성에서 가능한 한 단순하여야 한다. 그러기 위해서는 일상적으로 사용하는 부호로서 만들어져야 한다.
3) 분류기호는 동일한 類內의 內部記號인 도서기호와는 분리되고 구별될 수 있어야 한다.
4) 경제상 필요로 하는 필수적인 구분성(구분능력)은 분류기호에 있어서와 마찬가지로 도서기호에 있어서도 고려되어야 한다.
5) 기호가 편리하게 사용되기 위해서는 가능한 한 짧아야 한다. 분류기호의 경제적 한계는 3-4개, 도서기호는 4개이다.
6) 기호는 필수적인 구분성을 가져야 하며 조기성으로서의 가치가 있어야 한다. 문자, 숫자를 가능한 한 단순하게 조합한 것이 이 요건

22) 仙田正雄. 圖書分類と 圖書記號. 東京, 蘭書房, 1955. pp. 164-165.

을 충족시킨다.

7) 혼란스러워 착오를 일으키거나, 최소한 異論이 제기 될 수 있는 것은 피하여야 한다. 예를 들면 0 과 같은 숫자는 피해야 한다.

8) 기호는 필요에 따라 변경할 경우 노력과 비용을 요하지 않고, 비교적 손쉽게 제거하거나 지울수 있도록 도서나 카드상에 기재해야 한다.

Bliss의 이러한 기호표 기준은 W.C. Berwick Sayers가 간략하게 제한한 1) 단순성, 2)간결성, 3) 신축성[23]을 모두 포함하고 있으며, 일본의 藤井千年이 제한한 1) 배열성, 2) 간결성, 3) 논리성, 4) 융통성, 5) 전개성(발전가능성)[24]등 다섯가지 요소의 대부분을 포함하고 있다. 다만 Bliss는 藤井千年이 제한한 첫 번째의 요소인 배열성을 고려하지 않았는데, 여기서 말하는 배열성의 문제는 서가배열에 있어서 분류기호의 배열원칙과 합치되는 조직구조일 경우 이 문제는 저절로 성취될 수 있을 것이다. 기존의 저자기호법들은 대부분 서가배열을 용이하게 하기 위해 분류기호의 배열원칙과 합치시키고 있다.

한편 일본의 藤井千年은 이상적인 저자기호표를 조직하기 위해서 요구되는 조건으로 다음과 같은 내용을 제시하고 있다.[25]

1) 개가제 열람방식을 운용함에 있어서 이용자가 요구하는 동일 주제의 동일 문헌들이 집중되어 있을 것.

2) 각 주제에 어울리게 그 분야의 圖書群의 집중형태에 일정한 필연성이 있을것. 즉 이용자의 心理探索原理에 적합할 것.

3) 서고에서의 출납의 편리를 위해 기호가 단순하고 그 순서가 명확할 것.

4) 장차 도서가 증가하여도 도서의 대이동이 일어나지 않을것

이 요건 가운데서 1)의 경우 동일한 분류번호 아래에서는 특정 저

---

23) Sayers, W.C. Berwick. *An Introduction to Library Classification*, 9th ed. London, Grafton, 1958. p. 55.

24) 藤井千年. "整理委託に 對應する 圖書整理法." 圖書館界, vo1.32, no.5. (Jan. 1981) p. 187.

25) Loc. cit.

자의 저작이나 그 저작의 각 版, 한 인물의 전기에 관련된 저작 등을 집합시킬 수 있는 능력을 말한다.

2)에서 말하는 '그 분야의 도서군의 집중형태에 일정한 필연성이 있을 것'이란, 예를 들면, "자유개가식 서가의 내부는 어떤 질서에 의해서 세분되고 그것에 의해 문헌이 배열되어 있는 것이 바람직하다는 의미이다. 왜냐하면 이용자의 탐색 당시의 심리적 상태로서는 동일 주제아래에서의 문헌의 배열이 전체로부터 부분으로라든가, 과거에서 현재로 (시대별 배열) 혹은 저자별이든가, 각 주제에 어울리는 체계의 흐름을 무의식 가운데서도 기대하고 있기 때문이다. (中略) 이용자는 서가 앞에서 이러한 요소를 一覽하는 것에 의해 문헌 배열의 질서체계를 암암리에 읽어 내고 그 체계에 이끌려 요구하는 문헌을 빨리 찾아 낼 수가 있는 것이다. 따라서 이용자가 이 일정한 질서세계의 흐름을 무의식 속에서 요구하고 암암리에 읽어 이해하려는 움직임의 원리가 心理探索의 原理이다."[26]

4)의 경우, 한 도서관이 고정식 배가형식을 취할 경우 상호 모순되는 조건이라고 볼 수 있다. 고정식 배가법에 있어서 장서의 계속적인 증가는 필연적으로 서가의 이동을 요구하게 된다. 그러나 저자의 성명을 문자나 숫자등의 기호로 바꾸어 배열하는 변환시스템, 즉 상대적 기호법을 채용할 경우 이 조건은 성취 가능하다. 왜냐하면 상대적 기호법을 택할 경우 새로 편입되는 문헌은 기존장서의 중간 삽입이 가능하기 때문이다.

한편, 1951년에 개최된 제1차 국제분류학연구회에서 E.J. Coates는 기계적 매체를 통하지 아니하고 인간이 직접 사용할 것을 목적으로 한 기호법으로서 갖추어야 할 요건을 다음과 같이 제시했다.

1) 채용될 기호의 형식이 문자이든 숫자이든 간에 그 順次關係(ordinal realtion)에 있어 그것을 이용할 사람에게 理解性(comprehensibility)

---

26) Ibid. p. 188.

이 있어야 한다.

2) 머리속에 쏙 들어오고 간직하기 쉬운 기억성이 있어야 한다.
3) 기억을 용이하게 하기 위해서는 기호의 길이가 짧아야 한다.
4) 기억을 용이하게 하기 위해서는 기호의 구성면에서 단순성이 있어야 한다.
5) 손쉬운 기억을 위해서는 기호에 발음성이 있어야 한다. 발음하기 쉬운 기호 즉, 音節式 記號로 만들어져야 한다.
6) 목록이나 서가상에서 판독하고 식별하는데 容易性과 정확성이 있어야 한다.
7) 학문과 지식의 성장에 순응해서 새로운 주제를 삽입하고 낡고 안쓰는 주제를 빼버리고 기호를 재배치할 수 있는 成長性(Viability)이 있어야 한다. 즉, 신축성과 전개성, 포용성이 있어야 한다.[27)]

李載喆 教授는 이러한 요건이외에 '쓰기 쉽고 타자하기 쉬울 것'이란 요건을 하나 더 추가한다면 보다 더 완벽한 기호법이 될 것이라고 했다.[28)] 물론 이 기준은 저자기호를 위해 만들어진 것은 아니고, 분류기호로서 갖추어야 할 요건을 제시한 것이지만 내용의 상당부분이 저자기호의 요건에도 해당된다고 볼 수 있다.

E.J. Coates가 제안한 요건을 좀 더 분석해 보기로 한다. 첫 번째로 제안된 '順次關係에 있어서 이용자의 이해성'이란 기호에 대한 이용자의 폭 넓은 이해를 의미한다고 볼 수 있다. 이 요소는 日本의 藤井千年이 말한 '이용자의 심리탐색'과 유사한 개념이다. 즉 기호의 전개과정을 이용자가 암암리에 읽어 이해하고, 기호의 전개 순서에 따라 구하고자 하는 책을 빨리 찾을 수 있어야 하는 것이다. 그러기

---

27) Coates, E.J. "Notation in Classification", In: *Proceeding in International Study Conference on Classification for Information Retrieval*, 1957. London, Aslib, 1957 pp.51-64.(리재철. "저자기호법에 있어서 한글의 기호삼기 문재에 대하여." 人文科學 (연세대), 24-25(1971). pp. 223-224. 에서 재인용).

28) 리재철. op. cit., pp. 224-225

위해서 기호는 분류기호에서 나타나는 숫자, 때로는 문자와 숫자의 조합과 마찬가지의 형태를 취하여야 하는 것이다. 결국 이 요소는 사서의 능률적인 서가배열과 이용자의 신속한 탐색작업 모두에 관계되는 요소인 것이다.

두 번째의 기억성과 세 번째의 간결성, 네번째의 단순성은 모두 하나로 묶어 설명할 수 있다. 기억성은 기호전체를 외울수 있도록 간단하여야 한다는 의미는 아닌 것으로 보인다. 분류표에서 전분야의 분류번호를 모두 외울수 없는 것과 마찬가지이다. 기억성은 Brian Buchanan이 지적한 바와 같이 오히려 體系的 助記性을 의미한다.[29] 체계적 조기성은 많은 분류표에서 응용되는 것과 마찬가지로, 저자기호법에 있어서도 LC저자기호법의 부차적 전개규칙과 같이 어떤 조합원리를 적용시켜 주된 전개원칙을 보완해 주는 능력을 의미한다. 실제로 LC저자기호법의 부차적 전개규칙은 LC저자기호를 2단계, 3단계로 계속확대 전개시킬 수 있는 근거를 마련한다. 기존의 대부분의 저자기호표들이 간결하고 단순하게 만들어진 것은 공통적이나 조기성을 이룰 수 있도록 만들어진 표는 국내에서의 리재철 교수의 기호법과 LC 저자기호표와 같은 극소수의 표에 불과하다. Coates가 제한한 기억성은 그가 전제로 했듯이 기계를 사용하지 않고 사람의 노력으로 만드는 표일 경우로 안정해서 생각하지 않을 수없다. 오늘날 처럼 컴퓨터에 의해 자동으로 기호매김이 이루어질 수 있을 경우 굳이 작성자를 위한 기억성은 강조되지 않아도 무방할 것이다.

기억성, 단순, 간결성은 기호의 길이와도 관계가 있다. 기호의 길이는 도서관이 동일 분류내에 소장하고 있는 장서의 양에 좌우될 것이다. 동일 분류내에 장서량이 많지 않을 때에는 간단한 번호로 해결될 수 있으나 장서량이 많을 때에는 보다 복잡한 형식이 될 수 밖에 없다.[30] 기호의 길이에 관한 정형화된 기준은 없으나 그 경제적

---

29) Buchanan, Brian. *Theory of Library Classification*. 정필모. 오동근 공역. 문헌분류이론. 서울, 구미무역, 1989. p. 94.

한계를 문자, 숫자 합하여 4자리로 보는 것이 일반화되어 있다.[31]

다섯째의 발음성과 여섯번째의 식별의 용이함과 정확성은 대부분의 저자기호법들이 알파벳 26자를 모두 기호로 사용하고 여기에 숫자를 조합하는 변환시스템을 적용하고 있기 때문에 단순한 알파벳 문자와 숫자의 조합만으로도 별 문제가 없을 것이다 식별문제는 혼동을 일으킬 만한 숫자를 제거하거나, 기호로 채용되는 저자의 성의 두문자와 숫자기호가 구분될 수 있도록 기호표를 만든다면 자연히 해결될 수 있다.

마지막으로 제한한 신축성과 전개성은 기존의 열거식 저자기호표와 분석합성식 기호표들이 가지는 공통적인 문제점이다. 현재 상태에서 열거식 기호표가 기본표목의 대상이 되는 모든 요소를 뽑아서 열거하기도 어렵고, 더욱이 장래를 예상하여 표를 만든다는 것은 더욱 어렵다. 아울러 분석적 합성식 기호표에서도 인간이 외울 수 있는 한계 안에서의 組合要素로서는 이 요소를 충족시킬 수가 없다. 따라서 차후에 표를 전개할 수 있도록 (그러면서도 전체표의 체계를 유지하면서) 여유가 있으면 더욱 좋을 것이고, 최소한 표를 개정했을 경우 藤井千年이 제안한대로 서가를 대이동하지 않고 서가배열을 할 수 있다면 그것으로 만족할 수 있을 것이다.

이상 논의 된 기준들은 주로 선행연구에서 제시된 기준들을 중심으로 살펴본 것이다. 그러나 선행연구에서 제시되지 않은 몇 가지 중요한 요건이 있다. 그중 한 가지는 각 문자별 번호할당 비율과 포목의 세분화(간격)가 합리적이어야 한다는 점이며,[32] 다른 한 가지는 자동화 시스템의 개발에 관한 것이다.

---

30) 金南碩. 圖書記號. 대구, 계명대학교 출판부, 1988. p. 18.
31) 仙田正雄. 圖書分類と 圖書記號. 東京, 蘭書房, 1955. pp. 164-165.
32) 문자별 배분비율과 표목의 세분화문제를 저자기호표의 기준으로 제시하고 있는 문헌은 없다. 그러나 이들 요소는 저자기호표의 유용성을 결정하는 중요한 요건이 된다. 이 문제는 제Ⅳ장 Sanborn기호표의 평가 부분에서 분석적으로 논의된다.

각 문자별 번호할당 비율이라 함은 알파벳 26문자별로 번호를 할당할 때 각 문자별 번호의 최대치를 결정하기 위해 어떤 기준을 적용할 것이며, 그. 결과 각 문자별 번호의 배분비율이 얼마 만큼 균형을 이루며 합리적인가? 하는 문제다. 인명과 단체명은 알파벳별로 일정 한 점유율을 갖고 있다. 예를 들면 전화번호부에서는 S가 전체 항목(인명, 단체명포함) 가운데서 약 10.10%를 차지하고, V는 1.34%를 점유한다.[33] 그렇다면 저자기호표에서도 이와 유사한 비율로 표목(저자번호)을 배분한다면 문자별 번호할당 비율이 합리성을 갖게 될 것이다. 그러나 Sanborn기호표처럼 이러한 비율에 대한 고려없이 동일하게 5.91%를 배분하게 되면 S부분은 저자성이 밀집되어 개별화가 어렵게 되고, V부분은 그 반대현상이 나타나게 된다.

표목의 세분화, 즉 표목과 표목 사이의 간격문제도 마찬가지 논리이다. 표목와 표목 사이의 간격을 얼마 만큼 늘리고 좁히는가 하는 기준은 실제로 출판되고 있는(또는 출판된) 문헌의 저자 빈도수와 합치되어야 한다. 만일 저자명의 빈도수에 대한 기준이 없이 작성자의 개략적인 판단으로 번호를 할당하게 되면 어떤 표목에는 해당하는 저자가 거의 없고, 어떤 표목에는 수백명의 저자가 모이게 되어 개별화가 불가능하게 된다. 특히 Cutter와 Sanborn의 기호표에서는 이러한 현상이 빈번하게 나타나고 있다.

저자기호표를 작성할때 부차적으로 고려되어야 할 다른 하나의 요소는 가능한 한 자동화 시스템을 고안하는데 편리하도록 구조를 설계하여야 한다는 점이다. 현존하는 대부분의 저자기호표들이 이 요소를 고려하지 않고 만들어져 있다. 1890년대와 1900년대 초반의 상황에서 자동화 시스템은 상상도 할 수 없는 일 이었다. 그러나 최근 컴퓨터의 도서관 응용기술이 발달하여 사서가 일일이 표를 찾지 않고도 기호표의 내용 전부를 입력시켜 이를 저자명과 연결시키는

---

33) Lehnus, Donald J. *Book Numbers: History, Principles, and Application*. Chicago, ALA., 1980. p. 52.

것은 프로그램상으로 능히 해결할 수 있게 되었다.

"가장 이상적인 기호법은 사서가 기호를 매길 때 일일이 기호표를 들추치 않고도 매길 수 있어야 한다. 그러나 과거 Cutter 기호표와 이에 준하는 저자기호표들은 기호를 매길 때 일일이 표를 들추는 노력과 시간이 들어 큰 홈으로 지적되어 왔다."34) 이러한 관점에서 기호표가 간단하여 조합이 쉽고 외우기 편한 LC 저자기호법이 추천되기도 하나, 이는 구분능력이 취약하고, 기호매김을 세분시켜 전개할 때 마다 기존의 서가목록을 확인해야 하는 번거로움이 있다. 즉, 원래 규정된 기호외에 부차적으로 기호를 부가시킬 경우, 기존의 서가목록을 일일이 확인하여 판단하고 결정해서 기호를 매기는 것은 컴퓨터 프로그램의 능력밖에 있기 때문이다.

자동 검색 시스템을 가동시킬 경우 열거 항목수가 아무리 많아도 기호매김에는 아무런 무리가 없게 된다. 따라서 '기호매김에 있어서 시간과 노력의 절감'이란 개념은 표목의 수에 따라 좌우되는 것이 아니고, 오히려 자동검색 시스템의 개발 가능성과 관련되어 있다고 보아야 할 것이다.

기호매김의 자동화를 위해서 고려되어야 할 요소는 특정 저자의 번호가 고정되어야 하며, 자릿수가 모든 알파벳에 공통적으로 통일되는 것이 바람직하다. 즉 문자에 따라 1-3자리수로 나누어 지는 것은 불편하다. 아울러 기호로 채택되는 頭文字도 1문자로 통일시키는 것이 바람직하다.

이상에서 논의된 내용을 종합해 볼 때 이상적인 저자기호표가 갖추어야 될 요건을 정리하면 다음과 같다.

첫째, 표목의 선정범위가 포괄적이어야 한다. 한 도서의 저자는 그 성격상 인명의 저자이외에 단체저자로서 기관, 기구, 국가 또는 지역

---

34) 리재철. "구조론에 입각한 한국 서자기호표의 연구: 한글 구조상의 특색, 기입의 형식, 배열. 표기법의 문제등과 관련한 고찰"" 도서관학, 제1집(1970). pp. 10-11.

명등이 포함됨으로 이들 단체저자가 표목의 선정대상이 되어야 한다. 또한 저자명이 없거나 다수일 경우, 연속간행물, 다수의 참고도서의 경우 서명이 저자기호를 위한 기본표목으로 채기됨으로 표제도 기호표의 매김 대상이 되어야 한다. 이러한 관점에서 단어의 구성원리를 중심으로 편성된 LC저자기호법을 제외한 서구의 다른 기호법들이 기호표로서의 필요충분조건을 갖추지 못했다고 비판 받을 수 있다.[35)]

둘째, 저자기호의 서가배열 기준이 분류기호의 배열기준과 합치되어야 한다는 점이다. 저자기호의 성격에서도 논술한 바와 같이 저자기호는 그 속성상 분류의 보완색이며, 동일 분류 내에서의 각 문헌을 서가상에 배열함에 있어 질서를 부여하여 위치시키는 것을 主機能으로 하기 때문에[36)] 분류기호의 배열원칙과 합치시키는 것은 대단히 중요하다. 지금까지 발표된 내부분의 저자기호법들은 저자 성의 첫문자와 아라비아 숫자를 조합하는 변환시스템으로서의 십진식 혼합기호법을 채택하고 있으므로 이 요소를 충족시키고 있다.

셋째, 각 문자별 번호할당 비율과 표목의 세분화가 합리적인 기준에 의해 배분되고 열거되어야 한다. 이를 위해서는 각 문자별로 번호배정의 최대치를 결정할 때 표준적인 참고자료를 기준으로 해야 하며, 특히 표목간의 간격을 적절히 조정하기 위해서 현재 출판되고 있는 책들의 저자명(단체명포함)분포상황이 고려되어야 한다. 이렇게 함으로써 문자별, 포목간의 균형을 유지시킬 수 있어 기호표의 효용성을 높이게 된다.

넷째, 기호는 단순하고 간결해야 한다. 이 요소는 기호를 매길 때 장점으로 작용할 뿐만 아니라, 자료를 탐색하거나 배열할 때도 편리하다. 따라서 문자와 숫자를 가능한 한 단순하게 조합하여야 하며

35) 정필모. "한국문헌기호법 연구: 현행 열거식 저자기호법에 대한 대안." 국회도서관보, 9권 5호 (1972. 7). p. 7.

36) Barden, Bertha R. *Book Number: A Manual for Students With a Basic Code of Rules*. Chicago, ALA., 1937. p. 9.

그 길이가 적어도 4자리 단위를 넘어서지 않아야 할 것이다. LC저자기호법의 경우 문자, 숫자를 합하여 2-4자리, Sanborn기호법의 경우 4자리 이하로 기호매김이 이루어지며, 여타의 다른 기호법들도 이 범주를 넘어서지 않고 있다.

다섯째, 기호를 매기는데 있어서 시간과 노력이 절감될 수 있어야 하며, 특히 기호는 자동검색이 가능하도록 고려되어야 한다. 그러기 위해서 특정 저자의 번호가 고정되어야 하며, 숫자 자리수가 통일되어야 하고, 문자 자리수도 1문자로 통일시키는 것이 바람직하다.

여섯째, 기호표는 발전 가능성이 있어야 하고, 새롭게 확장된 표를 서가배열에 적용하여도 서가의 빈번한 대이동이 없어야 한다. 발전 가능성은 새롭게 전개할 수 있는 여유, 즉 융통성을 의미한다. 저자기호표가 만들어질 당시 여러 가지 예측 가능한 요소를 반영하여 완전하게 만들었다 할지라도 어느 정도 시간이 지나면 결국 개정의 필요성을 느끼게 마련이다. 이미 Cutter기호표가 새롭게 바뀌어지지 않으면 안 되는 논리가 이를 증명하고 있다. 그러나 표가 비록 바뀌어 지더라도 그 표를 서가배열에 적용시켰을 경우 서가의 대이동이 뒤따라야 한다면 사서들은 수용하기를 거부할 것이기 때문에 새로운 표의 적용이 기존의 서가배열 질서를 무너뜨리는 일이 없도록 조정할 필요성이 있다.

일곱째, 혼동이나 착오를 일으킬 수 있는 기호는 피하는 것이 좋다. 도서기호는 저자기호 즉, 보통 저자성의 첫머리 문자와 저자를 번호화한 저자기호, 그리고 표제의 첫머리 글자를 채기하는 저작기호의 조합으로 구성된다. 따라서 저자의 첫머리 글자 알파벳 0 와 혼동을 일으킬 수 있는 저자번호, 예컨데 숫자 0 과 같은 숫자를 피하거나, 부득이 '0'이란 숫자를 써야할 경우 저자성의 두문자 알파벳 '0'와 구분될 수 있도록 기호표가 구성되는 것이 좋다. 기존의 저자기호법들이 대개는 이 요소를 반영하여 표가 구성되어 있다.

Ⅲ. 저자기호법의 발전과정

A. 저자기호법 출현 이전의 서가배열

저자기호가 도서관 업무에 적용되게 된 기본적인 동기는 동일한 주제아래에 모이는 문헌들을 개별화시킴으로써 서가배열에 있어서 한 문헌의 독자적인 위치를 확보할 수 있도록 하기 위함이다. 따라서 저자기호법의 기원을 밝히기 위해서는 먼저 고대 도서관으로부터 저자기호법이 나타나기까지 어떠한 형식으로 서가배열을 하여 왔는가를 살펴 볼 필요가 있을 것이다

초창기의 도서관들이 채택하였던 서가배열법은 대체적으로 각 문헌을 主題群으로 나누어 분류하고, 이를 특정한 방, 또는 서가나, 항아리에 배치하는 초보적인 서가 배열형태를 취했던 것으로 보인다.

고대 앗시리아시대의 앗슈르바니팔 왕립도서관에서 수장한 수많은 점토판에는 국왕의 교서, 역사, 군사관계의 기록, 서간, 종교 경전, 신화등이 기록되어 있었으며, 이 자료들은 전임직원에 의해 분류되고, 주제에 따라 각각 다른 방에 배열되었다. 이 도서관의 어느 한 방의 점토판에는 현재의 색인의 개념과 비슷한 認識標(Identification tag)가 있었는데, 이 인식표에 의해서 그것이 발견될 수 있는 방, 서가, 또는 항아리를 지시해 주고 있다.[1] 또한 각방의 출입문 옆에는 그 방에서 발견될 수 있는 문헌의 리스트가 점토판에 적혀 있는데,

---

1) Johnson, Elmer D. *A History of Libraries in the Western World*. New York, The Scarecrow Press, 1965. pp. 24-25.

여기에는 그 문헌의 標題, 점토판 번호, 行數, 索引語, 중요 장, 절의 표시, 소재표시, 분류기호 등이 적혀 있었다.[2] 이 내용으로 보아 문헌의 배열은 일정한 질서가 있었고 특히, 서가배열은 특정 주제에 따라 방이나 서가, 또는 항아리가 배당되고, 자체 내에서는 개별 점토판마다 번호가 있어서 이 순서에 따라 서가배열이 이루어졌던 것으로 보인다.

이렇게 특정 문헌의 위치를 나타내는 문헌 표시를 固定式 記號라고 하는데, 중세의 여러 도서관들에서도 볼 수 있다. 고정식 기호법의 실례를 들어보면: VI 1 Dg 로 표시된 문헌은 제6벽장(신학류), 제1열(나사렛 예수전), 4번째 서가(불어판), 7번째(수입순) 문헌이 된다. 이 고정식 기호법은 細區分이 필요하지 않았던 시대에 사용된 것으로 몇 가지 장점을 가지고 있다. "첫째, 광범위한 관련 문헌이 한 곳에 모일 수 있고, 둘째, 문헌이 항상 같은 장소에 위치함으로서 자주 이용하는 이용자들에게는 편리할 수 있으며, 셋째, 문헌이 이동되지 않으므로 문헌의 손상이 덜하다는 점등이다."[3]

이러한 고정식 기호법으로도 도서관 관리에 별문제가 없었던 것은 중세 도서관들의 장서량의 영세성 때문이었던 것으로 볼 수 있다.

중세 초기에서 12세기까지의 교육, 문화 때로는 학문의 중심지는 수도원이었다. 중세의 수도원들은 일부의 기독교 관계 저작과 고대로부터 전래되어온 일부 고대 문헌, 그리고 9세기에서 12세기 사이에 새로 나온 학술 및 종교도서를 더한 문헌들을 중심으로 수도원 도서관을 형성하였기 때문에 승려들이 비록 寫本제작에 힘을 쏟았다고는 하지만 중세의 초기, 중기까지의 도서관들은 불과 수백권 정도의 장서를 가지고 있을 따름이었다.[4]

---

2) Loc. cit.
3) Comaromi, John P. *Book Numbers: A Historical Study and Practical Guide to their Use*. Littleton, Colo. Libraries Unlimited Inc., 1981. p. 35.
4) Hessel, Alfred. *History of Libraries*. 李春熙 譯, 西洋圖書館史. 서울, 韓國圖書館協會, 1981. p. 35.

장서량이 조금씩 증가를 보이기 시작한 것은 12세기 이후 대학도서관들이 출현하고 난 다음부터였다. 이 시기에 대학도서관들이 설립되기 시작하였고, 有名人들의 寄贈과 遺贈에 의하여 점차 확대되어 갔다. 13세기 후반에 이르러 많은 기증본을 받은 소르본느 대학이 비로소 1,000여권에 달하였고(1290년), 1338년에는 1,700권을 상회하였다고 한다.5)

중세 사회 도서관들의 장서량의 영세성은 구텐베르크의 인쇄술 발명과 보급 때까지 거의 유사하였기 때문에 문헌의 검색을 위한 목록이나, 서가배열 방법에 있어서 고대 사회로부터 전래되어 온 형식에서 더욱 발전할 수 있는 여건이 형성되지 못하였다고 할 수 있다. 따라서 고대 사회로부터 적용되어 온 고정식 기호법이 개선될 여지가 별로 없었다고 볼 수 있다.

이러한 양상에 약간이나마 변화가 일어나기 시작한 것은 15세기 중엽 독일의 구텐베르크에 의하여 활판 인쇄술이 발명되어 전 유럽에 보급되기 시작한 이후부터 였다고 할 수 있다. 인쇄술은 14세기 후반 이태리를 중심으로 일기 시작한 人文主義運動과, 이러한 영향으로 대두되기 시작한 중류사회에서의 교육기회의 확대등에 따라서 문헌에 대한 수요가 급증한 것과 때를 맞추어서 급속히 보급되기 시작하였다.6)

인쇄본의 보급은 문헌의 대량 생산을 가능케 하여 도서관의 장서량이 확충되는 계기를 가져 왔으며,7) 학교 교육의 기회가 확대되어 누구나 책을 읽을 수 있게 되었고, 이는 결국 공공의 도서관들이 시민들의 자유로운 이용을 위해 공개되어야 한다는 근본적인 사고를 낳게 된 것이다.8) 따라서 공공도서관이 형성되면서 모든 저작물들이 수집되어

---

5) Ibid., p. 41.

6) 岡田 溫. 圖書館: その 本質, 歷史, 思潮, 東京, 丸善, 1980. pp. 102-105.

7) 장서량의 증가는 특히 프랑스의 프란시스 1세가 제정, 시행한 納本制度에 의해 많은 영향을 받았던 것으로 보인다. Hessel, Alfred. op. cit., p. 49, 51

8) Hessel, Alfred. op. cit., p. 49.

야 하고, 이를 편리하게 이용할 수 있도록 분류나 서가배열방법에 있어서 새로운 방법이 강구되어야 할 필요성이 생기게 되었다.

이러한 시대적 배경에서 Gabriel Naudé(1600-1653)는 「도서관 건설을 위한 조언」이란 전문서를 출판하여 연구목적을 위한 모든 사람들에게 왕실도서관이 개방되어야 한다는 점을 강조하였고, 類, 綱의 새로운 분류체계도 제시하였다.[9] 오늘날 도서관계에서 비교적 중요한 업적으로 평가되고 있는 Nicolas Clement의 23부문 분류목록, Francis Bacon의 학문분류, 서적상인이었던 Gabriel Martin의 파리 서적상 분류법, 그리고 뒤이어 나타난 Leibniz(1646-1716)의 분류법과 알파벳순 목록등은 이 시대의 산물이다.[10]

그러나 "18세기 전반기까지는 분류법의 이론적 발전은 있었으나 서가배열법은 아직도 전래의 방법을 답습하고 있었다. 이 당시 유럽에서 주로 쓰이던 방법은 주제를 나누고, 그 주제 아래에서는 문헌의 수입순으로 번호를 매기는 고대 도서관에서 사용하였던 수입순 배열법을 그대로 따르고 있었다."[11]

이러한 현상은 비록 인쇄본이 광범하게 배포되어 있기는 하였으나 아직도 장서수에 있어서는 기존의 방법에 변화를 줄 만큼 방대하지 않았거나,[12] 기존의 방법을 변경시키는데 따른 부담때문이었던 것으로 보인다. 이러한 상황은 결국 저자기호법이 오랜 도서관 전통을 유지하여온 유럽에서 보다는 오히려 신생국인 미국에서 보다 개혁적인 상황으로 발전하게 되는 동기가 되었던 것 같다.

---

9) 小林 宏 譯. 圖書館. 東京, 白水社, 1969. p. 40.
10) Hessel, Alfred. op. cit., pp. 67-74.
11) 小倉親雄. アメリカ 圖書館思想の 硏究. 東京, 日本圖書館協會. 1977. p. 180.
12) Naudé가 경영하던 Mazarin도서관의 장서수가 그 당시 4만권이었고, 이 장서가 유증된 Mazarin College의 장서는 19세기 말에 25만권이 되었다. 또한 독일의 유명한 Brandenburg주립도서관(후에 프러시아 왕립도서관이 됨)의 장서는 18세기 말에 10만원에 불과하였다.
Johnson, Elmer D. *Communication*. New York, Scarecrow Pr., 1960. p. 73

B. 초기의 저자기호법

1. 저자기호법의 발단

전통적 역사를 지닌 유럽의 도서관들과는 달리 새로이 역사를 시작하는 미국의 도서관들에서는 새로운 문헌정리 방법들을 적용하기가 훨씬 수월하였다. 유럽의 왕립도서관, 공공도서관, 대학도서관등이 오랜 역사를 지닌 반면, 미국의 의회도서관이나 공공, 대학도서관등은 19세기에 이르러 형성되기 시작하여 비교적 빠른 발전을 이루어, 도서정리와 서가배열을 위한 새롭고 합리적인 방법을 고안할 필요성이 강하게 대두되었으며, 그것을 적용시켜 볼 수 있는 상황이 전개되어 있었다. 1850년대는 미국의 도서관계가 재편되고 확대되었던 시기이며, 특히 이때부터 19세기의 마지막 4반세기 동안 각급 도서관들은 급속한 성장을 이룬 것으로 보고 되고 있다.[13)]

이러한 시점에서, 1871년 Jacob Schwartz는 분류와 도서기호의 개념이 결합된 組合式 記號法(Combined System)을 고안하였고, 이를 이듬해 뉴욕의 Apprentice's Library에 소장된 문헌을 재정리하는데 적용시켰다.[14)]

이 조합식 기호법은 주제를 25개 (J를 제외한 A-Z까지)의 항목으로 나누어 분류하고, 각 항목 내에서 1-9까지의 細目(subclass)으로 나누었으며, 이 세목아래에서는 역시 J를 제외한 a-z까지의 25개항목으로 나누어 세분할 수 있도록 하였다. 아울러 분류체계속에서 각 문헌이 독자적인 위치를 가지도록 하기 위해서는 그 문헌 자체의 어떤 요소에 의해서 좀 더 논리적이고 일관성있게 매겨진 숫자를 가져

13) Johnson, Elmer D. *Communication.* New York, Scarecrow Pr., 1960. pp. 148-153.
14) Schwartz, Jacob. "A Combined System for Arranging and Numbering." *Library Journal*, 3(Mar. 1878) p. 6.

야 한다고 주장하여 처음으로 저자기호의 개념을 제안하였다.15) Schwartz는 이 조합식 기호법을 체계화하여 1878년 Library Journal 에 공식적으로 발표하였다.

Schwartz가 말하는 각 문헌의 특징 요소는 곧 책의 크기, 즉 높이에 따른 저자 姓의 분배를 말다. 이 크기는 12절만(Division D), 8 절만(Division O). 4절판(Division Q), 2절판(Division F)의 네가지 규격으로 나누고, 해당되는 저자의 姓이 속하는 규격에 저자기호를 배정하고 있다. 크기에 할당된 번호를 예시하면 <표 3-1>과 같다.

표 <3-1> Schwartz의 저자기호표

규격 / 저자	D (12절판)	O (8절판)	Q (4절판)	F (2절판)
Aa	0	500	800	900
Abc	1	…	…	…
Ac	2	501	…	…
Ad	3	502	…	…
Ae	4	…	…	…
Ah	5	…	801	901
·	·	·	·	·
·	·	·	·	·
·	·	·	·	·
Kir	245	647	849	949
Kla	246	648	850	950
Klo	247	…	…	…
Kna	248	649	…	…
·	·	·	·	·
·	·	·	·	·
·	·	·	·	·
Ya	496	797	899	999
Yo	497	798	…	…
Za	498	799	…	…
Zo	499	…	…	…

15) Schwartz, Jacob. "A New Classification and Notation." *Library Journal*, 7 (Jul. -Aug. 1882). p. 150.

Schwartz는 저자명을 500개의 표목으로 세분하여, 12절판은 0-499까지, 8절판은 500-799까지, 4절판은 800-899까지, 2절판은 900-999까지, 모두 1000개의 번호를 할당하였다. "이 기호배정은 모든 책들의 비율이 12절만 50%, 8절판 30%, 4절판 10%, 2절판 10%일 것이라는 가정하에 만들어졌다."[16] Schwartz가 이렇게 크기에 따른 배열방법을 택한 것은 "외관상 도서에 대해 정돈되고 미적인 느낌을 주며, 공간의 경제성과 독자에게 전달하는데 있어서의 용이성을 고려했기 때문이었다."[17]

적용의 실례를 보면

Klein著, *History of Germany*(Octavo: 8절판)의 문헌기호는 R.4648이 된다. 첫 번째 문자 R은 '유럽의 역사와 기행'이라는 주제 분류를 나타내며, 두 번째 숫자 4는 국가표시의 細分類인 Germany를 표시하고, 마지막 648 이라는 3자리수는 8절판에 해당하는 저자姓을 표시하는 저자기호가 된다. 만약 이책이 12절판이라면 R.4246 이 될 것이며, 4절판이라면 R.4850이 해당기호가 된다.

그러나 Schwartz는 이 조합식 기호법에 있어서 책크기의 할당 비율과 저자성의 문자 배분이 불합리하고 기억성이 없다는 결점 때문에 1879년에 그의 방식을 바꾸어 새로운 기호법을 발표했다. 이 새로운 시스템을 '助記性 分類시스템'(Mnemomic system of classification)이라고 하는데, 이 시스템 속에 새로운 저자기호법의 개념을 발표하고,[18] 완전한 내용은 1882년 Library Journal에 발표하였다.[19]

이 새로운 기호법에서는 인명 항목을 재조정하고, 책의 규격별 할당

---

16) Lehnus, Donald J. *Book Numbers: History Principles and Application* Chicago, ALA., 1980. p. 12.

17) Ibid. p. 11.

18) Schwartz, Jacob. "A Mnemomic System of Classification." *Library Journal*, 4 (Jan. 1879). pp. 4-7.

19) Schwartz, Jacob. "A New Classification and Notation." *Library Journal* 7 (Jul. -Aug. 1882). pp. 163-164.

율을 재조정하여 Division A는 0-99까지, B는 100-399까지, C는 400-699까지, D는 700-999까지 번호를 재배정하였다. Division A에서의 번호를 제외하고는 나머지 Division에서는 두째, 세째 자리수의 번호가 동일하도록 하여 기억이 용이하도록 하였다.[20] Schwartz가 '조기성 분류시스템'이라고 이름을 붙인 이유는 이러한 자리수의 합리적 배정방법에 기인한다.

표의 한 부분을 예로 들어 보면 <표 3-2>와 같다.

<표 3-2> Schwartz의 개정된 기호표

규격 / 저자	Division A	B	C	D
Aa	0	100	400	700
Ac	…	101	401	701
Ad	…	102	402	702
Ai	1	103	403	703
Al	…	104	404	704
.	.	.	.	.
.	.	.	.	.
.	.	.	.	.
Wu	98	397	697	997
Y	99	398	698	998
Z	…	399	699	999

"Schwartz는 자신이 고안한 기호표가 대단히 유용한 것이라고 믿고 1 억권의 책도 분류하기에 충분할 것이라고 자부심을 가지고 있었으나,"[21] Cutter와 같은 이들은 "어디에서 시작해서 어디에서 끝나는지 어떤 구분도 없이 저자번호를 분류번호와 조합시키는 Schwartz의 방법에 반대했으며,"[22] "동일한 저자의 책이 크기에 따

---

20) Ibid., pp. 149-150.

21) Schwartz, Jacod. "Mr. Cutter's Numbering Plan." *Library Journal*, 3(Oct. 1878). p. 302.

라 배열 위치가 달라지는 모순이 있고, 책의 크기가 문헌정리에 있어서 그렇게 중요한 요소가 아니라는 점이 점차 확인되면서 큰 호응을 얻지 못했다."[23]

그러나 이러한 비판적 시각에도 불구하고 저자명을 번호화하여(변환시스템) 문헌을 개별화시키는 상대적 기호법의 시도는 매우 중요한 의미를 지닌다. "과거의 시스템은 동일 주제분야의 한 저자의 저작을 모으지도 못했고, 도서에 단지 방과 서가만 표시해 주고 있기 때문에 문헌의 정확한 검색이 매우 어려웠다. 특히 서가 배열방법이 도서관마다 달라서 다른 도서관에서는 원하는 책을 찾는 것이 거의 불가능하였다. 그러나 Schwartz의 새로운 시스템에서는 모든 문헌이 각 부문별로 정확한 위치를 갖고 있으며, 이들은 서로 중복되지 않으므로 도서관 경영상의 여러 가지 잇점을 가져다 주었다."[24]

2. 저자기호법의 초기 양상

Schwarz와 비슷한 시기에 Melvil Dewey는 자신의 분류법과 이에 적용하기 위한 수입순 기호법을 내 놓았다. 원래 Dewey의 분류법은 1872년 그가 Amherst대학도서관에 학생 보조원으로 일할 당시 고안되었으며, 이를 Three Genetic Papers라고 하여, 그의 분류법에 대한 구조와 사용법, 강점을 설명한 논문을 제출하면서 공식적으로 발포하였다.[25] 그 후 1876년에 小冊子類와 도서에 그의 분류번호를 부여하여 서가에 배열하여 본 결과 매우 유용하다는 평가를 내리게 되었다.

22) Cutter, Charles A. "Another Plan for Numbering Books." *Library Journal*, 3 (Sept. 1878). pp. 249-251.

23) Comaromi, John P. op. cit., p. 38.

24) Cutter, Charles A. *Boston Athenaeum: How to Get Books*. Boston, Press of Rockwell and Churchill, 1882. pp. 6-7.

25) 小倉親雄. op. cit., p. 174.

"그 당시까지 Amherst대학도서관의 서가배열방법은 주제를 역사, 철학, 과학, 신학, 총류로 나누고 그 아래에서는 수입순으로 배열하는 고정식 배열법을 채택하고 있었으며, 이러한 배열은 당시 영국의 대다수 도서관에서 가장 일반적으로 사용하였던 방법이었다."[26] 따라서 Dewey의 십진식 분류법은 종전의 고정식 배가법(fixed location)을 개선하여 문헌을 주제에 따라서 상대적으로(Relatively) 배열하도록 한 것으로서, 분류로서는 상당한 평가를 받았으나, 類, 綱, 目의 주제하에서 배열된 수입순 기호법은 유럽에서 행해지고 있던 방법을 그대로 따랐을 따름이었다.

분류법을 처음 소개하였을 때 Dewey는 분류번호 밑에 저자의 성을 전체로써 넣어서 저자기호로 삼았는데, 곧 수입순으로 일련번호를 매기고 특별히 큰 책에는 분류번호와 수서번호 사이에 이를 표시하는 형식으로 바꾸어 오히려 고정식으로 회귀시켜 놓았다.[27] 그래서 Cutter는1878년 9월에 발표한 논문에서 "Dewey의 방법은 자료수집 일자에 따른 배열로서 큰 의미가 없다. 이 방법은 단지 새로운 책을 출판된 순시대로 구입한다면 유용할지 모르지만 도서관에서는 새로운 책 뿐만 아니라 옛날 책도 구입하며, 새로운 책일지라도 출판된 날짜 순서대로 목록되지도 않는다"[28]고 하여 비판하고 있다. 더구나 "수입순 방식은 한 저자의 동일한 複本을 모으는데 실패할 취약점을 가지고 있기 때문에 저자기호법으로서는 별로 의미가 없는 것으로 평가되고 있다."[29]

Harvard 대학도서관에서 목록을 담당하고 있던 Charles A. Cutter는 1868년 보스톤 Athenaeum으로 옮겼는데, 이때 이 도서관은 새로운 목록을 필요로 하고 있었다. 그래서 Cutter는 이 도서관의 장서정

---

26) Ibid. p. 180.
27) Comaromi, John P. op. cit., p. 36.
28) Cutter, Charles A. "Another Plan for Numbering Books" op. cit., pp. 249-251.
29) Comaromi, John P. op. cit., p. 36.

리를 위해 새로운 사전체 목록을 준비하기 시작하였다. 이 목록은 1874년에 제1권을 제2권은 1876년에, 제3권은 1878년에 제4권은 1880년, 그리고 마지막 5권은 1882년에 출간하였다. 또한 1875년에는 사전체 목록을 위한 규칙과 가이드 라인을 기술한 *Rules for a Dictionary Catalog*를 펴 내었다. 이 두 가지와 더불어 Cutter의 3대 공헌중의 하나라고 알려져 있는 Expansive Classification의 한 부분으로 Alpabetical Author Table이란 저자 기호법을 발표하게 되었다.[30]

Cutter가 처음 고안한 기호법은 표 3-3>과 같이 십진식으로 이루어 졌는데, 이는 "서가배열에 있어서 새로운 기호를 부여하여 기존 장서의 중간에 삽입할 수 있도록 하기 위해서는 기호가 십진식이어야 한다"[31]고 보았기 때문이었다. Cutter의 기호법은 알파벳을 모두 표 3-3>과 같이(제1표) 10구분하였다.[32]

<표 3-3> Cutter의 십진식 저자기호표, 제1표

A- Bo------0	M------5
Br- C------1	N-R----6
D - F------2	S ------7
G - H------3	T-V----8
I - L------4	W-Z----9

장서가 별로 없는 class에서는 이 구분으로도 충분할 것이다. 즉, Goupil이 쓴 책은 '3'으로 충분하다. 그러나 Gray의 책이 이 class에 다시 들어 오면 <표 3-4>와 같이(제2표) 재구분 한다고 하였다.

30) *Encyclopedia of Library and Information Science*. New York. Marcel Dekker. vol.6.(1971) pp. 380-385.

31) Cutter, Charles A. "Another Plan for Numbering Books." op. cit., p. 249.

32) Ibid., p. 250

<표 3-4> Cutter의 십진식 저자기호표, 제2표

Ga-Gik------30	Hay-Heg------35
Gil-Gog -----31	Her-Hik-------36
Gor-Guk-----32	Hil-Hoe-------37
Gul-Ham-----33	Hof-Hoe ------38
Han-Hax-----34	Hu-Hz -------39

<표 3-4>(제2표)에 따르면 Goupil은 3이고, Gray는 32가 된다. 0에서 9까지 모두 10단위씩 늘어나므로 전체적으로, 100개의 구분으로 늘어나게 된다. 그러나 만약 Gorden이 쓴 책이 다시 들어온다면, 3을 세분한 것처럼 32를 <표 3-5>(제3표)와 같이 세분해 주지 않으면 안 된다.

<표 3-5> Cutter의 십진식 저자기호표, 제3표

Gor - Got ---- 320	Gil - Gril ---- 325
Gou - Gral ---- 321	Grim-Griz ---- 326
Gram-Graz ---- 322	Gro - Gru ---- 327
Grem-Grel ---- 323	Gry - Gub ---- 328
Grem-Grez ---- 324	Guc - Guk ---- 329

이렇게 G부분을 십진식으로 전개하여 1단위에서 부터 100단위까지의 자리수로 세분시켰을 경우 Goupil, Gray, Gordon이란 세 저자는 다음과 같은 계층구조의 기호를 가지게 된다.

Goupil 3
Gray 32
Gordon 320

이런 종류의 기호법을 Brian Buchanan은 계층적(Hierarchical) 또는 구조적(Structural)기호법이라고 하였다.[33] 즉, 분류에서 큰 주제아래 여러 갈래의 소주제로 나누고, 이 소주제에서는 다시 세분함으로서 큰 주제와 세분된 주제사이에 종속적 관계를 가지도록 하는 방법이다.

Cutter의 기호법은 Dewey의 십진식 분류표에서 채택하였던 십진법과 계층적 구조에서 아이디어를 따오고, Schwartz의 기호체계, 즉, 변환시스템을 응용한 것으로 보이는데, 엄밀히 말해서 이것은 알파벳순이 아니며, 기호매김을 할 때마다 기존의 장서를 일일이 확인해야 하는 불편이 따른다. 그래서 Schwartz는 별로 편리하지 못한 것으로 평가하였으며, 또 너무 상세하여 대규모 도서관에서만 유용할 것이라는 견해를 나타내었다.[34)]

이렇게 저자기호에 대한 관심이 고조되면서 1879년에 저자기호법에 관한 심포지움의 결과가 *Library Journal*에 실렸다. 여기에는 Josephus N. Larned, John Edmands, John Pitzpatrick, Charles A. Cutter, Melvil Dewey 등이 기고하고 있다.

필라델피아의 Mercantile Library의 사서인 John Edmands는 저자성의 첫글자와 나머지 알파벳에 해당하는 아라비아 숫자를 조합하는 방법을 발표하였는데, 문자와 숫자가 조합된 혼합식 저자기호법은 Edmands가 처음으로 알려져 있다.[35)]

Edmands는 모든 책을 알파벳순으로 배열하였는데, 일차적으로 저자 이름별로, 각 저자아래에서는 서명순으로 배열하였다. 저자기호는 1999까지이고, 서명기호는 0-99까지 이다. 저자기호는 저자 이름의 첫 글자와 그 저자에 해당되는 번호를 붙인 혼합기호를 쓰도록 하였고, 그 아래에는 특정 표제를 나타내기 위한 번호를 붙였다. 즉, Dickens의 *oliver Twist*는 D420 61이 되는 형식이다. D420은 저자기호이며, 61은 서명을 나타낸다. 이렇게 할 때 알파벳 I, Q, U및 X

---

33) Buchanan, Brian. Theory of Library Classification. 정필모, 오동근 공역. 문헌분류이론. 서울, 구미무역, 1989. pp. 91-92.

34) Schwartz, Jacob. "Mr. Cutter's Numbering Plan." *Library Journal*, 3(Oct. 1878). p. 302.

35) Lehnus, Donald J. op. cit., p. 15.

와 Z 는 혼란을 초래할 수 있으므로 J, P, V와 Y를 대신 사용하도록 하였다. 예를 들면, Irving의 *Sketch book*은 J240 5Q이라는 기호를 갖게 된다.

이러한 방식은 "1) 서가상에 있는 그대로 목록이 편성되고, 2) 한 장소에 한 저자의 저작이 모이며, 3) 전개의 가능성을 제시해 주고, 4) 쉽게 이해하고 적용할 수 있는 장점이 있다"36)고 Edmands는 주장하고 있다.

그러나 Cutter는 문자와 숫자를 조합하여 저자기호를 삼는 혼합기호법에 대하여 반대하면서, 분류표시를 위하여는 문자가, 저자표시를 위해서는 숫자가 더 좋을 것이라는 견해를 제시하였다.37)

이러한 비판이 있는 반면, Dewey는 오히려 "문자와 숫자의 조합식이 기억성이 뛰어나고, 저자를 일단 알파벳으로 유별함으로써 자릿수를 절약할 수 있다"38)하여 가장 바람직한 방법으로 평가하기도 하였다. 실제로 Cutter도 이로부터 약 4개월 후에 새로운 저자기호법을 발표하면서 저자 성의 첫 문자와 숫자를 결합하는 방법을 채용함으로써 Edmands의 방법이 우수함을 증명하고 있다.

혼합기호법의 장점은 더 큰 세분화 능력을 제공한다는 점이다. 즉, "혼합기호는 순수 숫자 또는 순수 문자의 사용때 보다 훨씬 더 많은 구분을 가능케 한다. 알파벳 한 문자만을 쓸 경우 26개의 기호가 배정되고, 십진식 숫자를 쓰면 10개의 기호, 그리고 두 가지 모두를 쓰면 훨씬 더 늘어난다."39) Edmands의 기호법은 모두 1000의 표목을 가지고 있지만 이것을 알파벳별로 나누어 적용하면 26배의 구분능력을 가

---

36) Edmands, John. "Plans for Numbering, with Especial Reference to Fiction: A Library Symposium." *Library Journal*, 4 (Feb. 1879) pp. 42-44.

37) Cutter, Charles A. "Plans for Numbering, with Especial Reference to Fiction: A Library Symposium." *Library Journal*, 4. (Feb. 1879). pp. 44-46.

38) Dewey, Melvil. "Plans for Numbering, with Especial Reference to Fiction: A Library Symposium." *Library Journal*,4 (Feb. 1879) p. 47.

39) Buchanan, Brian. op. cit., p. 90.

지게 되는 것이다. Edmands는 비록 혼합식 기호법을 사용했지만, 숫자를 각각의 알파벳별로 나누는 방법을 사용하지 않았기 때문에 이런 효과를 현실화하지는 못했다. 그러나 이 방법은 나중에 Cutter와 Sanborn에 의해 문자별로 번호를 할당하는 형식으로 채용됨으로써 구분능력을 극대화시키고, 자리수를 절약시키는데 기여했고, 오늘날까지도 대다수의 도서관에서 저자기호법의 모델로 삼고 있다.

C. 저자기호법의 발전기

1. Cuttor의 두자리수 기호법

Cutter의 두자리수 기호법은 그 예비판의 개요가 1880년 9-10월호 *Library Journal*에 발표되었고,[40] 독립된 간행물로도 출판되었다. 이 두자리수 기호법은 기존의 Cutter 기호법과는 달리 著者姓의 첫 문자와 나머지 문자에 해당하는 숫자를 첨가하여 조합식으로 만든 것으로 전술한 Edmands의 영향을 받았던 것으로 보인다.

Cutter는 이 두자리수 기호법을 발표하기 전에 이미 1년전부터 이 아이디어를 실험해 보고 있었다. 1879년 5-6월 동안 Cutter는 매사추세츠의 Winchester 공공도서관을 위한 도서목록을 관장하고 있었다. 이 목록에 수록된 도서는 Cutter의 展開式 分類法이라고 알려져 있는 'Boston Athenaeum Classification'에 의해 분류되고 있었고, 소설은 저자별 알파벳순으로 배열되어 있었으며, 저자성의 첫 글자를 기호로 배정하고, 뒤이어 10진식 숫자를 기재하고 있다. 그리고 저자기호가 끝난 다음 저작기호로서 서명의 첫 문자를 따서 대문자

40) *Library Journal*. 5 (Sept.-Oct. 1880) p. 293.

로 표시하고 있다.41) 다음 표는 Winchester 도서관 목록의 일부를 옮긴 것이다.

Abbott.	Rollo in London	A025 RL
Abbott.	Rollo in Naples	A025 RN
Alcott.	My Girls etc.	A31 MG
Alger.	Paul the Peddler	A343 P
Savage.	Bluffton	S102
Scott Red	Gauntlet	S31 R

그러나 이 형식은 그가 1882년에 Boston Athenaeum의 이용자를 위해 출판한 자신의 분류표와 새로운 저자 기호법을 설명하고 있는 안내서에 나타나 있는 내용과 일치하지 않는 것으로 알려져 있으며, 몇 년 뒤에 출판한 두 자리 수 기호법과도 약간의 변화가 있는 것으로 알려지고 있다.42) 이 기호법은 1886년경 Cutter's Alfabetic-Order Table 이라고 이름 붙여 출판되었는데, 이것이 Cutter 저자 기호표 제 1판이 된다.43)

"이 기호표는 S를 제외한 자음으로 시작하는 저자성은 첫 글자와 해당 숫자를 기호로 사용하고, 모음이나 S로 시작하는 단어는 頭文字와 다음 문자를 기호로 채용하여 2문자와 숫자를 결합하여 기호로 삼았다. 그리고 Sc로 시작하는 표목은 3문자를 사용하도록 되어 있으며, Ii, Iw, Ix, Iy, Oo, Ug, Uu, Ss, Sx로 시작하는 저자명은 숫자없이 문자만으로 저자기호를 구성하도록 하였다."44)

---

41) Winchest Town Library. *Class and Author Lists*. Winchester, Mass. The Library. 1879. (Lehnus Donald J. op. cit., p. 17 再引用).

42) Cutter의 두 자리 수 기호표의 예비판은 현재 전하여지지 않고 있다.

43) Cutter의 두 자리 수 기호표 초판은 현재 전해지고 있지 않아 출판년도를 정확하게 알 수 없으나, 1887년 7월호 *Library Journal*에 그 사용법이 소개된 것으로 보아 1886년 하반기에서 1887년 초반사이에 출판된 것으로 보인다.

44) Comaromi, John P. *Book Numbers: A Historical Study and Practical*

표를 구성하는 방법을 세부적으로 설명하면 Gaa에서 Gyz까지 G로 시작되는 모든 이름을 9부분으로 나누고, 그 첫 번째 부분 G에서 Garo에 속하는 것은 어느 것이나 G1이 되며, 두 번째 부분 Gas에서 Geo에 속하는 것은 G2와 같이 전개하여, 번호를 姓의 첫문자와 결합시켰다. 각 부분에 속하는 이름이 여러 개 있을 때는 또 다른 숫자를 첨가하여 구별할 수 있게 하였다. G로 시작하는 이름을 모두 9개 부분으로 나눈 것과 같이, 첫 번째 부분 (G에서 Garo)의 이름을 다시 9개 부분으로 세분하여 그 첫 번째 (G에서 Gae까지)에 1, 그 두 번째(Gaf에서 Gak)에 2라는 번호를 붙여 전개시키는 것이다. 이 형식을 표로 나타내면 <표 3-6>과 같다.

<표 3-6> Cutter의 두자리수 저자기호표(일부)

G - Gae	: G11
Gaf -Gak	: G12
Gal -	: G13
Gam -	: G14
Gan -Gaq	: G15
:	
:	
Gas -	: G21
Gat -	: G22
Gau -	: G23 등의 형식이 된다.

그러나 이 경우에도 두자리수 번호의 어느 한 곳에 여러 이름이 있다면(예: Gaf-Gak 사이), G121, G122, G123, ---과 같이 또 9부분으로 세분시키며, G121에도 또 여러 저작이 있다면, 다시 G1211, G1212, G1213과 같이 세분시키는 방법이다. 이렇게 하면 아무리 저자가 많아도 각 이름을 구별할 수 있는 개별적인 번호가 존재할 수 있으며, 저작은 자연히 저자명의 알파벳순으로 배열될 것이다.[45)]

Guide to Their Use. Littleton, Colo., Libraries Unlimited, 1981. p. 40

이 방식은 그가 처음에 고안하였던 계층식 기호체계를 철저히 적용시킨 것이었다.

Cutter의 기호법은 그 당시 도서관계에 큰 영향을 끼친 것으로 보인다. Dewey는 1882년 *Library Journal*의 기고문을 통하여 "자신의 10진식 분류표에 Cutter 저자기호를 붙여 쓰는 것이 가장 훌륭한 방법이 될 것이라고 확신하였고, Wellesley 대학도서관의 재분류와 재목록에 이러한 방법을 채용했다고 하였다."[46]

이로부터 몇 년 뒤 Dewey는 자신의 분류표 제2판에서 "저자 이름의 첫 글자와 나머지 부분을 숫자로 바꾸어 나타내는 변환시스템이 창안된 이래 대부분의 도서관에서는 각 분류번호 아래에서 저자별 알파벳순으로 책을 배열하는 것을 더 좋아한다. 이렇게 하면, 같은 저자의 책은 집합되기 때문에 대규모의 분류에서도 목록을 찾아보지 않아도 쉽게 어느 저자의 책을 찾아낼 수 있도록 해 준다."[47] 고 하여 Cutter식 기호법이 당시의 도서관계에서 비교적 좋은 평가를 받고 있었음을 보여주고 있다.

Cutter는 1888년에 그의 두 자리 수 기호표를 개정하여 다시 출판하였다. "이 개정판은 초판에서의 몇 가지 인쇄상의 잘못을 수정하고, 문자 가운데 일부는 위치를 변경하였으며, 모든 그룹들을 일정하게 9개의 셋트로 나누어 표의 이용을 쉽게 하였다. 아울러 초판에서의 구분가지가 2,571개였으나 개정판에서는 보다 확대 전개하여 2,727개가 되도록 하였고, 편집방법에서 약간의 변화를 주어 11에서 99까지의 표의 문자가 왼편에, 1에서 9까지의 문자는 오른편에 위치하도록 하였다. 그러나 전체적으로 보아 초판에서의 형식을 크게 변

---

45) Cutter, Charles A. *How to Get Boohs, with an Explanatiopn of the New Way a Making Books. Boston*. Press of Rockwell and Churchill, 1882. pp. 14-15.

46) "Dui's Doing," *Library Journal*, 7 (Sept. 1882) p. 237.

47) Dewey, Melvil. *Decimal Classification and Relative Index*, 2nd ed. Boston, Library Bureau, 1885. pp. 35, 37.

화시킨 부분은 없었다."[48]

Cutter의 두자리수 기호법이 시험 운용되고 있을 때 A.P. Massey도 傳記, 희곡, 소설, 시집, 雜著를 배열하는 기호법을 고안하여 발표하였다.[49] <표 3-7>은 Massey의 표에서 표목별 번호배정의 실례를 들어 본 것이다.

Massey는 저자명별로 숫자를 배분하는 적당한 비율을 결정하여 저자기호표를 만들기 위하여 몇 가지 인명사전을 분석하였다. 그 결과 모두 999개의 표목을 가진 <표 3-7>과 같은 기호표를 구성하게 되었다.

<표 3-7> Massey의 저자기호표(일부)

Aa	---- 1	Boy	---- 97
Ab	---- 2-4	Bra	---- 98-101
Ac	---- 5	Bre	---- 102-103
Adams	---- 6-8	Bri	---- 104-105
Ad	---- 9	Bro	---- 106-111
Ag	---- 10	Bru	---- 112

적용의 실례를 보면

F
541
1

F는 소설(Fiction), 541은 저자 J.A. Mattehews를 나타내는 저자기호를, 1은 그의 첫 번째 책을 의미하게 된다. 그러나 Massey의 표는 Edmands나 Cutter의 변환시스템에 비해 유용하지 않다고 판단되

48) Lehnus, Donald J. *Book Numbers: History, Principles and Application.* Chicago, Ala., 1980. p. 33.

49) Massey, A.P. "Classification of Fiction." *Library Journal*, 6 (Jan. 1881) pp. 7-9.

어서 인지 별로 호응을 얻지 못했다.

2. 특수 기호법

Cutter의 두 자리 수 기호표는 그당시 대부분의 도서관에서 일반적인 저자를 표현하는데는 별 무리가 없었지만 방대한 저술활동을 하는 저자나 전기서 또는 비명서 등의 저자를 구분하고 類聚시키는데는 부분적으로 문제가 있었다. 즉 기존의 Cutter 기호표로서는 이런 특수한 경우 별도의 방안이 마련되지 않으면 기호매김이 불가능한 것이다. 이런 문제를 해결하기 위해 몇 가지 특수기호법이 고안되었다.

<표 3-8> 작가를 위한 특수기호표

제1표. 공통기호

A.	서지, 저작성 논쟁
B.	傳記
C.	전기의 부가사항
D.	內容批評
E.	原文批評
F.	出典, 풍자, 학습
G.	雜文, 要語, 학회
H.	인용, 번안, 희곡, 요약물
I.	注가 없는 전집
J.	注가 있는 전집
K.	번역본
L.	注가 없는 選集
M.	注가 있는 選集
N.	번역본 選集

제2표. 821.47 John Milton, 1608-1667

O.	Paradise lost 1667
P.	번역본
Q.	비평서
R.	Paradise regained 1671
S.	번역본
T.	비평서
U1.	L'allegro 1632
V1.	Arcades 1633
V5.	Camus 1634
W1.	Lycidas 1637
W5.	Samson agonistes 1671
X1.	Odes
X2.	Sonnets
Y.	雜著 (Miscellaneous)[50]

작품을 많이 쓰는 작가를 위한 특수 기호표가 1893년 Library Notes에 발표되었다(표 3-8). 이 특수기호표는 방대한 저술활동을 한 Browning, Chaucer, Dumas the Elder, Longfellow, Milton, Scott, Shakespeare, William Gilmore, Simms, Spencer, Tennyson 등의 저자를 위해, 그리고 특히 이런 세분된 기호법을 사용해야 할 필요성이 있는 도서관을 위해 고안 되었다.[51]

이 표는 <표 3-8>과 같이 기본적으로 두 가지 유형으로 구성되어 있다. 제1표(A-N)는 모든 작가들에게 공통적으로 적용되는 것이고, 제2표(O-Y)는 위에 열거한 작가를 개별적으로 적용하기 위한 것이다. <표 3-8>은 공통기호인 제1표와 John Milton을 대상으로 한 제2표를 예시한 것이다.

이 기호표는 DDC와 함께 사용하도록 되어 있다. 즉, DDC의 2판에서부터 14판까지는 주요 저자에 개별적인 분류번호가 주어져 있다. 예를 들면

---

50) Library Notes, 3(Oct. 1893). pp.437-440. D(내용비평)는 작품의 주제와 지적내용을, E(원문비평)는 구두점, 오자등의 원문비평을 취급한 것이다.

51) Ibid., pp. 419-450.

영문학 ＋ 시 ＋ 연대(Elizabeth 이전시대) ＋ Milton : 821.47
82 1 4 7

과 같은 형식이 된다.

적용방법을 보면, Milton개인의 분류번호와 함께, 분류하고자 하는 저작이 실락원(Pradise lost)이라면 821.470가 될 것이고, 이에 대한 비평서라면 821.47Q가 될 것이다. 또한 U1에서부터의 개별적인 저작의 비평서는 저작을 표시하는 문자와 숫자의 다음에 연이어 숫자를 사용함으로써 그 저작과 함께 분류된다. 즉, Lycidas는 821.47W1이지만 Lycidas의 비평서는 821.47W2가 될 것이다.

이 방법은 원하는 문헌을 검색하고, 기호배정의 개별과를 이루는데는 유용하지만 약간의 문제도 있다. Milton의 예에서 보는 바와 같이 저작의 배열순서가 자모순도, 연대순도, 저작의 탁월성에 의한 순서도 아니다. 이런 경향은 다른 작가에서도 나타난다. Browning의 작품은 시와 희곡의 범주에 배열되어 있고, Longfellow와 Whittier의 작품은 연대순으로 배열되어 있다. 문헌의 정리에 있어서 일관성의 상실은 교육적으로도, 효과적인 검색을 위해서도 바람직하지 못하다.[52)]

이 특수 기호는 Dewey의 DDC 15판부터 Shakespeare를 제외한 다른 작가는 모두 분류번호에서 제외하여 저자기호로 돌린 뒤부터는 사용이 어렵게 되었다.

한편 Cutter도 Shakespeare와 라틴 및 그리스의 특정 저자들을 위한 특수기호법을 고안하여 발표하였다. 먼저 1884년에 Shakespeare를 위한 기호법이 Library Journal에 소개되었는데 그 개요는 <표 3-9>와 같다.[53)]

52) Comaromi, John P. op. cit., p. 45.
53) Cutter, Charles A. “Arrangement and Notation for Shakespeariana.” *Library Journal*, 9(Aug. 1884) pp. 137-139.

<표 3-9> Shakespeare를 위한 기호표

	S1 - S5 Shakespeare의 저작
S1, S2	연대순으로 배열된 저작의 각 版.
S3	언어 및 번역자로 배열된 번역서.
S4	選集, 모방작품, 희곡에 포함된 이야기집
S5	개별적인 희곡, 시(번역본 포함).
	S6 - S9 Shakespeare에 관한 저작
S6	일반적인 저작(정기간행물, 학회출판물 포함).
S7	비평서, 주석서.
S8	서지, 문헌사.
S9	전기서.

이러한 저자기호는 분류하고자 하는 작품의 분류번호다음에 그 작품의 성격에 따라서 S1-S9까지의 기호를 추가하면 되는 간단한 형식으로 구성되어 있다.

이로부터 2년후 Cutter는 라틴 및 그리스저자를 위한 특수기호표를 발표하였다. 이는 극소수의 캐릭터만으로 모든 그리스, 라틴의 저자와 저서 및 각 저서의 모든 版을 구분하여 기호와 할 수 있고, 이에 따라 저자별 알파벳순 배열과 각 版의 연대순 배열을 할 수 있도록 고안 되었다.[54] <표 3-10>은 이 표의 일부를 나타낸 것이다.[55]

---

54) Cutter, Charles A. "Author Tables for Greek and Latin Authors." *Library Journal*, 11 (Aug.-Sept. 1886) pp. 280-289.

55) Ibid. pp. 281-285.

<표 3-10> 라틴 및 그리스 저자기호표

라틴저자		그리스저자	
Catulus	C5	Aeschlus	A2
Celsus	C6	Aesopus	A3
Charisius	C68	Aristophanes	A7
Petronius	P3	Empedocles	E2
Phaedrus	P4	Emphorus	E25
Phocas	P43	Epicurus	E3
Plautus	P5	Eupolemus	E78

이 표의 적용 실례를 보면

Paley's *Frogs*는 문학이므로	V
그리스어 이므로	P
Aristophanes는	A7
Ranae는	R
출판년도는 1878 이므로	1878

그러므로 이 작품은 기술하는데 있어서 1885년에 발표되었던 Biscoe의 방법이 별로 유용하지 않은 것으로 평가하였다.56) 즉, "기호 자체로서 내용을 알 수 없고, 기호가 의미를 나타내지 않으므로 기억성이 없으며, 서기 2000년을 넘으면 사용할 수 없다는 단점을 지적하고 오히려 연도를 완전하게 기입해 주는 것이 더 낫다"57)고 생각하였다. 그래서 그는 자신의 특수기호법에서 출판년도를 완전하게 기입해 주는 방법을 택했다.

"이 특수기호표를 이용하는데 있어서 큰 단점은 책을 저술할 저자

56) Walter S. Biscoe는 기원 전부터 기원후 2000년까지를 기호화할 수 있는 연대기호법을 1885년에 발표하였다. 그는 이 기호법에서 연대를 나타내는 문자 및 숫자의 표기방법을 연도에 따라 매우 복잡하게 규정하고 있다.

57) Cutter, Charles A. "Author Tables for Creek and Latin Author." op. cit., p. 280.

를 미리 예측할 수 없어서 미리 기호를 배정하는 작업이 불가능하다는 점이다. 따라서 어떤 새로운 인명을 삽입하여 기호를 만들 경우 번호가 길어지는 단점이 있다. 그러나 고전 작품을 기호화하는 데는 별 어려움이 없었다."[58]

이 시기의 특기할 만한 또 하나의 기호법은 Olin기호법이다. 1893년 C.R. Olin은 DDC의 傳記 가운데 叢傳(Collective biographies)에만 사용할 수 있는 기호법을 고안하였다. DDC의 전기 920은 저자가 공헌한 주제분야가 뚜렷할 경우에는 주제별 전기 (920.1-928)에 분류하게 되어 있는데, 여기에 개인전과 총전을 함께 분류하게 되어 있어 양자가 구분되지 않아서 불편한 점이 있었다. Olin의 기호법은 이런 점을 해결하고자 시도된 것이다.[59]

Olin의 기호법은 Cutter의 두자리수 기호법을 사용하는 도서관에서 연결하여 사용할 수 있도록 하기 위해 표의 구조를 Cutter의 두자리수 기호표와 동일한 형식으로 구성하였다. 그래서 Olin은 총전의 저자를 모두 A-Z까지 적절하게 배열하여, 순서대로 A11에서 A99까지의 기호를 부여하였다. 그의 기본 구상은 모든 총전을 개인전 앞에 두도록 하는 것이다. 그래서 A11부터 A99까지의 기호는 다른 문자로 시작되는 저자기호보다 앞서야 한다고 하였다. 이렇게 하면 모든 총전은 편저자별로 알파벳순으로 배열될 것이며, 피전자별로 알파벳순으로 배열되는 개인전보다 먼저 배열될 수 있게 되는 것이다.[60]

이렇게 총전기호가 개인전 또는 일반 문헌에서 A로 시작되는 저자명보다 먼저 배열될 수 있는 것은 Cutter의 두자리수 기호표가 모든 모음과 자음 S는 성의 두자리 문자(또는 세자리)를 저자기호로

58) Lehnus, Donald J. op. cit., p. 30.
59) 이병수. "도서기호법의 여러 가지 방법 1." 국회도서관보, 5권 1호(1968. 11-12). p. 25.
60) Olin, C.R. "An Order Table for Collective Biography." *Library Journal*, 18 (May 1893) p. 144.

채용하도록 하고 있지만, 총전기호는 A문자 한자리만 기호로 사용하기 때문에 가능한 것이다. <표 3-11>은 이러한 형식을 실제로 보여주고 있다.

<표 3-11> Olin의 저자기호법에 따른 전기서의 배열순서

A12	Barnhart. *New Century Cyclopedia of Names*
A17	Chambers's Biographical Dictionary
A45	International Who's Who
A94	Webster's Biographical Dictionary
Ab2	Biography of Jacob Abbott
Ac8	Action: the formative years
Ad1	Robert Adam in his circle in Edinburgh and Rome

(A12, 17, 45 및 94는 총전, Ab2부터는 개인전)

이 기호법은 총전을 별도로 개인전에 앞서서 집합시킬 수 있는 방법으로 유용하였지만, 나중에 Sanborn이 Cutter기호표를 개정하고, 이것이 널리 사용됨에 따라 자연히 쓸모없이 되고 말았다. 왜냐하면 Sanborn의 세자리수 기호표에서 모음, 자음 구분 없이 모든 저자기호를 저자성의 첫 문자만을 따오고, 여기에 세자리수를 부가하였기 때문에 총전과 개인전을 구분할 수 있는 요소가 없어져 버렸기 때문이다.

D. 저자기호법의 성숙기

1. Cutter와 Sanborn의 세자리수 기호법

19세기의 마지막 4반세기 이후 미국의 도서관계는 괄목할 만한 발전을 이루고 있었다. 즉, 미국도서관협회의 창립, *Library Journal*의 창간, 도서관학교의 설립, 장서량의 확충, 그리고 카네기재단의

후원등에 의한 새로운 도서관들의 계속적인 설립등이 이 시기에 집중적으로 이루어졌다.

도서관계의 이러한 의욕적인 발전은 도서관 내부의 환경을 변화시키는데 작용하여 새로운 문헌정리 방법을 필요로 하게 되었다. 특히, 1880년대 말부터 1890년대에 이르러 미국의 대부분의 도서관에서 Cutter의 두 자리 수 기호법이 보편적으로 사용되어 왔지만, 장서량이 많은 도서관에서는 부적합한 것으로 평가되고 있었다. 그래서 Margaret Mann같은 이들은 "장서가 5,000원이 넘는 도서관에서는 Cutter의 두 자리 수 기호표가 사용되기 어렵다"[61]고 평가하고 있다. Cutter의 두 자리 수 기호표는 모음과 자음에 따라 문자의 자리수가 1자리, 2자리 또는 3자리가 되는 일관성 없는 형식을 가지고 있으므로 이용하기 편리한 새로운 기호법이 요구되고 있었나. Kate G. Sanborn이 만든 Cutter- Sanborn 세자리수 기호표는 이러한 배경에서 출현하게 되었다.

Sanborn은 1891년 메사추세츠 Manchester 공공도서관에서 Cutter 밑에서 목록자로서 근무할 때, 후일 Cutter의 기호표보다 더 보편적으로 사용되었던 2개의 기호표를 만들었다. 첫 번째 기호표는 모음과 S를 위한 기호표이다. 이 표에서 그녀는 모음과 자음 구분없이 저자기호에서 채용하는 첫 문자는 모두 한자리 문자만으로 결정하였다. 이러한 형식은 그 당시 사서들이 모음과 S자에 대한 Cutter의 두자리 또는 세자리 문자를 좋아하지 않았고, 모든 문자에 걸쳐 1문자 기호방식을 더 좋아한다는 사실을 알았기 때문이었다. 또한 Sanborn은 A와 S에 대하여는 세자리 숫자를 사용하였지만 나머지 모음인 E, I, O, U에 대하여는 세자리 숫자가 불필요하다고 생각하여 두자리 숫자만을 사용하게 되었다.[62] Cutter자신도 후일 자신의 두자리수 기호표에서 채용된 문자와 숫자의 배정이 불합리하다는 점을 인정한 바 있

---

61) Mann, Margaret. *The Classification and Cataloging of Books*. Chicago, ALA., 1928. p. 115.
62) *Library Journal*, 17 (Nov. 1892). p. 468.

다.[63] Sanborn의 S와 모음을 위한 기호표는 1892년에 정식으로 출판되었다.

Sanborn은 1895년에 모음과 S를 제외한 나머지 자음 20자에 대한 기호표를 완성, 출판하였는데 모든 이름에 頭文字 1자만을 기호로 채용한 점과 한 알파벳 내의 숫자의 통일등 기본원칙은 첫 번째 기호표와 동일하다. 이 子音表는 기호구성에 있어서 J, K, Y, Z는 2자리숫자, Q, X는 1자리수, 그리고 나머지 자음은 모두 3자리수로 하였다.[64] Sanborn의 두개의 기호표(모음과 S자, S를 제외한 자음)는 나중에 하나의 기호표로 통합되어 출간되었다.

Sanborn은 첫 번째 기호표를 만들때 Cutter의 요청을 받아서 개정하는 형식을 취하였으나, 두 번째의 子音記號表는 Cutter와 관계없이 완전히 다른 별개의 기호표를 만들게 되었다. Sanborn의 기호표는 모든 이름이 母音과 子音의 구분없이 첫문자만을 기호로 채용하여 일관성을 기하도록 하였고, 첨가되는 숫자는 이름의 빈도에 따라서 1자리수에서 부터 3자리수까지 다양화시켜, Cutter의 두자리수 기호표와 일치하는 것이 거의 없는 별개의 기호표가 되도록 만들었다. 따라서 "종래의 Cutter의 두자리수 기호표를 사용해 오던 도서관에서 기호체계를 확장하고자 할때 Sanborn의 기호표로는 모순에 빠지는 결과가 되었다. 즉, 기호표를 확장하기 위해 Sanborn의 기호표를 채용할 경우 번호가 일치하지 않아 개정에 불편을 느끼게 되었던 것이다."[65]

이러한 점을 감안하여 Cutter는 자신의 두자리수 기호표를 단지 확대 전개하여 약 20,000개의 구분능력을 가진 새로운 기호표를 만들게 되었다. Cutter의 새로운 기호표는 1899년에 작업이 시작되어, 1901년에 완성되었으며, 1902년에 판매되기 시작했다. 세자리수 기

---

63) Cutter, Charles A. *Explanation of the Cutter-Sanborn Author-marks*(3 figure table), 3rd ed. Northampton, Mass. Herald Office, 1899. p. 4, 8.
64) *Library Journal*, 20 (Oct, 1895) p. 363.
65) Lehnus, Donald J. op. cit., p. 39.

호표에서 Cutter는 번호를 약 8배로 늘려서 표목을 약 2만개로 확대하였으며, 몇몇 문자의 배분비율을 변경시켰다. 이때 I, O, U는 크게 감소시켰고, Q와 X는 별로 감소되지 않은 반면, 나머지 모든 문자의 비율을 크게 늘렸다.

Cutter는 이 세자리 기호표를 만들면서 Sanborn 기호표가 자신의 두 자리 수 기호표를 고려하지 않았다는 절차상의 잘못을 지적하고, 자신의 기호표는 두 자리 수 기호에 세 번째 숫자를 확대 전개함으로써 기존의 두 자리 수 기호표와 마찰 없이 함께 이용할 수 있을 것이라고 하였다.[66] Cutter의 생각은 그의 두 자리 수 기호표의 두 번째 숫자들을 다시 9개로 확대하는 방법으로 표목을 늘렸기 때문에 자신의 두 자리 수 기호표와 새로운 세 자리 수 기호표가 두 번째 숫자까지 일치하므로 기호체계를 변경하지 않고도 새로이 확대된 기호표를 사용할 수 있을 것이라고 생각하였던 것 같다. 그러나 "이러한 점에도 불구하고 대부분 도서관에서는 Cutter 기호표보다 Sanborn 기호표를 더 선호하였고 20세기에 들어 와서도 Sanborn기호표의 대중성은 결코 감소되지 않았다."[67]

이 두 가지 기호표가 나온 뒤 1870-1890년대에서 고조되었던 저자기호법에 대한 관심들과는 달리 이들에 대하여 분석하고 비판하는 글이 별로 보이지 않는다. 몇몇 문헌에서 단지 Sanborn기호표가 Cutter의 기호표에 비하여 이용하기 편리하다고 권장하는 정도 이었다.

20세기 초반에 미국에서 가장 널리 알려지고 이용되는 분류, 편목의 3가지 저서에서 모두 Sanborn기호표를 추천하고 있다.[68] 또한 비교적 근년의 한 조사에서도 대부분의 도서관에서 Cutter계열의 기

66) *Library Journal*, 27 (Jan. 1902), p. 47.

67) Lehnus, Donald J. op. cit., p. 42.

68) Theresa Hitchler의 *Cataloging for Small Libraries*(초판 1909, 2판 1915, 3판 1926)와 Margaret Mann의 *The Classification and Cataloging of Books*(초판 1928, 2판 1930, 3판 1943), 그리고 Susan G. Akers의 *Small Library Cataloging*(초판 1927, 2판 1933, 4판 1944)의 3가지이다.

호표를 사용하고 있고, 이중에서 Cutter의 두 자리 수, 세 자리 수 기호표는 3분의 1, Sanborn기호표는 3분의 2가 판매되었다고 하였다.[69] 특히 "Sanborn의 기호표는 Dewey분류표를 이용하는 대부분의 도서관에서 사용하고 있는 것으로 보아 Dewey분류표와 함께 사용하는데 가장 적합한 것으로 보인다."[70]

Cutter의 세 자리 수 기호표는 지금까지 사용되어 왔던 Cutter의 두 자리 수 기호표로 부터 세 자리 수 기호표로 확대하고자 하는 도서관들에게 유용할 것처럼 보이는데도 불구하고, Sanborn의 기호표가 오히려 더 많이 활용되고 있는데는 아마도 이유가 있을 것이다. 그리하여 이 두 가지 기호표의 특성을 기호부여방법, 숫자부여형식, 그리고 번호할당의 비율등 세 가지 요소를 중심으로 비교해 보기로 한다.

우선, 앞에서도 간단히 언급되었지만 기호의 첫 부분을 형성하는 문자에 있어서 Cutter는 1-3자리까지 다양하지만, Sanborn은 모두 1자리 문자로 통일 하였다는 점일 것이다.

<표 3-12>에서 보는바와 같이 Cutter는 모음을 2자리 문자, S를 제외한 자음은 1자리 문자, S는 2자리, Sc로 시작하는 이름은 3자리 문자를 쓰고 있고, 예시에서는 나타나지 않았지만 Ii, Iw, Ix, Iy, Oo, Uo, Ug, Uu, Ss, Sx는 다음의 숫자 없이 2자리 문자만 기호로 사용하도록 하고 있다. 그러나 Sanborn의 기호표는 모두 1자리 문자로 통일하고 있다. 기호를 사용하는 사서나 이용자의 관점에서 본다면 Cutter의 기호표는 분명히 복잡하고 혼란을 일으킬 요소를 많이 가지고 있는 것이다. 일관성을 유지하는 것은 기호를 작성하는 사서나 이용자 모두에게 중요한 것이다.

---

69) Cutter, Richard A. Personal Correspondence to the Author, Sept. 8, 1979.(Lehnus, Donald J. op. cit., p. 50. 재인용.)

70) Loc. cit.

<표 3-12> Cutter와 Sanborn의 기호 부여방법 비교

저 자 명	Cutter 기호표	Sanborn 기호표
Scott, W	Sco86	S431
Shaw, W	Sh28	S537
Thayer, S	T338	T373
Upton	Up8	U71

또한, Cutter는 동일한 頭文字의 이름 안에서도 숫자가 1자릿수에서 3자릿수까지 통일되지 않게 적용했으나, Sanborn은 일관되게 자릿수를 매겼다. L부문중의 일부 기호표를 비교해보면 <표 3-13>과 같다.

<표 3-13> Cutter와 Sanborn의 숫자 부여방법 비교

Cutter 기호표	Sanborn 기호표
L 1	La 111
La 11	Lab 112
Lab 111	Labar 113
.	.
.	.
Ly 98	Ly 981
Lyau 981	Lycu 982

어떤 기호표가 일관성 있고, 쉽게 구분되는지 확연하다. 이 예시에서 보듯이 Cutter는 L 내에서도 1자릿수 숫자에서부터 3자릿수 숫자까지 일관성 없이 번호를 부여하고 있다. 이것은 Sanborn의 기호표와 비교해 볼때, 배열과 검색에 있어서 불편을 초래할 것은 당연하다. Cutter의 이러한 숫자 배정방법은 아마도 그의 새로운 기호표가 두자리수 기호표와 두 자리 수까지는 일치된 형식을 유지시킴으로써 새로이 확대 전개하고자 하는 도서관들이 편리하도록 하기 위한 배려라고 생각된다.

Sanborn의 기호표가 더 널리 사용된 마지막 하나의 이유는 문자별 번호할당 비율에서 Cutter 의 기호표보다 더 합리적이라는 지적도 있다.[71] 1980년에 발표된 Donald J, Lehnus의 논문에서는 미국의 주요 도시의 전화번호부(단체이름도 포함된)에서 나타난 각 알파벳별 이름의 점유율을 Cutter 및 Sanborn의 기호표와 비교하여 그 차이값에 대해서 조사를 했다. 이 조사결과, 전화번호부와 비교한 각 문자별 점유율의 차이값의 합계가 Sanborn의 기호표는 40.52[72]가 나왔으나, Cutter의 것은 57.40이 나왔다. 이 차이값이 적으면 적을수록 전화번호부의 이름 배분과 일치하는 비율이 높다는 것을 의미한다. 따라서 Sanborn의 문자별 번호할당 비율이 Cutter의 배분비율보다는 더 잘 되어 있음을 나타낸다. 특히 Sanborn의 기호표는 최대 차이값(V부분) 4.57에서 최하 차이값 0.08(I 부분)로서 문자별 격차가 낮게 나타나고 있으나, Cutter의 기호표는 최대 차이값 8.45(C부분)에서 최하 차이값 0.05(Q부분)[73]에 이르기 까지 간격이 매우 넓다. 이 결과로 보아 각 문자별 번호할당 비율은 두 가지의 기호표 모두 편차가 크지만, 비교적 관점에서 본다면 Cutter보다 Sanborn의 것이 오히려 더 정확하다고 판단할 수 있다.

Cutter의 기호표는 전체 표목이 20,000개에 이르고, Sanborn의 것은 12,330개에 불과하여, 외견상은 Cutter의 것이 뛰어난 것 같지만 실제적 효용성은 별개의 문제다. 따라서 "기호표의 유용성은 항목수의 많고 적음이 문제가 아니라 문자별로 번호를 적절히, 균형있게 배분하는 것이 더욱 중요할지도 모른다"[74]

사서들이 저자기호를 작성하면서 각 문자별 표목의 배분비율을 검

---

71) Lehnus, Donald J. *Book Numbers: History, Principles and Application.* Chicago, ALA., 1980. p. 63.

72) Lehnus가 분석한 결과는 합계가 36.38로 나왔는데, 이것은 몇 가지 착오에 의한 것이다. 상세한 분석결과는 Ⅳ장에서 다시 언급된다.

73) Lehnus, Donald J. op. cit., p. 62.

74) Ibid., p. 50.

토하고, Sanborn의 기호표가 더 우수하다고 판단하여 이용하여 왔다는 기록은 찾아볼 수 없다. 그러나 두 가지의 기호표에 대한 이러한 과학적 검증은 특정 기호표에 대한 사서들의 선호요인을 평가할 수 있는 한 가지 방법은 될 수 있을 것으로 보인다.

이상 분석된 몇 가지 요인을 비교해 보건데, Sanborn의 기호표가 선행 기호표들에 우선하여 대다수의 도서관에서 널리 이용되고 있는 것은 당연한 결과라고 볼 수 있을 것이다.

Cutter의 두개의 기호표(두자리수 및 세자리수 기호표)와 Sanborn의 기호표는 그 후 오랫동안 수정되지 않고 사용되어 오다가, 1969년에 이르러 새로운 개정판이 나왔다. 1969년 Cutter기호표의 발행자인 H.R. Huntting사의 편집자 Ether M. Swift가 Paul. K. Swanson의 협력하에 Cutter와 Sanborn의 세자리 기호표를 새편싱하여 출간히였다. 이 개정판은 기호표의 구조와 내용을 바꾼 것이 아니라 A-Z까지의 배열을 알파벳순으로 재편성한 것이다.

기존의 Cutter기호표와 Sanborn의 기호표는 항상 비논리적이고, 비실용적인 방법으로 배열되어 있었다. 이 세가지 기호표는 모두 배열이 자음으로 시작되며, 모음과 S자는 끝에 배열되어 있다. Cutter의 두 자리 수 기호표는 Q, S, X, Y, Z를 제외하고, 자음 B에서 W까지 먼저 배열되어 있다. 그리고 W 다음에 모음 A, E, I, O와 자음 Q, 그리고 또 모음 U가 배열되고, 뒤를 이어 또 자음 X, Y, Z, S의 순으로 배열되어 있다. Cutter의 세자리수 기호표는 X자가 두번씩 나누어 배열된 것, 그리고 두 자리 수 기호표에서는 모음사이에 배열되었던 Q, X, Y, Z가 S 다음에 오도록 배열한 것을 제외하고는 배열이 거의 유사하다.

Cutter가 왜 이렇게 복잡한 방법으로 배열하였는지에 대하여 언급한 문헌은 없다. 아마도 그것을 활용하는 사서의 편의보다는 그가 표를 구성할 때 모음과 자음을 나누고, 또 S는 그 자체 내에서 두자리 문자, 세자리 문자로 분류한 형식, 그리고 세자리 숫자와 두자리 숫자 및 한자리 숫자를 가지는 것끼리 모으다 보니 이용하기에 복잡한 표가 되지 않았을까 생각된다.

Sanborn 기호표는 Cutter의 두자리수 기호표와 비교해 볼 때 배열에 약간의 차이가 있다. S 자를 제외한 자음 B에서 W까지가 먼저 배열되고 그 다음에 Y와 Z, A, E, I, O, S, U가 배열되어 있다. Sanborn의 이러한 배열방법은, 그녀가 1892년 기호표를 만들 때 모음과 자음에 대한 것을 먼저 만들고, 나중에(1895년) S를 제외한 자음 기호표를 만들면서 이 두 기호표를 통합했기 때문인 것으로 보인다.

새로운 개정판의 또. 다른 필요성은 원판에서의 빈약한 활자를 개선시킬 의도도 있었다.75) 많은 사서들은 세가지 기호표 중에서 이름의 자리수가 조금 길 경우에는 이것을 억지로 제한된 좁은 문단에 맞추기 위해 활자를 최대한으로 줄였기 때문에 읽기가 어려울 정도였다.

도서관 현장에서의 이러한 요구를 감안하여 Swift와 Swanson은 문자와 숫자의 조합은 변경하지 않고 다만 몇 개의 오자를 수정하고, 배열과 활자만 조정하여 1969년에 새로운 판을 편집하였다.

개정된 세가지 기호표의 서지적 사항은 다음과 같다.

C.A. Cutter's Two-figure Author Table. Swanson-Swift Revision. Chicopee, Mass., Distributed by H.R. Huntting Co., 1969

C.A. Cutter's Three-figure Author Table. Swanson-Swift Revision Chicopee, Mass., Distributed by H.R. Huntting Co., 1969.

Cutter-Sanborn Three-figure Author Table. Swanson-Swift Rivision Chicopee, Mass., Distributed by H.R. Huntting Co., 1969.

Huntting 社는 이들 세 가지의 기호표와 더불어 각 기호표를 이용하는 방법에 관한 편람서를 동시에 출판하였다.

75) Ibid. p. 67.

Swanson, Paul K., and Swift, Ether M. *Instruction Book for C.A. Cutter's Two-figure Table*. Swanson-Swift Revision, 1969. Chicopee, Mass., H.R. Huntting Co., 1969.

Swanson, Paul K., and Swift, Ether M, *Instruction Book for C.A. Cutter's Three-figure Table*. Swanson-Swift Revision, 1969. Chicopee, Mass., H.R. Huntting Co., 1969.

Swanson, Paul K., and Swift, Ether M, *Instruction Book for C.A. Cutter-Sanborn Three-figure Table*. Swanson-Swift Revision, 1969. Chicopee, Mass., H.R. Huntting Co., 1969.

2. Merrill 저자기호법

William S. Merrill은 1890년대 후반에 비교적 단순한 형태의 십진식 도서기호법을 고안하였다. 이 기호법은 모두 3개의 독립된 표로 이루어져 있는데, 제1표는 인명, 지명, 주제명을 위한 표이고, 제2표는 연속간행물의 표제를 위한 기호표이며, 제3표는 십진식 연대기호표로 이루어져 있다.[76]

이 세가지의 기호표는 1912년에 발표된 것으로 알려져 있으나, 1906년에 출판된 James D. Brown의 *Subject Classification*에 이미 수록되어 소개된바 있으며, 1890년대 후반에 이미 Newberry 도서관에서 사용해 오고 있었고, 제1표는 초기에 미국 의회도서관과 John Crerar 도서관에서도 사용되었었다.[77] 또한 Merrill자신이 1912년 Public Libraries에 기호표와 사용법을 공식적으로 발표하면서, 이미 Newberry 도서관에서 과거 16년동안 이 기호표를 사용해왔다고 기술한 것으로 보아[78] 이 기호표는 1896년경 고안 되어 Newberry 도서관의 정

76) Merrill. William S. "The Merrill Book Numbers." *Public Libraries*, 17(Apr. 1912). pp. 127-129.

77) Ibid., p. 127.

리업무에 적용된 것으로 보인다.

인명과 지명, 주제명을 위한 제1표는 A에서 X-Z까지 모두 99개의 표목을 나열하고, 여기에 01부터 99까지의 숫자를 부여한 매우 단순한 형태를 취하고 있다. 그리고 Cutter의 두자리수 기호표처럼 혼합식 기호법을 채택하지 않고 단지 숫자만으로 기호를 삼게 하는 숫자기호법을 채택했다. 표의 일부를 예시하면 <표 3-14>와 같다.

<표 3-14> Merrill 저자기호표, 제1표(인명, 지명, 주제명)-일부-

01	A	10	Bix	90	U
02	Agr	11	Bou	91	Ull
03	Als	12	Brim	92	Upt
04	Ap	13	Bum	93	V
05	Ash	14	C	94	Ven
06	B	15	Carr	95	W
07	Ban	16	Chan	96	Wats
08	Bax	17	Ci	97	Wha
09	Beno	18	Clo	98	Wit

표의 사용방법은:

저자가 Bancroft이면 07, Chicago이면 16의 번호를 준다. 만일 한 분류항목아래 중복기호가 생기면, 0에서 9까지 이미 주어진 번호의 전후의 적당한 간격을 고려하여 임의로 번호를 부여하여 100단위 자리수가 되도록 한다.

Merrill은 이 기호표를 전기서나 소설을 분류할 때 Cutter의 두 자리 수 기호표와 함께 사용할 수 있도록 하였다.79) 예를 들면, Tarbell의 *Life of Lincoln*은 저자기호가 L6385가 되는데, 이때 L63은 Cutter번호이고, 85는 Tarbell의 Merrill기호이다. 또한 작가를 기호화할 때는 Merrill의 연대기호를 Cutter의 저자번호와 결합하여 쓸

78) Loc. cit.
79) Loc. cit.

수 있다. John Milton의 저자번호는M6489가 되는데, M64는 Milton에 대한 Cutter의 저자번호이며, 89는 Milton 이 쓴 저작의 저술 년대인 1890년에 해당되는 Merrill의 연대기호이다.

Merrill은 종전의 저자기호법들이 연속간행물을 위한 기호매김을 위해 적절치 않다고 판단했음인지 기존의 기호표들과는 달리 연속간행물의 표제를 위한 기호표를 별도로 고안하였다.(표 3-15)

<표 3-15> Merrill의 저자기호표, 제2표(연속간행물)-일부-

01	Aa	40	Historic	80	Revue
02	Albu	41	I	81	Rey
03	Alman	42	Int	82	Roy
04	Amerid	43	J	83	Salm
05	Annales	44	Jahre	84	Sehm
06	Annual	45	Journal	85	Sem
07	Annuar	46	Journal di	86	Sol
08	Archiv	47	Journl p	87	Stad
09	Archives	48	K	88	Su

제2표는 대영박물관 도서관의 연속간행물 소장목록을 근거하여 표를 구성하였는데, 사용방법은 제1표와 동일하다. 그리고 제3표는 십진식 연대기호표인데 오늘날 2표와 더불어 거의 사용되지 않고 있다. 그 이유는 아마도 1, 2표 모두 장서규모가 적은 소규모 도서관에서나 사용하기 적합할 정도로 구분능력이 약하기 때문일 것이다[80)]

3. LC 저자기호법

1800년대 후반 미국 의회도서관은 다른 도서관들과 마찬가지로 Cutter의 두자리수 기호표를 사용하고 있었다. 그러나 전술한 바와

80) 仙田正雄. 圖書分類と 圖書記號. 東京, 蘭書房, 1955. p. 179.

같이 많은 도서관에서 이 기호표가 부적절하다는 평가가 내려지고, 뒤이어 Sanborn 기호표가 출판되면서 의회도서관에서도 Sanborn의 기호체계를 적용시켜 왔다.[81]

20세기에 들어 와서 미국 의회도서관은 독자적인 분류표를 개발하기 시작하였다. 의회도서관이 독자적으로 개발한 첫 번째 類는 Class Z 인 '서지 및 도서관학'분야이다. Class Z는 1902년에 처음 출간되었는데, 이때까지도 LC분류표와 더불어 저자기호는 주로 Sanborn 기호표를 사용하고 있었고, 소설부분을 위하여는 Cutter의 세자리수 기호표를 사용하고 있었다.[82]

의회도서관은 LC분류표의 개발이 본격화 되면서, LC분류표와 함께 사용할 수 있는 독자적인 저자기호표를 개발하게 되었다. 이 새로운 기호체계는 Anna C. Laws의 1917년 저서에 처음 공식적으로 발표되였다.[83] 이 기호포는 LC분류표 자체가 워낙 세분된 분류표이므로 복잡한 기호체계가 필요없다고 생각하여 단순한 체계로 구성하였다.[84] 즉 저자성의 두문자 1자와 나머지 이름을 나타내는 1자리수의 십진번호를 사용하도록 하였다. 다만 숫자를 더 세분하여 전개할 필요가 있을 경우에는 특정한 분류번호 아래에 모여있는 장서량에 따라 결정되도록 하였다. Cutter의 세자리수 기호표나 Sanborn의 세자리수 기호표에서는 특정 저자의 번호가 고정되어 있지만, 이 기호표에서는 한 저자명이 한 분류항목 내에서만 동일한 번호를 가질 것이고 다른 분류에서는 동일하지 않게 된다.[85] 왜냐하면, 두자리 숫자 이상으로 세분시킬 때 기존의 배당된 번호보다 적게, 때로는 많

81) Lehnus, Donald J. op. cit., p. 42.

82) Mann, Margaret, *Introduction to Cataloging and Classification of Books*, 2nd. ed. Chicago, ALA., 1943. p. 94.

83) Laws, C. Anna. *Author Notation in Library of Congress*. Washington D.C. GPO., 1917.

84) Chan, Lois Mai. *Immorth's Guide to the Library of Congress Classification*, 3rd ed. Littleton, Colo., Libraries Unlimited, Inc.1980. p. 83.

85) Lehnus, Donald J. op. cit., p. 45.

게 배정하는 상대적 기호체계를 가지기 때문에 동일한 저자명이라도 다른 분류에서는 다른 번호를 가지게 되는 것이다.

이 표가 1917년 처음 소개되었을 때 제시된 저자번호의 구성을 위한 기본원칙을 예시하면 <표 3-16>과 같다.

<표 3-16> LC저자기호표, 초판 1917년

1) 두문자가 모음일 경우 다음 문자: b d l, m n p r s, t u−y 사용 번호: 2 3 4 5 6 7 8 9	예: Ames Austin	.A4 .A9
2) 두문자가 S 일 경우 다음 문자: a ch e h, i m−p t u 사용 번호: 2 3 4 5 6 7−8 9	예: Shiply Sullivan	.S5 .S9
3) 두문자가 Qu 일 경우 다음 문자: a e i o r y 사용 번호: 3 4 5 6 7 9	예: Queener Qureshi	.Q4 .Q7
4) 두문자가 자음일 경우 (S 제외) 다음 문자: a e i o r u y 사용 번호: 3 4 5 6 7 8 9	예: Cecil Cullen	.C4 .C8

LC저자기호표는 1979년에 개정되어 두 가지 원칙이 추가되었다.[86] 그중 하나는 규칙 3)의 Qu 부분이다. 이 부분은 Q다음에 나타나는 문자가 u뿐만이 아니고 다른 문자도 많으므로 이를 반영하여 Qa-Qt까지 문자에 해당하는 번호를 2-29까지 부여해 주도록 새로운 원칙을 추가시켰다.

다른 하나는 다음과 같은 부차적 전개규칙을 추가시킨 점이다.

* 부차적 번호가 필요할 경우

세 번째 문자: a-d e-h i-l m n-q r-t u-w x-z

사용 번호: 2 3 4 5 6 7 8 9

1917년에 작성된 표에서는 한 분류항목 내에서 동일한 저자기호

86) *Cataloging Service Bulletin*, 3 (Winter, 1979) pp. 19-20.

를 가지는 문헌이 두개 이상 모일때 숫자 2자리수로의 전개는 작성자가 임의로 부여해 주었다. 즉, Shiply의 문헌은 처음에 .S5의 번호가 주어진다. 그 다음에 같은 분류항목 내에서 Simon의 문헌이 정리될 때는 작성자가 임의로 판단하여 .S55 정도의 중간 숫자를 추가시키는 방법으로 전개했다. 그러나 이러한 방법은 작성자가 임의로 판단하여 추가시켰기 때문에 기호매김의 일관성이 결여되고, 알파벳순 체계가 흐트러질 가능성이 많아 두 번째, 세 번째 자리수로 전개할 때 어떤 일관된 원칙이 필요해지게 되었다. 그래서 초판의 4가지 원칙에 추가하여 부차적 전개규칙을 추가시켰다.87)

LC저자기호표는 <표 3-17>과 같이 1986년에 문자배열과 번호배정을 몇 군데 수정하여 현재까지 쓰여지고 있다.88)

<표 3-17> LC저자기호표, 개정판 1986년

1) 두문자가 모음일 경우 다음 문자: b d l, m n p r s, t u-y 사용 번호: 2 3 4 5 6 7 8 9	예: Ames Austin	.A4 .A9
2) 두문자가 S일 경우 다음 문자: a ch e h, I m-p t u w-z 사용 번호: 2 3 4 5 6 7 8 9	예: Shiply Sullivan	.S5 .S8
3) 두문자가 Qu일 경우 다음 문자: a e I o r t y 사용 번호: 3 4 5 6 7 8 9 두문자가 Qa-Qt일 경우 사용번호: 2-29	예: Queener Qureshi Qadriri	.Q4 .Q7 .Q2
4) 두문자가 자음일 경우 (S제외) 다음 문자: a e i o r u y 사용 번호: 3 4 5 6 7 8 9	예: Cecil Cu1len	.C4 .C8
5) 부차적 번호가 필요할 경우 세 번째 문자: a-d e-h i-l m-o p-s t-v w-z 사용 번호: 3 4 5 6 7 8 9		

87) Loc. cit.
88) 정필모. 문헌분류론. 서울, 구미무역, 1991. p. 289.

이 새로운 규칙이 종전의 것과 다른 점은, 첫째, S 다음에 나타나는 문자에서 t 이하의 문자 배분과 번호 배정을 바꾸었고, 둘째, Qu 다음에 나타나는 문자에서 t(8)를 추가했으며, 셋째, 부차적 전개규칙의 문자배분과 번호배정을 전반적으로 수정하였다. 이것은 각 두문자 다음에 나타나는 문자의 빈도를 감안하여 조정한 것으로 보인다.

이 기호표는 위에서 예시한 대로 두문자 다음에 나타내는 문자에 따라 기호의 첫 번째 숫자가 배정되고, 만일 한 분류번호 아래에서 동일한 기호를 가지게 되는 문헌이 생길 경우 부차적 전개규칙에 따라 두 번째 번호를 배당하여 개별화 시킨다. 예를 들면, Gr로 시작되는 모든 저자가 일차적으로 .G7이라는 번호를 가지게 되지만 한 분류항목 내에서 Gr로 시작하는 다른 저자의 문헌이 또 들어 오면, 그 다음에는 세 번째 문자에 따라서 세시된 규칙대로 번호를 배정해 주게 된다. 이 경우 저자기호의 두 번째 숫자만으로도 개별화가 안 될 경우는 네번째 오는 문자를 중심으로 번호를 배정하게 된다. 따라서 기본 원칙은 1문자 1숫자로 저자기호를 구성하도록 되어 있지만 동일 분류항목내의 장서량에 따래 기호는 숫자 4-5자리수까지 늘어나게 되는 것이다.[89]

<표 3-18>의 예시에서는 이러한 번호부여 과정과, 이 결과 문헌의 입수순서와 서가배열 순서와의 관계를 잘 나타내 주고 있다. 즉 기존 장서의 전후관계를 고려하여 번호를 적절하게 안배함으로써 알파벳 순으로 배열되도록 되어있다. 그러나 알파벳 순서가 일관되게 적용되지 않을 수도 있다. Gr로 시작되는 이름 가운데 알파벳 순서로 보아 상당히 뒤쪽의 이름, 예컨데 Gross의 책이 제일 먼저 입수되어 .G7이란 저자기호를 갖게 되였다면 이 질서체계는 무너질 수

89) 부차적 전개규칙이 반드시 원칙대로 지켜지는 것은 아니다. 왜냐하면 둘째, 셋째 자리수로 전개할 때 기존의 장서 가운데 이미 규칙에 제시된 번호가 주어져 있을 경우가 있기 때문이다. 이때는 이미 주어진 번호의 전후에 적절하게 (임의로) 배분하여야 한다.

밖에 없는 것이다.

<표 3-18> LC저자기호법에 따른 문헌의 배열순서

1. 입수순서		2. 서가배열순서(알파벳순)	
Gray, Mary	G7	Gray, Mary	G7
Griegos, Santos	.G74	Green, Beverly	.G722
Green, Ralph	.G73	Green, Joseph	.G725
Greenberg, Margaret	.G733	Green, Joseph	.G7254
Green, Joseph	.G725	Green, Kurt	.G726
Greene, Calvin	.G728	Greene, Calvin	.G728
Green, Kurt	.G726	Greene, Delores	.G729
Greenberg, Marian	.G734	Greene, Ralph	.G73
Green, Beverly	.G722	Greenberg, Margaret	.G733
Greene, Delores	.G729	Greenberg, Marian	.G734
Green, Joseph	.G7254	Griegos, Santos	.G74

(Green, Joseph은 한 분류 내에서 두개의 저작이 입수된 경우)

LC 저자기호법은 Sanborn의 혼합기호 방식을 따랐고, 숫자배정 형식은 Cutter의 두자리수 기호법에서 채용한 계층식 전개방법을 원용한 것으로 보인다. 다만 Cutter계열의 기호표에서는 특정 저자의 기호가 어느 類에서나 고정되게 적용되고 있는데 비해 LC기호법은 기존 장서에 따라 상대적으로 적용시키도록 융통성을 부여한 점이 다르다고 볼 수 있다. 그러나 이러한 융통성은 본고의 II장에서도 언급한 바와 같이 오늘날 자동화의 관점에서 본다면, 오히려 장애요인으로 작용할 수도 있을 것이다.

LC 저자기호법이 단순하여 외우기 쉽고, 매우 세분되게 전개할 수 있는 장점이 있으나, 오늘날 주로 LC 분류표를 사용하는 도서관에서 제한적으로 사용되고 있는 것은 아마도 기존의 서가목록을 계속 확인해 가면서 기호를 부여해 주어야 하는 번거로움과 일관된 알파벳순 배열이 경우에 따라 곤란하다는 점도 포함될 것 같다.

LC저자기호표가 나온 이후로 미국에서는 아직까지 새로운 기호체계가 나오지 않고 있다. 1871년 Schwartz의 저자기호법이 소개되고 난 다음부터 1891년 Sanborn의 세자리수 기호법이 소개될때 까지 약 20년동안 저자기호법에 대한 활발한 논쟁과 논의가 있었던 상황과 비교해 볼 때 20세기이후의 소강상태는 오히려 뜻밖이라고 생각될 정도이다.

Ⅳ. Sanborn기호표의 특성과 장, 단점의 분석

A. Sanborn기호표의 특성과 장점

1. 표의 구조적 특성

Kate G. Sanborn이 1891년 처음으로 S와 母音을 위한 세자리수 기호표를 발표하고, 1895년에 子音記號表를 완성하여 통합시킨 이래 많은 도서관에서 Sanborn의 기호표는 문헌정리를 위한 필수적인 도구로서 추천되고 활용되어 왔다.[1)] 특히 이 기호표는 DDC를 채용하고 있는 도서관에서 폭넓게 활용되고 있는 것으로 보아 일찌기 Dewey가 언급한 바와 같이 DDC의 기호체계에 가장 잘 어울리는 기호법으로 평가되고 있는것 같다.[2)]

그러나 도서관 실무현장에서 필수적인, 그러면서도 표준적인 저자기호법으로 활용되고 있는 양상과는 달리 이 기호표의 특성이나 장, 단점에 대해서는 아직까지 올바른 평가가 내려지지 못했다고 보아야 할 것 같다.

본 연구의 발전과정을 논술하는 부분에서도 간략히 언급한바 있지만 Sanborn이 자신의 기호체계를 발표한 이후, 이 기호법에 대해서 언급

---

1) Lehnus, Donald J. *Book Numbers: History, Principles, and Application.* Chicago, ALA., 1980. p. 42.

2) "Dui's Doing." *Library Journal*, 7 (Sept. 1882). p.237. 이후 Dewey는 자신의 DDC 2판(1885)과 이후 계속되는 개정판에서 Cutter식 저자기호법을 추천하였다.

하고 있는 문헌은 별로 없다. 특히 기호체계에 대해서 분석, 평가하고 있는 문헌은 거의 없는 실정이다. 다만 1980년에 Donald J. Lehnus와 1981년 John P. Comaromi가 문헌기호법의 전반에 대해 논하면서 Sanborn의 기호법에 대해 언급하고 있다. 그러나 Comaromi는 Sanborn기호법의 DDC적용에 대해서 주로 분석하고 있고,[3] Lehnus는 Sanborn기호표의 문자별 번호할당 비율에 주된 관심을 두고 논하고 있어[4] 기호체계와 장, 단점에 대해서는 별로 분석하지 않고 있다. 그리고 본고의 발전과정을 논술하는 부분에서도 Sanborn의 기호표가 Cutter의 기호표보다 더 많이 활용되고 있는 이유에 대해 두 가지 기호표를 비교하는 관점에서 범위를 좁혀 논술했다.

그러나 여기에서는 Sanborn의 세자리수 기호표에 대해 그 구조와 특성 및 장, 단점을 분석, 평가해 보기로 한다. 이러한 평가작업은 Sanborn 기호표의 의미를 재평가하고, 새로운 기호표의 요구에 대한 논리적 해답이 될 것이다.

먼저 Sanborn기호표의 구조적 특성에 대해 살펴 보기로 한다. Sanborn기호표는 전형적인 열거식 기호표이다. 저자기호로서 채택가능한 항목을 알파벳순으로 열거해 놓고 여기에 순차적인 숫자를 부여해 주는 형식을 가지고 있다. 열거식 기호는 구조에 따라 계층적(Hierarchical) 기호체계와 序數的(Ordinal)기호체계로 나눌 수 있다. 계층적 기호체계란 각 類와 그 類에 해당하는 하위류에 대하여 새로운 부호를 추가함으로써 기호를 통하여 상위류와 하위류사이에 종속적 관계를 나타내도록 하는 기호체계를 말한다.[5] 분류표에서 類, 綱, 目을 십진식으로 나누고, 이를 다시 細目으로 나누어 상위주제와 하

---

3) Comaromi, John P. *Book Numbers: A Historical Study and Practical Guide to their Use*. Littleton, Colo., Libraries Unlimited Inc., 1981.

4) Lehnus, Donald J. *Book Numbers: History, Principles, and Application*. Chicago, ALA., 1980.

5) Buchanan, Brian. *Theory of Library Classification*. 정필모, 오동근 공역. 문헌분류이론. 서울, 구미무역, 1989. p. 91.

위주제 사이에 종속적 관계를 나타내도록 하는 형식이 계층적 기호의 대표적인 예이다.

저자기호법에 있어서 이러한 계층적 구조는 일찌기 Cutter가 처음으로 저자기호법을 고안할 때 채용했다.6) 즉 A부터 Z까지 각각 0-9의 번호를 주고, 그 번호 내에서 또 다시 알파벳을 세분시켜 두 번째 10단위의 자리수를 주고, 필요한 경우 10자리수의 각 단위별로 또 다시 100단위로 세분시키는 방법이다. 예를 들면 G는 첫 번째 자리수가 3이고, 이를 세분하는 경우 30-39까지 다시 10류로 나누어 두 번째 자리수를 삼는다. 만일 한 분류번호아래 많은 문헌이 모이게 되어 세 번째 자리수까지 필요로 한다면 30-39까지의 각 10단위마다 다시 10단위씩 세분시켜 300-309, 310-319와 같은 형식으로 100단위의 번호를 부여한다. 이렇게 될 경우 3, 31, 311은 각각 상위의 표목과 종속적 관계를 가지게 된다.

이 형식은 근본적으로 Dewey의 분류체계를 응용한 것으로서, Cutter는 1882년에 발표한 그의 두 자리 수 기호법의 부차적 전개규칙과, 1901년에 완성한 세자리수 기호법에서도 이 체계를 응용하고 있다.

한편, 서수적 기호체계는 표목의 나열과 단순한 순차적인 번호부여 형식을 취한다. 즉, 저자명으로 채택될 수 있는 표목을 순차적(알파벳순)으로 나열하고 여기에 특정 숫자를 계속적으로 부여하는 형식을 취하고 있다. 따라서 서수적 기호체계를 적용할 경우 상위 표목과 하위 포목의 구분이 없으며, 부여되는 번호도 첫째의 표목에서 마지막 표목까지 일련순서로 부여하게 되는 것이다.

Sanborn의 기호표는 열거식 기호법이면서도 기호의 체계는 서수적 형식을 취하고 있다. 따라서 Sanborn의 기호표에서는 Cutter가 세자리수 기호표에서 채택했던 동일 類 (한 알파벳 문자내의 표목)

---

6) Cutter, Charles A. "Another Plan for Numbering Books." *Library Journal*, 3 (Sept. 1878). p. 249.

내에서의 3단계식 기호법, 예를 들면 3, 31, 311과 같은 계층적 구조를 가지지 않으며, 따라서 각 번호와 번호사이는 아무런 因果關係가 없는 단순한 나열에 불과한 것이다.

분류표에서는 계층적 구조가 탐색의 범위를 확대하거나 축소하는데 도움을 줄 수 있는 장점을 가지게 된다.[7] 그러나 저자기호는 근본목적이 동일 분류번호 아래에서의 문헌을 개별화시켜 서가배열 위치를 확정해 주는데 있기 때문에 기호표의 구조가 계층적이어야 할 필요는 없으며, 더욱이 각각의 번호가 특별한 의미를 가질 필요는 없는 것이다. 오히려 십진식 분류표와 같이 계층적 구조를 취할 경우 동일 알파벳 내에서 기호가 3, 31, 311등으로 분할되어 배열과 검색에 있어서 혼동을 초래하게 될 것이다. 이러한 경향은 이미 오래전부터 Cutter의 세자리수 기호표를 채용하고 있는 도서관에서 현실적인 문제점으로 지적되어 왔다.[8]

Sanborn의 서수적 기호체계는 오늘날 자동화의 관점에서 매우 유리한 조건을 가지게 된다. Cutter의 세자리수 기호표는 계층적 구조로 되어 있고, 번호부여방식이 동일 알파벳 내에서 계층에 따라 한자리수, 두자리수, 세자리수로 분할되어 있어 자동화 시스템을 설계하는데 어려움이 따른다. 한편 LC저자기호법은 번호가 부차적 전개규칙에 따라 두자리수, 세자리수로 전개될 때마다 기존의 장서나 서가목록을 확인해 가면서 번호를 부여해 주어야 하기 때문에 자동기호매김에 한계가 있다. 이에 비해서 Sanborn의 기호표는 특정 저자의 저자기호가 고정적이어서 자동화시스템을 설계하는데 LC기호표보다 훨씬 유리한 장점을 가지고 있다.

---

7) Buchanan, Brian. op. cit., p. 93.

8) Barden, Bertha R. *Book Nambers: A Manual for Students with a Basic Code of Rules*. Chicago, ALA., 1937. pp. 7-8.

2. 기호부여 방법상의 특성

기호표 작성에 있어서 기호를 부여하는 방법은 순수기호법과 혼합기호법의 두 가지로 대별된다. 순수기호란 채용되는 기호가 문자만으로 이루어지거나 숫자만으로 이루어지는 경우를 말한다. 전자의 경우는 문자기호라 하고, 후자의 경우는 숫자기호라 한다.9)

순수기호는 미국에서 초창기에 고안 되었던 저자명을 숫자로 변환하여 기호매김을 하는 변환시스템10)으로서의 숫자기호와, 이 변환시스템이 나타나기 이전 영국에서 성행하였던 저자명의 몇자리 문자만을 따서 기호매김을 하거나, Melvil Dewey가 처음 저자기호법을 채용할때 저자성을 그대로 써 넣어주는 방법인 문자기호11)의 두 가지 형식이 있다. 문자기호는 Schwartz의 변환시스템으로서의 저지기호법이 고안된 이래 차츰 자취를 감추었으며, 저자를 숫자로 바꾸어 기호매김을 하는 숫자기호도 John Edmands에 의해 혼합기호법이 고안됨에 따라 오랜 생명력을 유지하지는 못하였다.

한편 혼합기호는 문자와 숫자를 결합하여 기호로 삼는 방법이다. 이 방법은 1879년 John Edmands가 처음으로 고안하여 발표한12) 이후 오늘날까지도 저자기호법에서 표준적인 방법으로 적용되고 있으며, Sanborn의 기호표도 혼합기호법을 채용하고 있다.

Sanborn의 기호표는 문자와 숫자를 결합한 혼합기호법을 택함으로써 구분능력을 더욱 증대시켰다. "문자기호나 숫자기호만 사용하는 경우보다 양자를 다 사용하게 되면 구분능력을 극대화시킬 수 있고, 아울러 기호의 자릿수를 절약하여 기호를 단순화시키는데 기여한다."13)

---

9) 仙田正雄. 圖書分類と 圖書記號. 東京, 蘭書房. 1955. p. 165

10) Jacob Schwartz의 지자기호법과 Charles A. Cutter가 처음 저자기호표를 고안했을 때는 저자명을 숫자로 변환시킨 변환시스템을 채용하고 있었다.

11) Comaromi, John P. op. cit., p. 36.

12) Edmands, John. "Plan for Numbering, with Especial Reference to Fiction: A Library Symposium." *Library Journal*. 4 (Feb. 1879). pp. 42-44.

왜냐하면 26개의 알파벳 문자를 활용함으로써 동일한 숫자 자리수로서 구분능력을 월등히 높일 수 있고, 이러한 가능성은 결국 숫자 자리수를 줄여서 기호를 단순화시킬 수 있기 때문이다. Sanborn의 기호표가 모두 12,330개의 표목을 가지지만 이를 26개의 알파벳 문자별로 분할하였기 때문에 번호는 100단위에서 그칠 수 있게 되는 장점에서 증명된다.

Sanborn의 기호표는 숫자부여 형식에 있어서도 특성이 있다. Sanborn은 저자성의 첫 문자와 더불어 숫자를 십진식으로 부여함으로써 철저한 알파벳순배열을 가능케 하는 장점이 있고, 새로운 저자기호가 부여되더라도 기존 장서의 중간 중간에 삽입시킬 수 있는 장점을 갖게 된다.[14] 이러한 중간 삽입의 이점은 장서량의 증가때마다 서가를 이동하고 재배치시켜야 하는 고정식 기호법의 불편을 개선시킨 것으로 평가할 수 있다.

저자기호법이 출현하게 된 기본적인 배경은 전통적인 수입순 배열법과 같은 고정식 기호법으로부터 탈피하여 문헌을 기존의 장서, 중간 중간에 삽입할 수 있도록 해 주는 상대적(상관적) 기호법으로의 전환에 있다고 할 수 있다. 이렇게 볼때 알파벳 문자와 십진식 숫자의 결합은 상대적 기호법의 장점을 가장 효과적으로 이룰 수 있도록 해 준다.

Sanborn이 채택한 혼합기호법과 십진식 번호부여방식은 서가배열기준이 대다수의 분류법과 합치되도록 하는 장점이 있다. Sanborn기호법은 오늘날 주로 활용되고 있는 세가지 분류법, 즉 DDC, LCC, UDC의 어느 분류법과도 조화롭게 적용할 수 있고 서가배열을 용이하게 할 수 있다.

저자기호법은 본 연구의 II장에서 논술한 바 대로 그 속성상 분류

---

13) Buchanan, Brian. op. cit., p. 90.

14) Cutter, Charles A. "Another Plan for Numbering Books." *Library Journal*, 3 (Sept. 1878) p. 249.

의 보완책이므로[15] 분류기호의 기호체계와 일치시키는 것은 서가배열과 검색 및 출납을 위해 반드시 필요하다. Sanborn기호법은 저자성의 첫문자를 기호로 채택하고 뒤이어 저자 성명에 해당하는 고유한 번호를 1-3자리수로 부여함으로써, LCC의 혼합기호법, DDC와 UDC의 숫자기호법과 서가배열 형식을 일치시킬 수 있도록 하였다.

이러한 형식은 전술한 바 대로 기존 장서의 중간 중간에 새로운 문헌을 삽입시켜 배열할 수 있는 상대적 기호법의 장점을 가질뿐만 아니라, 한 분류항목 내에서의 저자별 유취와 알파벳순 배열을 가능케 하고, 사서의 배가작업과 출납시 검색을 용이하도록 해준다. 아울러 이용자들이 문헌을 검색하고자 할때 서가배열의 질서세계를 암암리에 알 수 있도록 해줌으로써 신속한 검색을 도와줄 수 있다.

따라서 Sanborn이 채택한 혼합식 기호법, 십진식 기호법, 변환시스템등을 채용한 상대적 기호법의 특성은 저자기호법의 기능을 매우 유효하게 반영하고 있다고 평가할 수 있을 것이다.

3. 이용상의 특성

Sanborn의 기호법이 갖는 이용상의 특성은 표의 구조가 단순하고 간결하다는 점과 이에 따른 기호매김의 시간과 노력이 절감된다는 점으로 요약될 수 있다.

Sanborn의 기호법은 저자성의 첫문자와 저자성에 해당하는 1-100 단위까지의 숫자의 조합으로 어루어져 구조가 매우 단순하다. 특히 기호표의 기준에서 분석한 바와 같이 표의 자리수가 문자, 숫자가 합쳐서 4자리수이므로 표의 경제적 한계에도 적합하다.[16] 또한 기호

15) 리재철. "구조론에 입각한 한국저자기호표에 관한 연구: 한글의 구조상의 특색, 기입의 형식, 배열, 표기법등과 관련한 고찰." 도서관학, 제1집(1970). pp. 2-3.
16) 仙田正雄. op. cit., pp. 164-165.

표도 저자성의 알파벳순으로 배열되고, 여기에 해당번호를 일련 순서로 배정하고 있기 때문에 매우 손쉽게 검색할 수 있다. 따라서 기호를 작성하는 사서는 기호매김을 위한 특별한 전문적 지식이 없이도 업무를 수행할 수 있고, 서가배열과 검색을 위해서도 특별한 지식이 요구되지도 않는다.

한편 Sanborn의 기호표는 표목수가 많아 외울 수 없고, 그래서 기호를 매길 때 일일이 표를 들추어 보아야 하는 불편이 단점으로 지적되기도 한다. 그러나 현재 통용되고 있는 대표적인 네가지 기호표, 즉. Cutter의 두자리수 기호표 및 세자리수 기호표, Sanborn기호표, 그리고 LC저자기호표 중에서 기호표률 일일이 들추지 않고 기호매김을 할 수 있는 기호표는 LC저자기호표 밖에 없다. 그러나 LC저자기호표는 표(전개원칙)는 외울 수 있어도 실제 기호매김을 하는데 소요되는 시간은 오히려 Sanborn의 기호표보다 더 많이 걸린다.

왜냐하면 LC저자기호표는 항상 기존 장서의 기호매김을 확인하여 동일한 저자기호 유무를 검토해 가면서 기호의 자리수를 전개해야 하기 때문이다.17) 따라서 기호의 첫자리수를 매기는데는 LC기호표가 분명 빠르지만 둘째 자리수, 셋째 자리수로 전개될 때는 기존의 서가목록을 확인하고 기호매김을 해야 하는 절차가 필요하고, 이때 기존의 저자기호와 중복되지 않도록 하기 위해 또는, 앞으로 편입될 문헌을 예상하여 적절하게 번호를 배분하기 위한 사서의 판단에 소요되는 시간을 감안해야 한다. 특히, 1986년에 개정된 LC저자기호표의 적용 원칙은 그 예시에서도 나타나 있는 바와 같이 숫자 자리수의 기본단위를 두자리수로 하고 있기 때문에 기존 장서의 확인 절

17) LC저자기호표의 기호매김을 위한 특별한 절차, 즉 기존의 서가목록을 확인하는 과정은 이 기호표가 처음으로 소개된 이후, 1979년의 개정판, 그리고 최근 1986년의 개정판에서도 지속되고 있다. 특히 LC저자기호표는 원래 기호의 기본자리수가 1문자 1숫자로 구성하도록 되어 있었으나, 1986년의 개정판에서는 사용례에서 1문자 2자리수를 기본단위로 삼고 있어 기존장서의 확인절차는 불가결한 요소가 되고 있다.

차는 반드시 필요한 것이다. 이러한 요소를 감안하면 오히려 Sanborn의 기호표가 짧은 시간에 해당번호를 찾아내고 기호를 매길 수 있는 이점을 가지고 있다고 볼 수 있다. 실제로 Sanborn의 기호표로 특정 저자의 표목을 찾는데 소요되는 시간은 20초 내외에 불과하다.

B. Sanborn 기호표의 단점

1. 표목의 선정범위문제

"Sanborn기호표의 가장 큰 결함은 저자기호로서 채택될 수 있는 모든 요소, 즉, 인명, 단체명, 표제(주제), 국명, 지명등을 위한 기호매김에 한계가 있다는 점일 것이다.[18] 이는 기존의 열거식 기호표들이 가지는 공통적인 결함이기도 하다."[19]

1891년 Sanborn이 기호표를 만들때 어떤 자료에 근거해서 표목을 채택하였는지 그 근거를 밝히고 있지 않다. 다만 Cutter의 두자리수 기호표를 확대 전개할 필요성에 따라 Cutter의 제안에 의해 만들었기 때문에[20] Cutter의 두자리수 기호표의 전개 원칙을 따랐을 것으로 추정할 수 있다. 그러나 Cutter의 두자리수 기호표도 어떤 근거에 의해 표를 구성하였는지를 밝히고 있지 않기 때문에 정확한 내용은 알 수 없다. Cutter의 두자리수 기호표가 나오기 전에 만들어진 "Jacob Schwartz의 기호표가 각 도서관의 통계로 이루어진 신중항

---

18) 정필모. "한국문헌기호법연구: 현행 열거식 저자기호법에 대한 대안", 국회도서관보, 9권 5호 (1972. 7). p. 10.
19) 리재철. "구조론에 입각한 한국저자기호표의 연구: 한글구조상의 특색, 기입의 형식, 배열, 표기법의 문제등과 관련한 고찰". 도서관학, 제1집 (1970). p.10.
20) Lehnus, Donald J. op. cit., p. 38.

계산을 바탕으로 표목을 배분했다"[21]고 하여 도서관의 목록에 의존하였음을 암시하고 있고, 뒤이어 나온 John Edmands의 기호표도 인명사전과 도서관의 저자목록을 참고하여 표를 구성하였으므로[22] Cutter도 이와 유사한 방법을 채용하였을 것으로 추정할 수 있다.

이러한 전후관계를 본다면 Sanborn도 전례의 방법을 따랐을 가능성이 높다고 볼 수도 있을 것이나, 도서관의 저자목록보다는 오히려 인명사전을 중심하여 표목을 선정한 것으로 보인다. 그렇다면 인명은 오늘날 그 배분비율에서 큰 편차가 생기지 않았겠지만, 단체저자나 표제가 기본표목의 대상이 되는 부분에선 상당한 변화가 있었을 것이다. 왜냐하면 1890년대의 도서출판 경향과 오늘날의 그것이 현저히 다르기 때문이다. 따라서 Sanborn이 어떤 자료에 의해서 표목을 채택하였는가 하는 문제 자체가 분석의 기준으로서 그렇게 중요한 것은 아닌것으로 보인다. 중요한 것은 저자기호의 매김 대상이 되는 요소가 Sanborn기호표가 만들어 졌던 1890년대와 비교하여 오늘날 얼마나 달라졌는가 하는 점이다.

1890년대의 도서출판 경향은 개인저자에 의해 집필되는 것이 일반적인 관례였던 것으로 보인다. American Book Publishing Record의 1876-1949누적판[23]에서 단체저자로 출판된 1900년 이전의 저작은 별로 발견할 수 없으며, 초기의 저자기호표들이 주로 인명사전과 도서관의 저자목록을 중심으로 편성하였다는 점이 이러한 경향을 대변한다.

그러나 오늘날의 출판물은 학술단체와 연구기관, 정부조직및 그 산하기관, 지역적, 국가적, 국제적 협의나 기구등 각종 단체에서 발행하는 출판물이 대량으로 생산되고 있다. 아울러 서명이 저자기호

21) Schwartz, Jacob. "A Combined System for Arranging and Numbering". *Library Journal*, 3 (Mar. 1878) p. 7.

22) Edmands, John. "Proportion in Initial Letter in Author Catalog". *Library Journal*, 4 (Feb. 1879). p. 56.

23) *American Book Publishing Record*, 1876-1949 Cumulation, New York, Bowker, 1950-1977. 15 vols.

의 대상이 되는 연속간행물과 일부의 참고도서도 1890년대의 출판경향과 비교할 때 방대하게 증가하였다. 다음에서 이들 단체저자에 의해 출판되는 문헌과 연속간행물의 출판경향에 대해 좀 더 분석적으로 고찰해 보기로 한다.

(1) 20세기 후반의 출판경향

가. 단체저자에 의한 상업출판물

최근에 출판되고 있는 상업출판물의 전체적인 경향을 알기 위해서는 Books in Print가 가장 유용할 것이다. 이 年間書誌는 최근 미국의 각 출판사에서 발행하여 시판되고 있는 도서를 포괄적으로 수록하고 있기 때문에(1990-1991년판은 약 854,000종 수록) 정부간행물, 연구보고서, 연속간행물등을 제외한 도서의 출판경향과 총량을 이해하기 위한 참고자료로서 적합할 것이다.

Books in Print, 1990-1991년판 Author Series를 통해 조사해 본 결과, 전체 수록도서 약 854,000종 가운데 단체저자에 의해 출판된 도서는 약 35,000종으로서 전체의 약 4%에 해당된다. 이 데이터는 미국에서 출판된 도서에 제한됨으로 이를 국제적인 범위로 확대한다면 그 수는 훨씬 더 늘어날 것이다.

최근 20년동안 단체저자에 의한 출판물의 증가현상을 *Booksin Print*를 통해 조사해 보면 단체저자에 의한 출판활동에 얼마나 가속화되고 있는가를 알 수 있다. 단체명의 첫단어로 시작되는 대표적인 것이 American, National, International 이므로 이들을 중심으로 증가추세를 조사해 본 결과는 <표 4-1>과 같다.

<표 4-1> 단체에 의한 출판물의 증가추세

구분	1969	1979	1986	1990
American	900	1200	1800	2800
National	900	900	1850	2800
International	1100	1400	1900	2200
계	2900	3500	5550	7800

이 통계에서 보듯이 70년대의 10년동안 증가량은 약 600종에 불과하였으나 80년대의 10년간 증가량은 4,300종에 달한다. 이런 추세는 앞으로도 계속될 것이다. 이는 각종 단체의 지속적인 증가현상과 이들의 활발한 학술활동의 결과에 기인한다.

오늘날 학문의 성장과 과학기술의 발달에 따라 정보를 상호 교류하는 방법으로서 지역적, 국가적, 국제적 학술회의가 빈번하게 개최되고 있다. Kathrine O. Murra가 1958년 당시 매년 약 5,000건의 국제회의가 개최되고 있다고 보고하였는데,[24] 1970년대 초반에는 매년 약 1만 건의 국제회의가 개최되고 있는 것으로 조사되어[25] 국제회의 개최건수가 매년 급격히 증가하고 있음을 보여 준다. 국제회의 외에도 각 나라별로 무수한 학회, 협회, 연구단체나 기구들이 존재하고 이들은 대부분 다양한 형태의 회의를 개최하고 있어 회의개최수는 급격히 증가하게 된다.

이러한 각종 회의가 모두 단행본 형태의 회의문헌을 출판하고 있지는 않지만 회의때의 발표논문과 토의 결과를 종합하여 독립출판물로 발행하는 것이 점차 보편화되고 있다. 비교적 근년에 *Directory of Published Proceedings*(1964-), *Conference Paper Index* (1973-), *Index to Scientific and Technical Proceedings*(1978-)등의 회의문헌

24) Murra, Kathrine O. "Future in International Meetings" *College and Research Libraries*, 19, 6 (Nov. 1958). pp. 440-450.

25) Short, P.J "Bibliographic Tools for Tracing Conference Proceedings", *IATUL Proceeding*, 6, 2 (May 1972). pp. 50-53.

을 위한 독자적인 서지류들이 출판되고 있어 회의문헌의 양적 증가 현상을 대변한다.

나. 연구보고서

Sanborn의 기호표가 만들어졌던 당시에는 아직까지 문헌의 형태로 나타나지도 않았던 연구보고서는 2차대전후 급속한 성장을 하여 오늘날 주요한 문헌으로 위치를 구축하고 있다.

과학정보의 체계적 유통을 위한 매체로서의 연구보고서는 1902년 미국 국립표준국(National Bureau of Standard)에서 발행한 *Technologic Papers of National Bureau of Standard*와 *Professional Papers of the United States Geological Survey*를 그 시초로 보고 있다.[26] 연구보고서가 본격적인 문헌의 형태로 나타나기 시작한 것은 2차대전 이후 미국에서 Publication Board를 설립하고 난 이후였다. 이로부터 미국 정부주관하에 본격적인 연구 개발활동을 전개하여 "1950년대에 이미 정부지원을 받는 연구보고서의 생산량이 연간 75,000-100,000건에 이르는 것으로 평가됐다."[27]

D.W. Wing의 연구에 의하면 "1960-1974년 사이 미국에서 출판된 과학 학술잡지의 논문수가 42% 증가한데 비하여 연구보고서의 출판량은 4배이상 증가하였다"[28]고 한다. 이런 추세에 따라 "미국 의회도서관은 연 평균 10만 건의 보고서를 수집하고 있고, NTIS(National Technical Information Services)도 자국의 300여 정부기관과 외국의 기관들로 부터 연간 약 7만 건 이상의 보고서를 수집하여 장서로 등록하고 있다."[29]

---

26) Subramanyam, Krishna. *Scientific and Technical Information Resources*. New York, Marcel Dekker, 1981. p. 101.

27) Tallman, J.E. "History and Importance of Technical Report Literature." *Sci-Tech News*, 15 (Summer 1961). pp. 44-46.

28) Grogan. Denis. "Research Report" In: *Scientific and Technology*, 4th ed. Hamden, Conn. Shoe String Pr. p. 279.

보고서를 대규모로 수집하는 도서관에서는 보고서 자체의 번호를 중심으로 정리하는 경향이 있으나[30] "일반 도서관에서는 보고서 자체가 하나의 주제를 다루고 있고, 보고서의 수집량이 많지 않기 때문에 일반적인 문헌의 정리과정을 거치고 있다. 또한 오늘날 도서관 네트워크의 발달로 인하여 대규모의 보고서를 수집하는 도서관들도 공동 네트워크의 이용을 원하기 때문에 정리방법을 AACR 2로 바꿀 것을 고려하고 있다."[31]

이 경우 대부분의 보고서가 AACR 2의 "단체저자를 위한 표목의 규정"에 따라 발행기관이 기본표목이 됨으로 저자기호의 대상도 당연히 단체명이 된다. 왜냐하면 대부분의 보고서는 저자가 다수이고, 기관에 보고하는 형식을 취하기 때문에 단체가 그 문헌에 대한 대표성을 가진다. 또한 이용자들은 검색할 때 개인 저자보다는 단체명으로 접근하는 것이 대부분이기 때문이다.[32]

다. 정부간행물

정부간행물은 학술자료로서 대단히 중요한 위치를 차지하고 있다. 특히 행정기관이 많은 비용과 조직력을 바탕으로 해서 발행한 각종 통계자료는 정치, 경제, 사회, 산업등 각 분야의 현상을 파악하기 위한 1차 정보원으로서 매우 중요시 되고 있다. 또한 정부가 중요 생산원이 되는 보고서, 특허문헌, 규격자료등은 과학 기술분야에서 필수적인 정보원으로서 활용되고 있다.

"미국의 경우 정부간행물은 1859년 설립된 정부인쇄국(Government

---

29) Auger, C.P. *Use of Report Literature. London, Burttworth*, 1975. pp. 20-26.

30) Subramanyam, Krishna. op. cit., p.110

31) Burress. Elaine P. "Technical Report: A Comperison Study of Cataloging with AACR 2and COSATI." *Special Libraries*, 76 (1985). pp.187-188

32) 설문원. 기술보고서 관리에 관한 연구. 서울, 이화여대 대학원, 석사학위논문, 1986. p .48.

Printing Office: GPO)이 연방정부의 의회, 사법부 및 행정부의 간행물을 출판, 배포하도록 법률로 규정함으로써 출판이 활성화되었다."[33] 그러나 정부간행물이 본격적으로 발행되고 자료로서의 가치가 높게 평가되기 시작한 것은 2차대전 이후의 일이다. 최근 통계에 의하면 "GPO에서만 연간 4만종 이상의 정부간행물을 출판하며, 이는 미국 전역에서 출판되는 정부간행물의 약 절반에 해당한다고 한다."[34] 이와 더불어 州政府에서 발행하는 각종 정부간행물을 포함한다면 그 수는 훨씬 더 늘어날 것이다.

이들 정부간행물은 통상 단일 주제를 취급한 독립 출판물로 발행되고 있으며, 자료의 형태도 대부분 장서로 등록될 수 있는 단행본 형태를 취하고 있다. 정부간행물의 자료적 가치가 증대되고 양적으로 확대됨에 따라 관리하는 방법도 일반도서와 마찬가지로 통합하여 운영하는 방식이 보편화되고 있다. "정부간행물을 전문적으로 관리하는 寄託圖書館에서는 이를 독자적으로 취급하는 경향이 있으나 다른 대부분의 도서관에서는 이용자들이 열람용 목록을 통해 정부간행물에 접근하는 경향이 있기 때문에 일반 도서와의 통합관리 방식이 불가피 해진다."[35] 이 경우 목록작성에 있어서 기본표목의 대상은 국가, 정부조직, 기관 등의 단체가 된다.

라. 연속간행물

연속간행물은 정기적으로 출판되는 정기간행물과, 1년단위로 출판되는 年刊物, 그리고 비정기적이지만 동일 지명으로 계속 간행되는 비정기 연속간행물이 포함된다. 이런 종류의 출판물들은 서명이 저

---

33) Levin, Marc A. "Access and Disseminarion Issues concerning Federal Government Information." *Special Libraries*, 74 (1983). pp. 128-129.

34) 최영옥. 대학도서관의 정부간행물 관리에 관한 연구. 서울, 이화여대 대학원, 석사학위 논문. 1990. p. 7.

35) Hernon, Peter. *Use of Government Publications by Social Scientists*. Norwood. N.J., Ablex Publishing. p. 105.

자기호의 대상이 된다.

연속간행물의 연차적 증가현상은 과학분야에서 두드러진다. "Derek J. Price는 과학분야의 잡지는 1750년에 10종, 1800년에 100종, 1850년에 1,000종, 1900년에는 10,000종으로 증가하여 50년 단위로 10배씩 증가하는 것으로 보았다."[36] 그러나 "20세기에 들어와 연차적 증가현상은 둔화되어 1960년 이래로 연 4%씩 증가하고 있는 것으로 보고되고 있다."[37]

1977년 D.W. king이 조사한 바에 따르면 "전 세계적으로 생산되는 과학기술분야의 잡지총수는 57,000종으로 집계되고 있다."[38] 이 수치에 연 4%씩 증가하는 것으로 계산한다면 1990년에는 약 90,000종에 이른다. 오늘날 학술적 가치가 비교적 높은 연속간행물을 대상으로 편집한 선택서지인 *Ulrich's International Periodicals Directory*, 1989-1990년판에 수록된 세계의 연속간행물이 모두 112,000종에 이르고 있다. Ulrich's가 선택서지임을 고려한다면 실제 출판량은 이보다 훨씬 더 늘어날 것이다.

이런 상황은 Sanborn 이 저자기호표를 발표하였던 1890년대의 상황과 너무 다르다. 그 당시 만들어진 *Poole's Index*에는 1801-1881년간 미국과 영국에서 출판된 학술잡지 중 미국의 주요 도서관에서 소장하고 있는 잡지 470종을 대상으로 색인을 편성했다. 이는 그 당시 미국의 주요 도서관들의 잡지소장상황을 간접적으로 나타내 주는 것으로서, Sanborn이 그의 기호표에서 잡지의 표제를 별로 고려하지 않았던 것은 오히려 당연한 일이라고 보아야 할 것이다.

---

36) Price, Derek J. de Solla. *Science since Babylon. New Haven, Conn.*, Yale Univ. Pr., 1961. p. 95.

37) Martyn, J. "The Growth of Journal: A Short Preview", *Journal of Research Communication Studies*, 1 (1979). pp. 259-262.

38) King, D.W. *Siientific Journals in the United States*. Hutchinson Riss, King Research Inc. 1981. p. 12.

(2) Sanborn 기호표의 표목 선정범위

이상에서 살펴 본 바와 같이 단체저자에 의해 출판되는 문헌과, 표제가 저자기호의 대상이 되는 문헌은 방대한 수에 이르고 있다. 이러한 요소를 저자기호표에 반영할 수 있도록 기호표가 만들어져야 하는데 Sanborn의 기호표에서는 취약한 부분이 매우 많다. 먼저 단체저자를 위한 표목의 선정을 중심으로 분석해 보기로 한다.

단체명은 일반적으로 그 첫 단어가 American, Korean등과 같이 국가를 중심으로 한 것, 지역이나 도시명을 중심으로 한 것, 주제명을 중심으로 한 것, 그리고 Association, Institute 등과 같이 단체나 기구를 나타내는 어휘를 중심으로 하여 표현된다.

Encyclopedia of Associations 1988년판[39]을 중심으로 단체명을 나타내는 한 단어 아래 집합되는 단체의 수를 조사해 보았다. 그 중 대표적인 몇 가지를 예시하면, American: 약 3,900개, Association: 약 1,900개, National: 약 5,300개, International: 약 4,300개에 이른다. 그러나 Sanborn기호표에서는 이들 단체명을 위해 각각 한개씩의 표목만 할당하고 있다.

표목의 선정이 불합리한 것은 이들 단체가 출판한 문헌의 양을 보면 확인할 수 있다. *Books in Print*, 1990-1991년 Author Series를 조사해 보면, American으로 시작되는 단체가 발행한 출판 총량은 약 2,800종에 이른다. 또한 Amer란 표목에 포함될수 있는 개인저자의 성은 비록 빈도수가 낮기는 하나 Amer, Amerasinghe, Amreine, Ameringer, Amerio, Amerman, Amermick, Amerong, Amerongen, Amerson, Amery등 다수의 인명이 있다. 그러나 Sanborn기호표에서는 이를 위해 Amer란 하나의 저자기호밖에 배정되어 있지 않다.

이를 Sanborn기호표의 다른 표목과 비교해 보면 표목선정의 불균형을 알 수 있다. Smith란 성은 Sanborn 기호표에서는 무려 20개의 표목

---

39) *Encyclopedia of Associations, 1988*. Detroit, Michigan, Gale Research, 1987. 5vols.

으로 세분되어 있다. Booksin Print, 1990-1991에서는 Smith란 성을 가진 사람의 출판 총량이 약 2,800책에 이른다. American으로 시작되는 단체저자의 출판량과 비슷한 수치이다. 그럼에도 불구하고 American은 독립된 표목으로 채택되지도 못하였는데 비해 Smith는 20개의 표목으로 세분되어 있다. 이 결과는 Sanborn기호표의 표목선정이 합리적이지 못하였음을 의미한다.

다른 하나의 예를 들어보면, National과 International로 시작되는 단체의 출판 총량은 National이 2,800종 International이 약 2,200종에 이른다. 그러나 Sanborn기호표에서는 독립된 표목이 없이 Nati와 Int만 주어져 있을 따름이다. 이상의 결과를 보건데 Sanborn 기호표는 단체저자를 기호매김하기에 부적합한 것으로 보여진다.

물론 이러한 데이터는 주제별로 분류번호가 할당되고 나면 중복기호의 가능성은 상대적으로 축소될 수 있다. 그러나 동일 주제분야를 취급하는 많은 국가적 규모의 단체들은 단체명의 첫머리에 American, 또는 National같은 명칭을 붙이는 경우가 많아 중복 가능성은 상존한다.

다음은 주제명을 중심으로 분석해 보기로 한다. 주제는 단체명의 첫 단어로 쓰이는 경우가 많지만 참고도서와 연속간행물의 표제로도 많이 쓰인다. *Ulrich's Inernational Periodicals Directory, 1989-1990*[40]을 조사해 보면 특정 주제아래 집합되는 연속간행물의 양을 측정할 수 있다. 연속간행물 표제의 첫 단어로서 많이 쓰이는 몇 가지 어휘아래 집합되는 연속간행물의 수는 Journal: 2,600종, National: 1,900종, International: 2,300종 American: 1,900종에 이른다.

그러나 Sanborn의 기호표에는 대부분의 주제명들이 독립된 표목을 갖고 있지 못하다. 즉, Amer, Jou, Nati, Int 등의 略字型 표목들이 있을 따름이다.

단체저자의 예에서 언급한 바와 같이 연속간행물도 분류번호에 의

---

40) *Ulrich's International Periodicals Directory, 1989-1990*. New York, Bowker, 1989. 3vols.

해 저자기호의 중복범위를 상당히 줄일 수 있다. 그러나 연속간행물의 첫 단어가 제한된 주제범위를 나타내는 단어로 시작되는 경우에는 저자기호의 중복가능성이 아주 높아진다. 예를들면 Ulrich's에서 Computer로 시작되는 연속간행물은 무려 400여종에 이른다. Art, Artist, Arts 등으로 시작되는 것은 300여종, 그리고 비교적 좁은 주제인 Library로 시작되는 연속간행물마저도 140여종이나 된다. 그러나 Sanborn 기호표에서는 Art, Compt, Libr등 불완전한 하나의 표목으로 기호매김을 할 수 밖에 없다.

표제를 위한 표목의 이러한 불합리성은 참고도서의 경우에도 동일하게 나타난다. 참고도서는 개인및 단체저자가 기본표목의 대상이 되는 경우도 있으나, 표제가 기본표목이 되는 경우도 많다. 따라서 표제의 첫 단어를 중심으로 하여 기호매심을 할 수 있이야 하나 Sanborn기호표에서는 주제명을 표목으로 삼지 않았기 때문에 표제를 위한 기호매김에 한계가 있다.

참고도서에 있어서 표제의 첫 단어를 형성하는 대표적인 어휘들로서 Encyclopedia, Dictionary, Directory, *Index*, Handbook, Bibliography, Guide등이 있으나[41] Sanborn기호표에서는 이들 주제를 대부분 세분하지도, 독립 표목으로 채택하지도 않았다.

Sanborn기호표의 표목 'Bibl'에 해당하는 참고도서는 Bible, Biblio, Bibliografi, Bibliografia, Bibliografiia, Bibliografija, Bibliographia, Bibliographic, Bibliographical, Bibliographie, Bibliographisches, Bibliography, Biblioteca, Bibliotheque등의 어휘가 표제의 첫 단어를

---

41) 'ALA Rules for Filing Catalog Cards, 규칙 33E, 도치서명'부분을 보면, 도치서명은 사용하지 않는 것으로 권고하고 있다. 따라서 미국 의회도서관은 이미 1940년 12월 30일 부터 도치서명의 사용을 중지해 왔으며, 양서정리업무를 위해 보편적으로 활용되고 있는 Bibliofile에서도 일반도서, 정기간행물, 참고도서등 전부분에서 도치서명이 사용되지 않고 있다. 이러한 경향을 반영하여 근년에 이르러 대부분의 도서관에서 ALA의 권고사항을 준용하고 있다.

형성하고 있다. Sheehy의 *Guide to Reference Books* 10판[42]에서는 여기에 해당되는 서명이 약 1,200종이나 수록되어 있다. 그러나 Sanborn 기호표에서는 이들을 위해 'Bibl'이라는 표목이 있을 따름이다. 이러한 예는 International, 국가를 나타내는 American, British등의 어휘, 그리고 주제를 나타내는 많은 어휘에서도 동일하게 나타난다.

이러한 분석결과를 종합해 볼 때 Sanborn은 기호표를 만들때 단체저자와 주제명(국명, 지명포함)을 별로 중요하게 생각하지 않았음을 알 수 있다.

2. 문자별 번호할당 비율의 문제

문자별 번호할당 비율이라 함은 알파벳 26문자의 각 문자별 표목의 점유비율을 말한다. 문자별 번호할당의 비율이 저자기호표에서 특히 중요한 요소로 취급되어야 할 이유는 실제 출판되고 있는 (또는 출판되었던) 모든 문헌에서의 저자명의 문자별 점유율과 기호표에서의 배분비율이 유사하여야만 균형있는 기호매김이 가능하기 때문이다. 만일 이 균형이 무시된다면 어떤 부분에서의 저자기호는 부족하고, 어떤 부분에서는 불필요하게 남아 돌아 기호표로서의 효용성이 반감된다. 따라서 "호표의 구분능력은 표목수의 많고 적음보다 오히려 문자별 번호할당 비율과 관련이 있다고 보아야 할 것이다."[43]

각 문자별 번호할당의 비율을 측정하기 위해서는 도서관의 장서목록이 어느 정도 유용할 것이나, 대다수의 도서관들이 자료수집 규모에 있어서 어느 정도의 제한점을 가지고 있기 때문에 포괄적이지 못할 수도 있다. 도서관의 저자목록이 개인저자와 단체저자를 포함하고 있

42) Sheehy, Eugene P. *Guide to Reference Books*, 10th ed. Chicago, A.L.A., 1986.

43) Lehnus, Donald J. op. cit., p. 50.

기 때문에 개인과 단체가 광범하게 포함된 전화번호부가 오히려 문자별 번호할당비율을 측정하는데 유효한 도구가 될 수 있을 것이다.

이 가정은 1980년 Lehnus가 전화번호부와 도서관의 저자목록과의 상관성을 조사한 결과와, Lehnus가 조사한 전화번호부와 본 연구에서 분석된 *Books in Print*에서의 문자별 점유율을 비교한 결과에 근거한다. Lehnus는 Edmands가 조사한 미국내 5개 주요 도서관의 저자목록과 자신이 조사한 20개 주요 도시지역의 전화번호부를 대비하여 각 문자별 점유율을 분석하였는데, 양자의 문자별 점유율의 차이값의 합계가 12에 불과하였다."[44] 이 결과는 전화번호부와 도서관의 저자목록이 매우 밀접한 관련성이 있음을 의미한다.

그러나 이 데이터는 1879년 Edmands가 자신의 기호표를 만들기 위해 조사한 저자목록을 근거로 했기 때문에 오늘날의 출판상황과 상이할 가능성이 있다. 그래서 본 연구에서는 Lehnus가 조사한 전화번호부의 문자별 점유율이 실제출판상황과 어느 정도 일치하는가를 알아보기 위해 Lehnus가 조사한 전화번호부에서의 문자별 점유율과 단체저자가 포함된 *Books in Print*의 저자목록에서 나타난 문자별 점유율을 비교해 보았다. *Books in Print*, 1990-1991년판의 경우 약 500,000명의 저자가 저술한 854,000종의 문헌이 수록되어 있고, 약 20년정도의 소급능력을 갖고 있기 때문에 문자별 점유율과 빈도수를 조사하는데 매우 적절한 자료가 될 것이다. 조사결과 <표 4-2>에서 보는 바와 같이 최고 차이값 0.84(B)에서 최저 0(X)에 이르기 까지 그 편차가 극히 적었으며, 전체 차이값의 합계가 6.24에 불과하였다. 이 결과는 저자기호표에서 문자별표목의 배분비율을 결정하는데 있어서 이 두 가지 자료중 어떤 자료를 활용하든지 상관없음을 의미한다.

---

44) Ibid. p. 57.

<표 4-2> 전화번호부, BIP, Sanborn의 문자별 점유율과 차이값

문자	점 유 율(%)			차 이 값		
	전화(A)	BIP(B)	Sanborn(C)	A - B	A - C	B - C
S	10.10	10.04	5.91	+0.06	+4.19	+4.13
M	9.05	8.50	〃	+0.55	+3.14	+2.59
B	8.65	9.49	〃	-0.84	+2.74	+3.58
C	7.60	7.32	〃	+0.28	+1.69	+1.41
H	6.55	6.79	〃	-0.24	+0.64	+0.88
W	5.80	5.36	〃	+0.44	-0.11	-0.55
G	5.25	5.29	〃	-0.04	-0.06	-0.62
R	5.00	5.22	〃	-0.22	-0.91	-0.69
P	4.80	4.52	〃	-0.28	-1.11	-1.39
D	4.65	4.76	〃	-0.11	-1.26	-1.15
L	4.50	4.83	〃	-0.33	-1.41	-1.08
A	4.30	4.18	〃	+0.12	-1.61	-1.73
F	3.75	3.85	〃	-0.10	-2.16	-2.06
K	3.70	4.35	0.66	-0.65	+3.04	+3.69
T	3.50	3.23	5.91	+0.27	-2.41	-2.68
J	2.75	2.18	0.66	+0.57	+2.09	+1.52
N	2.15	2.31	5.91	-0.16	-3.76	-3.60
E	2.10	2.05	0.66	+0.05	+1.44	+1.39
O	1.42	1.41	〃	+0.01	+0.76	+0.75
V	1.34	1.53	5.91	-0.19	-4.57	-4.38
U	0.90	0.50	0.66	+0.40	+0.24	-0.16
I	0.78	0.94	〃	-0.16	+0.12	+0.28
Z	0.56	0.62	〃	-0.06	-0.10	-0.04
Y	0.54	0.52	〃	+0.02	-0.12	-0.14
Q	0.25	0.16	0.07	+0.09	+0.18	+0.09
X	0.01	0.01	〃	0.00	-0.06	-0.06
합계	100.00	100.00	100.00	6.24	40.52	40.64

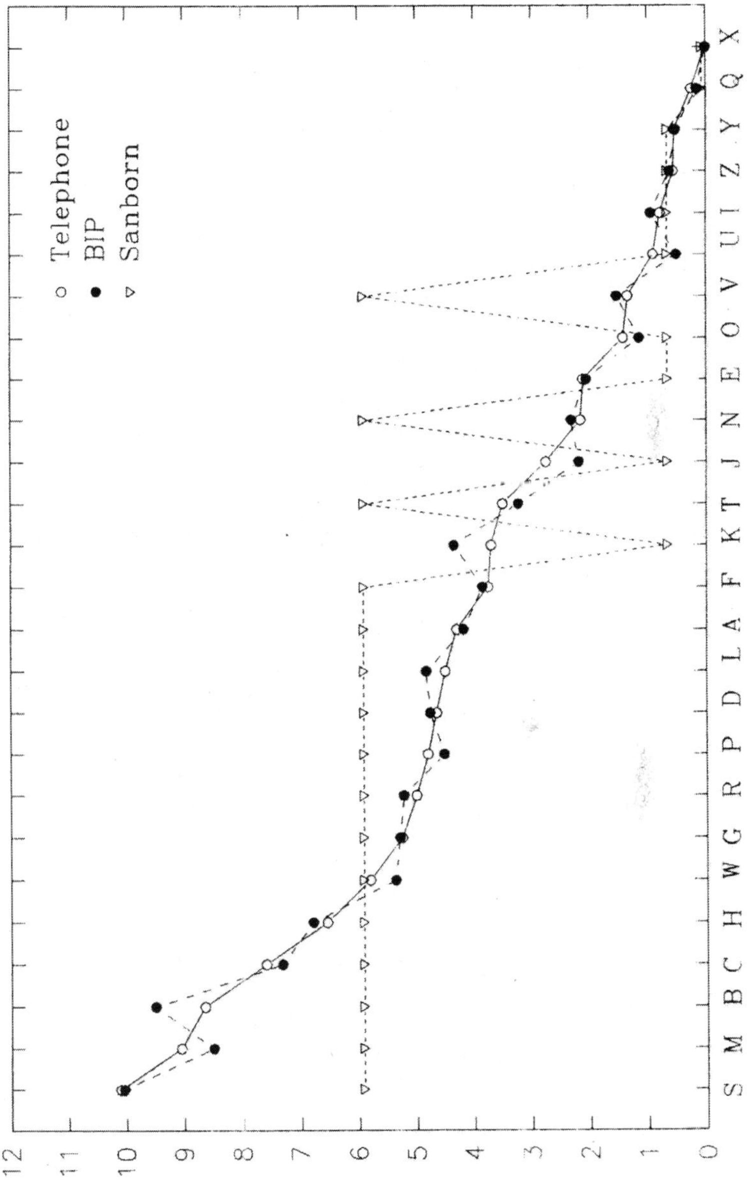

<그림 4-1> 전화번호부, BIP, Sanborn기호표의 문자별 점유율 비교

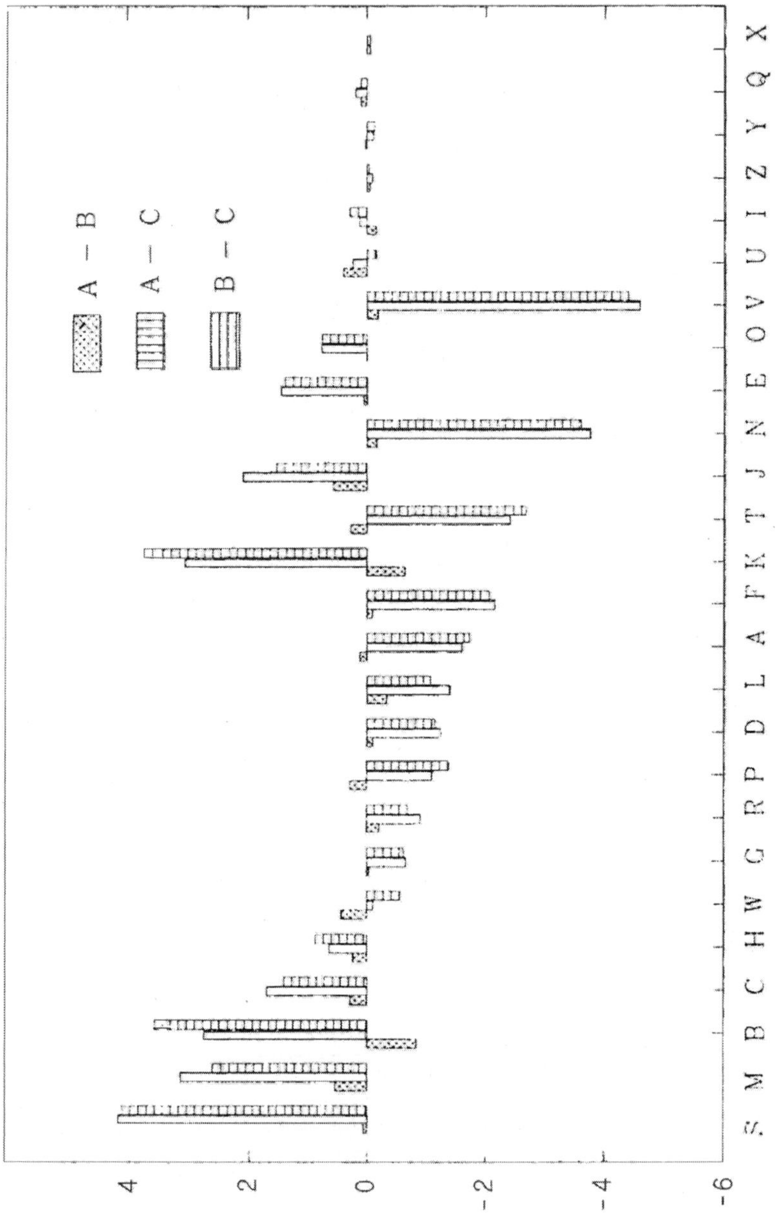

<그림 4-2> 전화번호부, BIP, Sanborn기호표의 문자별 점유율의 차이값 비교

<그림 4-1>은 전화번호부와 Books in Print 및 Sanborn기호표에서의 문자별점유율을 선그래프로 나타낸 것이며, <그림 4-2>는 이 세가지 자료의 차이 값을 비교해서 보기에 편리하도록 막대그래프로 나타낸 것이다.

<표 42>를 보면 전과번호부와 Sanborn의 기호표는 V의 최고 차이값 4.57에서 X의 최저 차이값 0.06까지 비교적 광범한 오차를 나타내고 있으며,45) 점유율의 차이값의 전체 합계가 40.52에 달한다.46) 차이값의 합계가 적으면 적을수록 전화번호부와 저자기호표의 문자별 배분이 일치하는 비율이 높기 때문에 Sanborn기호표의 편자는 대단히 높은 편이다. 물론 이 수치는 Cutter의 세자리수 기호표에서 나타난 차이값 56.48에 비하면 낮은 수치이긴 하나, Sanborn기호표보다 먼저 만들어 졌던 Schwartz기호표에서의 13.44, Edmands 기호표에서의 12.00에 비교하면 매우 높은 수치이다.

그러면 Sanborn기호표는 오늘날의 출판상황과 얼마나 일치하는가? 이 문제는 *Books in Print*와 Sanborn기호표의 문자별 점유율을 비교해 봄으로써 알 수 있다. 양자의 편차는 전화번호부와 Sanborn 기호표의 비교에서 나타난 것과 거의 유사한 결과를 보여주고 있다. 즉, 최고, 최저 차이값과 분포상황이 아주 유사하며, 차이값의 전체 합계도 40.64로서 비슷한 결과를 나타내고 있다. 따라서 Sanborn기호표의 문자별 표목의 점유율은 실제 출판상황을 정확하게 반영하고 있지 못함을 알 수 있다.

본 연구에서는 이에 더하여 이들 세가지 자료의 정확한 편차를 구

---

45) 차이값에 있어서 그것이 +인가, −인가 하는 것은 그렇게 중요하지 않다. 표목을 더 많이 배분하였건 더 적게 배분하였건 간에 오차의 크기 자체가 중요한 것이다.

46) Lehnus도 필자와 동일한 방법으로 분석하였는데, 그 결과 차이값의 합계가 36.38로 나왔다. 이는 Sanborn 기호표에서의 표목의 수와 점유율을 계산할 때 몇 부분에서 착오를 일으킨 결과이다. 예를 들면 Sanborn기호표에서 V의 표목수는 729개이고, 점유율은 5.91이 되어야 하는데, Lehnus는 표목수를 81개로 보고 점유율을 0.7로 계산함으로써 차이값이 0.64에 불과하였다.

해 보았다. 그 결과 전화번호부(A)와 *Books in Print*(B)의 표준편차는 0.347인데 비하여 전호번호부와 Sanborn기호표(C)의 편차는 2.086으로서 무려 6배의 편차를 나타내고 있다. 또한 저자명과 단체명의 실제적인 빈도를 나타내는 *Books in Print*와 Sanborn기호표 간의 표준편차도 2.098로서, 전화번호부와의 대비에서와 유사하게 6배의 편차를 나타내고 있다.

이 결과를 보면 Sanborn기호표는 우선성의 분포비율과 출판상황을 정확히 반영하고 있지 못함을 알 수 있다. 따라서 각 문자별 번호할당의 비율이 잘못되었음이 입증된다.

문자별 번호할당의 비율에 있어서 왜 이러한 문제가 나타났을까? 이미 Schwartz와 Edmands가 알파벳 각 문자로 시작되는 이름의 실제 빈도수에 따라 번호의 정확한 분배를 결정하고자 시도한 바 있다. 즉, Schwartz는 각 도서관의 통계로 이루어진 신중한 계산을 바탕으로 하고,[47] 아울러 책의 크기별 출판비율을 근거로 기호표를 작성했다.[48] 또한 Edmands는 문자별 번호할당 비율을 결정하기 위해 인명사전과 5개 주요 도서관의 저자목록을 참고로 했다.[49] 이 두 가지 방법은 각각 1878, 1879년에 *Library Journal*에 발표되었고, Sanborn의 기호표는 1891-1895년에 만들어 졌으므로 그녀는 이미 이러한 방법론을 알고 있었을 것이다. 그럼에도 Sanborn은 이러한 방법을 응용하지 않았던 것으로 보인다.

Sanborn기호표에 있어서 문자별 번호할당 비율의 부정확성은 각 문자별 자리수의 최대치를 3개의 큰 그룹별로 미리 정해 놓고, 이에 따라 표목수를 배정했기 때문이다. Sanborn은 각 문자별 성의 빈도를 개략적으로 판단하여 세 그룹으로 나누었다. 첫째 그룹은 A, B,

---

47) Schwartz, Jacob. "A Combined System for Arranging and Numbering" *Library Journal*, 3 (Mar. 1878). p.7.

48) Ibid. pp. 7-8.

49) Edmands, John. "Proportion of Initial Letter in Author Catalog" *Library Journal*, 4 (Feb. 1879). p. 56.

C, D, F, G, H, L, M, N, P, R, S, T, V, W를 가장 빈도수가 높은 성으로 판단하여 번호의 자리수를 세자리(999번까지)로 하고, 두 번째 그룹은 모음 E, I, O, U와 자음 K, J, Y, Z를 중간 그룹으로 판단하여 두자리수(99번까지)의 번호를 배정하였다. 그리고 가장 빈도수가 낮다고 생각되는 Q와 X는 한자리수(9번까지)로 하였다. 그리고 영문 대문자 O와 혼동될 수 있는 숫자 0을 모든 번호배정에서 생략하여 끝자리수가 각각 999, 99, 9가 되도록 하였기 때문에 표목수는 실제적인 인명의 점유율과는 달리 첫 번째 그룹이 모두 729개, 두 번째 그룹이 81개, 세 번째 그룹이 9개로 고정되고 말았다.

이 방법은 엄밀히 말해서 성의 빈도를 정확하게 반영하지도 못했고, 자리수를 통일시키지도 못했다. <표 4-2>를 보면 전화번호부에서는 10.10%를 점유하는 S와 1.34%를 차지하는 V가 기호표에서는 공히 5.91%를 점유하고 있다. Sanborn의 기호표에서 문자별 번호할당비율이 잘못 적용된 더 정확한 예는 K와 V, 그리고 O와 V를 비교해 보면 더욱 분명해 진다. 전화번호부에서는 3.70%를 점유하는 K는 기호표에서 불과 0.66%(81개)를 차지하고, V는 전화번호부에서 1.34%인데도 불구하고 기호표에서는 오히려 K의 9배나 되는 5.9%(729개)를 배정하고 있다. 한편 O와 V는 전화번호부에서 각각 1.42%와 1.34%의 비슷한 점유율을 갖고 있다. 그럼에도 Sanborn의 기호표에서는 이를 위해 81개의 기호(0.66%)를 배정하고 있고, V는 그 9배나 되는 729개(5.91%)를 배정하고 있다.

이러한 결과를 보면 Sanborn의 기호표는 번호할당에 있어서 크게 보아 두 가지의 문제점을 가지고 있는 것으로 보인다. 그 하나는 B, C, E, H, J, K, M, O, S의 경우처럼 번호의 할당비율이 낮게 책정된 경우와, 다른 하나는 F, N, T, V처럼 기준치 보다 높게 배정된 경우에서 나타난다.

번호의 배분비율을 적정치보다 낮게 책정한 경우, 즉, B, C, H, M, S처럼 번호의 자리수를 100단위(999번 까지)로 제한함으로써 더 이상 전개가 불가능한 경우는 어쩔 수 없는 것으로 보인다. 더 많이 전개할 경우 숫자 자리수가 1,000단위로 가기 때문에 불가피하게 729개의 표목을 배정할 수밖에 없었을 것이다. 그러나 숫자 자리수를 더 많이 배정할 수 있는데도 불구하고 10단위 자리수(81개 표목)로 묶어 놓은 E, J, K, O의 경우는 문자별 점유율을 전혀 고려하지 않았거나 잘못 판단했기 때문에 생긴 결과이다. 그래서 이 4개의 문자그룹에서는 표목마다 저자가 집중되는 양상을 보이게 된다.

다른 한 가지 문제는 F, N, T, V와 같이 번호할당 비율을 불필요하게 높게 책정함으로써 다른 문자그룹과 불균형 현상을 보이고 있는 경우이다. 그러나 이 문제는 세분화 능력을 저해하지 않는다는 점에서 볼 때 전술한 문제점과는 비교가 되지 않는다.

이렇게 각 문자별로 적절한 배분비율을 적용하지 않으면 각 頭文字 그룹 내에서 나열된 표목과 표목간의 간격과 번호배정이 균형을 이루지 못해 기호표의 효용성이 반감된다. 예를 들면 V나 N처럼 인명및 단체명의 빈도가 적은 문자그룹에 번호배정의 최대치를 높게 설정해 놓으면 그 문자그룹의 표목은 불필요하게 세분될 것이며, 반대로 K나 J처럼 비교적 빈도가 높은 문자그룹에 번호배정의 최대치를 낮게 설정해 놓으면 그 반대현상이 나타나 저자가 밀집되는 현상이 나타나게 된다. 이 문제는 전화번호부에서 각 문자별 점유율과 Sanborn 기호표에서의 점유율이 유사한 경우를 적정치로 보았을때 나머지는 그 차이값이 +, －로 커질수록 더욱 부적합하게 된다. Sanborn은 기호표를 만들때 문자별 번호배정의 최대치를 '너무 큰 그룹별'로 미리 정해 놓고 표목을 배정했기 때문에 이런 현상이 나타나게 되는 것이다.

<표 43>의 예시는 전화번호부나 *Books in Print*에서 유사한 점유율을 보이고 있는 O와 V, 그리고 두 자료에서 각각 3.70및 4.35%를 차지하는 K부분이 기호표에서 번호할당 비율을 잘못 책정함으로써 각 문자별로 저자가 얼마나 집중되고 분산되는가를 보여 준다.

이 데이터는 *Books in Print*, 1990-1991에서 각 표목에 해당되는 저자의 수를 조사한 것이다.

<표 4-3> Sanborn기호표의 각 표목에 집합되는 저자의 수

Oa	160	Va	8	Kas	825
Ob	212	Vac	4	Kau	480
Obr	205	Vacc	9	Kaw	65
Obs	21	Vaccar	5	Kay	320
Oc	52	Vacch	0	Ke	145
Och	47	Vacchi	1	Keat	190
Oco	7	Vacco	1	Kee	450
Oconn	264	Vach	6	Kei	135
Ocor	7	Vacho	4	Keith	95
Oct	10	Vacq	7	Kel	1125
Od	71	Vad	5	Kem	60
Ode	120	Vade	3	Kemp	150

<표 4-3>의 예시는 번호할당 비율이 잘못 책정되었을 경우 기호표의 효용성에 어떤 영향을 미치는가를 극명하게 보여 준다. O와 K는 번호배정의 최대치를 낮게 책정함으로써 매 표목에서 저자가 집중되는 양상을 보인다. 특히 K부분은 밀집되는 양상이 심각하다. 반대로 V는 번호배정의 최대치를 너무 높게 책정함으로써 대부분의 표목에서 저자가 매우 분산되는 경향을 보이고 있다. 이런 양상은 차이값이 큰 문자의 전 부분에서 나타난다. 즉, 차이값이 − 쪽으로 큰 F, N, T, V등에서는 위의 V와 같은 분산현상이, + 쪽으로 큰 B, C, J. K, M, S등에서는 O 및 K에서와 같은 밀집현상이 나타나게 된다.

Sanborn이 기호표를 만들 때는 이런 문제를 예상하지 못했던 것으로 보인다. Sanborn은 당시까지 사용되던 Cutter의 두자리수 기호표가 표목수가 적어 구분능력이 취약하다는 요구를 반영할 목적으로 자리수를 늘리는 데는 관심이 있었지만 표목을 문자별로 적절하게

배분하는데는 큰 의미를 부여하지 않았음이 확실하다.

3. 표목 배분의 간격문제

표목 배분의 간격이란 한 알파벳 문자 내에서 표목으로 나열된 항목과 항목사이의 細分된 상태를 말한다. 문자별 번호 할당비율이 적합치 않을때 표목배분의 전체적 불균형 상황이 초래되는 것과 같이, 표목간의 배분간격이 일정치 않으면 어떤 번호에는 너무 많은 저자가 모이게 되어 구분능력이 떨어질 것이며, 반대로 그 간격이 너무 세분되어 있으면 기호가 불필요하게 복잡해져 작업능률이 떨어지게 된다. 따라서 표목의 배분간격은 저자기호표의 유용성을 결정하는 요소로서 문자별 번호할당 비율에 못지않게 중요하다.

Sanborn의 기호표에서는 표목간의 배분간격이 균형을 이루지 못하는 부분이 너무 많이 나타나 기호표로서의 가치를 떨어 뜨리고 있다. 원래 열거식 저자기호표는 저자성의 빈도에 따라 세밀하게 전개함으로써 구분능력을 높일 수 있는 장점을 가지고 있으나,[50] Sanborn의 기호표에서는 이 장점을 잘 활용하지 못하고 있는 것이다. 먼저 전화번호부와 문자별 번호할당 비율이 상대적으로 균형을 이루고 있는 A부분을 중심으로 표목 배분간격의 문제점을 분석해보기로 한다.

<표 4-4>는 표목이 부분적으로 너무 세분된 상태를 나타낸 것으로서, Books in Print, 1990-1991년판과 1986-1987년 판에서 Sanborn기호표의 각 표목아래에 집합되는 저자의 수를 조사한 것이다.

---

50) 정필모. "한국 문헌기호법연구: 현행 열거식 저자기호법에 대한 대안" 국회도서관보 9, 5 (1972, 7). pp. 6-7.

<표 4-4> Sanborn기호표의 표목 세분화 양상

	90-91	86-87		90-91	86-87
Arin	4	4	Ayr	2	3
Ario	6	6	Ayre	45	36
Arip	0	1	Ayrt	1	1
Aris	11	10	Ays	5	6
Aristi	1	1	Ayt	1	1
Aristo	1	2	Ayton	18	14
Aristop	10	6	Aza	13	7
Ariu	6	3			
계	39	33		85	68

BIP, 1990-91년판을 보면, Arin에서 Ariu까지 모두 8개의 표목에 저자명이 39개, Ayr에서 Aza까지는 모두 7개의 표목에 85개의 저자성이 나열되이 있다. *Books in Print*에시의 A부분 진체 저자 21,000명을 Sanborn기호표에서의 해당표목 729개를 나누면 평균적으로 한 표목에 약 30명의 저자가 배분되는 것이 정상이다. 따라서 Arin에서 Ariu까지는 2개의 표목만으로 충분할 것이며, Ayr에서 Aza까지도 3개 표목으로 충분할 것이다. 이러한 현상은 26개 문자에서 공통적으로 나타난다.

이러한 상황과 반대되는, 표목간의 간격이 밀집되는 경우의 한 가지 예를 보면, Sanborn기호표에서 Adl과 Adm은 Books in Print, 1986-1987, 1990-1991을 조사해 보면, 이 표목 사이에 들어가는 저자의 성이 Adlam, Adland, Adleman, Adlen, Adler, Adlerbum, Adlercreutz, Adler-Golden, Adler-Nissen, Adlerny, Adlington, Adlmann, Adolff등 14개의 성이 나열되어 있다. 이러한 성은 대개 흔치 않은 성이어서 출판량이 많지 않다. 따라서 Adl이란 하나의 표목만으로 가능할지 모르나, Adler란 성의 경우는 다르다. Books in Print의 Adler란 성아래 모여 있는 저자의 수는 1986-1987년판에서 175명, 1990-1991년판에서는 무려 240명에 이른다. 앞에서 언급한 두개 부분의 성을 위한 표목 15개를 모두 합친것 보다 많다. 그럼에도 불구하고 이들을 위해 하나의 독립된 표목도 배정되어 있지 않다. 다른 표목들과의 균형을 고려한다면 Adler란 성만을 위해서 최소한 Adler, Adler, C, Adler, F, Adler, J, Adler, M, Adler, S, Adler, W의 7개 표목은 배정되어야 한다.

표목간의 배분간격이 불균형을 이루는 문제는 거의 전 문자그룹에서 광범하게 나타난다. 이를 구체적으로 살펴보기 위해 문자별 배분비율을 과다하게 높게 설정한 V, 비교적 적절하게 배분한 W, 비교적 적게 배분한 O, 그리고 최소한으로 배정한 K의 4가지 문자그룹에서 저자가 밀집되고, 분산되는 경향을 <표 4-5>의 예시를 중심으로 살펴 보기로 한다.

<표 4-5> Sanborn기호표의 표목별 저자의 밀집및 분산경향

Voltu	0	Wolcott	12	Omo	32	Kas	825
Voltz	2	Wolcott, M	6	Omu	8	Kau	480
Volu	5	Wold	39	On	265	Kaw	69
Volv	19	Wolf	102	Ons	63	Kay	320
Von	115	Wolf, J	65	Op	82	Ke	145
Vond	244	Wolf, P	350	Opp	136	Keat	190
Vonk	131	Wolffe	0	Or	38	Kee	450
Vono	184	Wolffe, J	0	Orb	53	Kei	135
Voo	6	Wolffe, P	0	Ord	41	Keith	95
Voor	35	Wolfg	0	Ore	95	Kel	1125
Vop	4	Wolfr	44	Orf	20	Kem	60
Vor	37	Wolk	76	Org	48	Kemp	150

먼저 V부분을 살펴 보기로 하자. V부분은 표목이 너무 세분화되어 있기 때문에 대부분의 표목에서 10개미만의 저자성이 집합되는 경향이 있으나,[51] 표 4-5>의 예시에서 보는 바와 같이 어떤 표목에는 200명 이상의 저자가 모여 있는가 하면, 1명의 저자도 해당되지 않는 표목도 많이 있다.

---

51) *Books in Print*의 V부분은 총 저자수가 약 7,800명 정도이므로 이를 표목 729개와 나누면 한 표목당 평균 10명 정도 배분된다.

W부분은 전화번호부와 기호표의 문자별 점유율이 비교적 균형을 이루고 있는 문자그룹이기 때문에 분석 대상으로 적당할 것이다. 그러나 이 부분도 거의 전 표목에 걸쳐서 불균형 현상이 나타난다. 특히 Wolffe에서 Wolffe, P까지 3개의 표목은 한명의 저자도 해당되지 않는다. 그런데도 바로 위의 표목인 Wolf, P에는 350명의 저자가 밀집되어 있다.[52] 또한 Wolf를 3개의 표목으로 세분시켜 놓았는데 각각 102명, 65명, 350명씩 배분되어 하나의 인명 내에서도 균형을 이루지 못하고 있다.

전화번호부의 문자별 점유율보다 조금 적게 번호가 할당된 0부분도 문자간 배분간격의 편차가 매우 심하여 표목에 따라 수십배씩 편차를 나타내고 있다. 또한 번호배분비율이 매우 적게 할당된 K부분에서는 거의 대부분의 표목에서 저자의 밀집경향이 나타나고, 표목간의 불균형 현상이 심하여 문헌의 개별화가 어렵도록 되어 있다.

표목간 간격의 불균형 현상은 한 문자 내에서 저자가 밀집되고 분산되는 경우 비교해 보면 더욱 뚜렷하게 나타난다. <표 4-6>은 문자 M에서 저자가 밀집되고 분산되는 상반된 경향을 보여 준다.

M부분은 Booksin Print에서 약 44,000명의 저자를 포함하고 있다. Sanborn기호표의 M부분 표목 729개를 나누면 한 표목당 평균 60명 정도의 저자가 배정되는 것이 정상이다. 그러나 141번 부터 151번까지는 대부분 표목에서 저자가 밀집되어 개별화가 어려운 반면, 792번 부터 813번 까지는 표목을 불필요하게 너무 세분화시켜 놓았다.

---

52) Wolffe, Wolffe, J 그리고 Wolffe, P의 3개 표목은 필자의 견해로는 아마도 인쇄상의 착오인 것으로 보인다. 왜냐하면 Wolffe란 성은 Books in Print에서는 한명도 발견되지 않고, Wolfe란 성 아래 약 200명의 저자가 나열되어 있으며, 그 다음 Wolff란 성 아래 약 170명의 저자가 나열되어있다. 따라서 Wolffe는 Wolfe 또는 Wolff를 잘못 기입한 결과로 보여진다. 이 3개의 표목은 Sanborn기호표의 1895년 판과 1969년의 개정판을 확인해도 동일하게 나오는 것으로 보아 처음 만들때 부터 인쇄상의 오자가 생긴 것으로 보인다. 이런 오자는 다른 문자그룹에서도 가끔씩 나타나고 있다.

<표 4-6> Sanborn기호표의 문자 M에서 나타난 표목의 간격

저자번호	표 목	저자수	저자번호	표 목	저자수
141	Mace	174	792	Montig	0
142	Macer	71	793	Montl	0
143	Macf	197	794	Montlu	1
144	Macfi	5	795	Montm	1
145	Macg	399	796	Montmi	0
146	Macgo	126	797	Montmo	4
147	Macgr	237	798	Monto	12
148	Macgu	154	799	Montp	2
149	Mach	155	811	Montr	6
150	Macho	72	812	Montri	0
151	Maci	310	813	Montro	17

이상 표목간격의 분석을 통해서 볼때, Sanborn은 표목의 세분화를 위해 신뢰할 만한 참고자료를 활용하지 않고 편자의 개략적인 판단에 따라 나누었음을 추정할 수 있다.

Ⅴ. 새로운 저자기호표의 설계

Ⅳ장에서 Sanborn기호표의 특성과 장, 단점을 분석해 본 결과 열거식 기호표로서의 다양한 특성과 장점을 가지고 있는 반면, 표목의 선정범위, 문자별 번호할당비율, 표목의 세분화등에서 문제점을 가지고 있었다. 따라서 이 장에서는 Sanborn기호표의 특성과 장점을 반영하고 단점을 보완하여 알파벳문자로 표기된 문헌을 위한 새로운 저자기호표를 설계, 제시하고자 한다.

A. 기호표의 구성방법

1. 기본원칙

1) 본 기호표는 열거식 구조로서 서수적 번호부여 형식을 취한다.
2) 본 기호표는 목록규칙에 따라 기본표목의 첫 단어(또는 둘째 단어까지)를 검색어휘로 삼아 번호를 할당하여 기호로 삼는 변환시스템을 채용하며, 표목의 첫 문자와 해당번호를 결합하는 혼합기호법을 채택한다.
3) 본 기호표는 개인저자 뿐만 아니라 기본표목의 대상이 되는 모든 요소, 즉, 학회, 협회, 단체, 국가, 정부기구, 대학 등의 각종 단체저자에 대한 기호 매김과 연속간행물과 참고도서의 표제를 위한 기호 매김도 가능하도록 표목을 선정하였다. 다만 이들 요소는

완전한 형태의 어휘로 표목을 설정하기도 하였으나 상하 표목과의 관계를 고려하여 축약된 형태로 표목을 기입한 경우도 있다.

4) 구분능력을 높이기 위해 문자별 표목수의 최대치를 999개(Sanborn 기호표는 729개)로 하고, 표목의 수가 900개가 넘는 문자그룹에서는 001부터 번호를 할당하도록 한다. 그리고 900개 미만의 문자그룹에서는 101부터 번호를 할당한다.
5) 기호 매김의 일관성과 자동 검색을 가능하도록 하기 위해 기호의 자리수는 표목의 수량에 관계없이 모든 표목에 한문자, 세자리수로 한다.
6) 알파벳 각 문자별 번호의 할당비율을 합리적으로 분배하기 위해 Lehnus가 조사한 미국의 20개 주요 도시지역의 전화번호부와 본 연구에서 분석한 *Books in Print*, 1986-87과 1990-1991에서 나타난 인명과 단체명의 문자별 점유율을 반영하여 문자별 번호할당의 최대치를 결정하였다.
7) 특정 표목아래 저자가 집합되고, 어떤 포목에는 저자가 거의 배정되지 않는 표목의 불균형 현상을 바로 잡고 표목과 표목간의 간격(표목의 세분화)을 합리적으로 조정하기 위하여 각종 참고자료에서 개인및 단체저자, 그리고 연속간행물과 참고도서의 표제의 빈도수를 분석하여 표목을 선정하였다.

2. 개인저자

1) 개인 저자명의 알파벳 각 문자별 점유율을 결정하기 위해 전화번호부와 *Books in Print*에서의 문자별 점유율을 참고로 하여 각 문자별 번호배정의 최대치를 결정하였다. 그러나 번호할당의 최대치를 999번으로 정하였기 때문에 문자별 점유율이 높은 문자그룹(예컨데 B, M, S등)은 점유율을 약간 낮게 조정하였고, 번호

할당의 여유가 있는(점유율이 적은) 문자그룹에서는 그 비율을 약간씩 상향 조정하여 할당하였다.

2) Sanborn기호표에서 채택한 표목이 저자의 빈도수를 얼마만큼 정확하게 반영하고 있는가를 확인하고, 표목간의 간격을 합리적으로 조정하기 위하여 Sanborn기호표의 전 표목(12,330개)을 *Books in Print*, 1986-1987 및 1990-1991년판과 대조, 분석하여 저자가 밀집되고 분산되는 양상을 조사하였다. 이러한 과정은 저자기호표에서의 표목이 실제적인 빈도수를 반영하여 선정되는 것이 합리적이라고 판단하였기 때문이다. 이 과정에서 Sanborn기호표의 표목이 상당수 제거, 수정되었고, 새로운 표목이 추가되었으며, 빈도가 높은 표목은 세분하여 전개시켰다.(표 5-1> 참조)

3) 개인 저자명은 성을 기본 표목으로 삼고, 빈도수가 높은 성을 세분시킬 경우 성 다음에 콤마(,)를 찍고 이름을 적었다.

3. 단체저자

1) 단체저자는 학회, 협회, 기관, 재단 등의 각종 단체명과 국가명 및 정부조직과 기구, 대학, 그리고 지역명, 주요 도시명 등을 대상으로 표목을 선정하였다.

2) 단체저자의 포목은 *Encyclopedia of Associations*, 1988년판과 Books in Print, 1990-1991년판(Author Series)에 나타난 단체명을 중심으로 분석하여 선정하였다. 국가, 정부기구 등은 *Encyclopaedia Britanica*로부터, 그리고 대학, 주요 지역이나 도시명 등은 상기 두 가지의 자료와 *Guide to Reference Books, Ulrich's International Periodicals Directory* 등에서 나타난 문헌출판량을 참고하여 선정하였다.

3) 단체명을 위한 표목은 단체명의 첫 단어를 중심으로 하고, 표목을 세분시킬 경우 단체명의 첫 단어 다음에 나타나는 of, on, for, de,

des등과 a, the등의 관사를 포함한 機能語를 不用語로 처리하고 두 번째 단어의 머리글자를 채기하였다. (예: Association for College and Research Libraries는 Association C가, University of Chicago는 University C가 표목 또는 검색어가 된다.)

4) 국명은 政體를 나타 내는 Republic of등은 생략하고, 그 나라의 통용 명칭을 표목으로 삼았다.(예: 독일 연방공화국의 공식적인 영문 명칭은 Federation Republic of Germany인데, 이 경우 政體를 나타내는 Federation Republic of는 불용어로 처리되고, Germany가 해당 표목이 된다.

4. 표제(주제명)

1) 무저자명 도서, 연속간행물의 표제, 참고도서의 표제등을 기호화 할 수 있도록 주제와 관련된 어휘를 표목으로 선정하였다.
2) 표제를 위한 표목의 선정은 연속간행물의 경우 *Ulrich's International Periodicals Directory* 1990(*Irregular Serials and Annuals*포함)에 나타난 표제를 분석하여 선정하였고, 참고도서의 표제는 Sheehy의 *Guide to Reference Books* 10판, (1986)의 표제를 분석하여 선정하였다.
3) 표제를 위한 표목은 모두 기본표목의 대상이 되는 표제의 첫 단어를 중심으로 선정하였으며, 표목을 세분시킬 경우 두 번째 나타나는 of, on, for, de, des등의 기능어와 관사는 불용어로 처리하고 세 번째 단어의 머리글자를 검색어로 삼았다.(예: *Journal of Documentation*은 Journal D가 표목대상어가 된다. 그러나 Journal of를 倒置해서 기본표목으로 삼고 있는 도서관에서는 Documentation 이 표목이 된다. 이러한 방법은 倒置標目의 모든 경우에 해당된다.)

B. 기호표의 특성

1. 개요

본 기호표는 모두 13,744개의 표목으로 구성되어 있다. 이는 Sanborn기호표의 전체 표목수 12,330개에 비해 11.5% 증가한 수치이다. 그러나 내용상으로 본다면 Sanborn의 기호표와는 상당한 차이가 있다. 본 기호표는 *Booksin Print*를 참고로 저자(개인저자 및 단체저자)의 빈도수를 조사하여 표목을 선정하였다. 이 결과 Sanborn기호표에서 삭제된 표목(Sanborn기호표와 다른 표목)은 <표 5-1>에서 보는 바와 같이 모두 5,706개로서 Sanborn기호표의 전체 표목 12,330개의 46.3%에 이른다.

삭제율이 50%를 상회하는 문자그룹들은 F, L, N, T, V등과 같이 전화번호부나 Books in Print에서의 문자별 점유율보다 표목수를 너무 많이 배정했거나, 저자명의 빈도수를 잘못 판단했기 때문이며, 반대로 E, J, K, O등과 같이 기호수가 부족한 문자그룹에서는 삭제율이 상대적으로 낮게 나타나고 있다.

본 기호표의 전체 표목수 13,744개는 Sanborn기호표에서 채택한 표목 6,624개, 그리고 인명과 단체명 및 주제명을 포함하여 추가한 표목 7,120개로 구성되어 있다. Sanborn기호표에서 채택한 표목과 추가한 표목의 비율은 48.2 : 51.8%이다. Sanborn기호표에서 채택한 표목보다 추가한 표목이 더 많은 비율을 점하고 있는 문자그룹은 B, M, S처럼 번호의 자리수를 최대한으로 활용해야할 필요성이 있는 문자그룹과, Sanborn기호표에서 처음부터 번호할당의 최대치를 너무 낮게(99번 까지)책정한 E, I, J, K, O, Q, Y, Z등이다.

<표 5-1> 본 기호표의 문자별 표목수

문자	Sanborn기호표			본기호표		
	표목수	삭제	삭제율(%)	Sanborn	추가	표목수
A	729	366	50.2	363	296	659
B	〃	263	36.1	466	533	999
C	〃	303	41.6	426	523	949
D	〃	317	43.5	412	307	719
E	81	15	18.5	66	253	319
F	729	399	54.7	330	239	569
G	〃	362	49.7	367	382	749
H	〃	261	35.8	468	451	919
I	81	19	23.5	62	97	159
J	〃	19	23.5	62	277	339
K	〃	3	3.7	78	511	589
L	729	397	54.5	332	387	719
M	〃	266	36.5	463	536	999
N	〃	508	69.7	221	148	369
O	81	11	13.6	70	199	269
P	729	328	45.0	401	308	709
Q	9	2	22.2	7	32	39
R	729	289	39.6	440	309	749
S	〃	270	37.0	459	540	999
T	〃	380	52.1	349	180	529
U	81	37	45.7	44	55	99
V	729	527	72.3	202	97	229
W	〃	301	41.3	428	351	779
X	9	5	55.6	4	5	9
Y	81	37	45.7	44	55	99
Z	〃	21	25.9	60	49	109
계	12,330	5,706	46.3	6,624	7,120	13,744

본 기호표는 기존의 Sanborn기호표로 부터 채택한 표목 6,624개보다 51.8% 증가한 7,120개의 표목을 추가시켰지만 표목의 선정범

위를 단체명과 주제명까지 확대하였고, 문자별 표목의 배분비율과 표목의 간격을 전면 재조정하였기 때문에 기호표의 효용성은 추가된 표목수의 비율 이상으로 높아졌을 것으로 보인다.

2. 표목의 선정범위

본 기호표는 인명 뿐만 아니라 각종 단체명과 표제를 위한 주제명도 표목으로 삼았다. 이들 요소는 본고의 구성방법에서도 언급한 바와 같이 각종 참고자료에서의 빈도조사에 따라 표목의 채여부와 세분화 결정되었기 때문에, 빈도수가 낮은 주제명은 인명 표목의 전후관계를 고려하여 함께 쓰일 수 있도록 축소된 형태로 채택했다. 그리고 중간 수준의 빈도를 보이는 주제명은 독립된 표목으로, 빈도수가 높은 주제명은 그 정도에 따라 세분시켰기 때문에 기본표목의 대상이 되는 어떤 요소도 기호매김이 가능하게 되었다.

개선된 효과를 살펴 보기 위해 단체저자와 연속간행물 및 참고도서의 표제와 연관된 표목의 실례를 들어 보기로 한다. 각 항목의 왼쪽은 명칭을 나타내고 오른쪽은 본 기호표에서 채택한 표목을 나타낸다.

1) 각종 단체

International Foundation for Science ....International F
Association for Research Libraries ....Association P
American Library Association ....American L
Institute of Nutrition ....Institute M
Development Institute ....Develop

2) 국가 및 정부조직

Federation Republic of Germany ....Germany
Republic of Korea ....Korea

United Nation ··United N
Energy Department ··································Energy
Department of Defence ····························Department

3) 대학, 지역명

University of California ·························University C
Chicago University ··································Chicago
New York ··New Y

4) 연속간행물 표제

Acta Musicologica ··································Acta M
Accountant's Journal ·····························Account
British Industry ··British E
Journal of Marketing Research ················*Journal* M
Radio Technica ··Radio

5) 참고도서 표제

Bibliography of Philosophy ······················Bibliography P
Compendium of Meteorology ····················Compend
Directory of American Scholars ················Directory
Russian History Atlas ·································Russia
Encyclopedia of Social Sciences ···············Encyclopedia S

이상의 예에서 살펴 본 바와 같이 기본표목의 대상이 되는 모든 어휘를 기호매김할 수 있고, 이들은 사용되는 빈도에 따라 적절히 배분되고 있다. 즉, 단체저자나 표제의 첫 단어로서 비교적 빈번하게 사용되는 어휘들은 그 빈도에 따라 표목이 세분되며(American: 11개, Dictionary: 7개, Journal: 20개, Energy: 2개등), 상대적으로 빈도가 낮은 어휘는 Chicago, Russia, Book등과 같이 독립 표목으로, 그리고 Acconting(Accountant), Compendium등과 같은 어휘는 전후 표목과의 간격을 고려하여 축소된 형태로 표목을 삼았다.

3. 문자별 번호할당의 비율

Sanborn기호표에서 중요한 문제점으로 지적되었던 알파벳 각 문자별 번호할당의 비율이 상당히 개선되었다. <표 5-2>에서 제시된 바와 같이 본 기호표의 문자별 점유율이 *Books in Print*에서의 문자별 점유율과 상당히 근접하는 것으로 나타나고 있다. 구체적으로 살펴보면, 문자별 점유율의 전체 차이값이 *Books in Print*와 Sanborn기호표의 비교에서 나타난 40.64에 비해 현저히 낮아진 13.64에 불과하다. 그리고 표준편차값도 *Books in Print*와 Sanborn기호표의 2.098에서 현저히 개선된 0.832로 나타났다. 이 차이값 마저도 각 문자별로 단체저자와 표제를 위한 표목수의 차이와, B, M, S와 같이 999개의 표목을 배정해도 다른 문자그룹에 비해 상대적으로 표목수가 모자라는 문자그룹에서 생긴 편차, 그리고 점유율이 비교적 낮은 문자그룹에 상대적으로 더 많은 표목을 배정했기 때문에 나타난 결과이다.

새로운 기호표에서는 특히 Sanborn기호표가 문자별 점유율을 너무 낮게 책정함에 따라 저자가 집중되었던 E, I, J, K, O, Q부분의 표목이 대폭 증가되었고, 번호의 최대치를 999개로 확장함에 따라 B, M, S등의 문자그룹에서의 편차를 상당히 완화시켰다. 아울러 문자별 점유율을 너무 높게 책정했던 V, N, T, F등을 하향 조정함에 따라 전체적인 균형이 이루어지고 있다.

이러한 결과는 Sanborn처럼 번호할당의 최대치를 결정할 때 100(729개), 10(81개), 1(9개)단위의 세 그룹으로 규격화하지 않고, 번호의 최대치는 999로 결정하되 각 문자별 번호의 최대치는 융통성을 부여했기 때문이다. <표 5-1>의 본 기호표 표목수를 보면 각 문자별로 표목의 수가 거의 일치하지 않는다. 이것은 각 문자별 마지막 번호를 999, 99, 9등의 3개 그룹으로 한정시켜야 할 필연성이 없었기 때문이다.

<표 5-2> BIP, Sanborn, 본 기호표의 문자별 점유율과 차이값

문자	점 유 율 (%)			차 이 값	
	BIP(A)	Sanborn(B)	본표(C)	A-B	A-C
S	10.04	5.91	7.27	+4.13	+2.77
B	9.49	〃	〃	+3.58	+2.22
M	8.50	〃	〃	+2.59	+1.23
C	7.32	〃	6.90	+1.41	+0.42
H	6.79	〃	6.69	+0.88	+0.10
W	5.36	〃	5.67	-0.55	-0.31
G	5.29	〃	5.45	-0.62	-0.16
R	5.22	〃	〃	-0.69	-0.23
L	4.83	〃	5.23	-1.08	-0.40
D	4.76	〃	〃	-1.15	-0.47
P	4.52	〃	5.16	-1.39	-0.64
A	4.18	〃	4.79	-1.73	-0.61
K	4.35	0.66	4.29	+3.69	+0.06
F	3.85	5.91	4.14	-2.06	-0.29
T	3.23	〃	3.85	-2.68	-0.62
J	2.28	0.66	2.47	+1.52	-0.29
N	2.31	5.91	2.68	-3.60	-0.37
E	2.05	0.66	2.32	+1.39	-0.27
V	2.53	5.91	2.18	-4.38	-0.65
O	2.41	0.66	1.96	+0.75	-0.55
I	0.94	〃	1.16	+0.28	-0.22
Z	0.62	〃	0.79	-0.04	-0.17
U	0.50	〃	0.72	-0.16	-0.22
Y	0.52	〃	〃	-0.14	-0.20
Q	0.16	0.07	0.28	+0.09	-0.12
X	0.01	〃	0.06	-0.06	-0.05
계	99.96	100.00	100.00	40.64	13.64

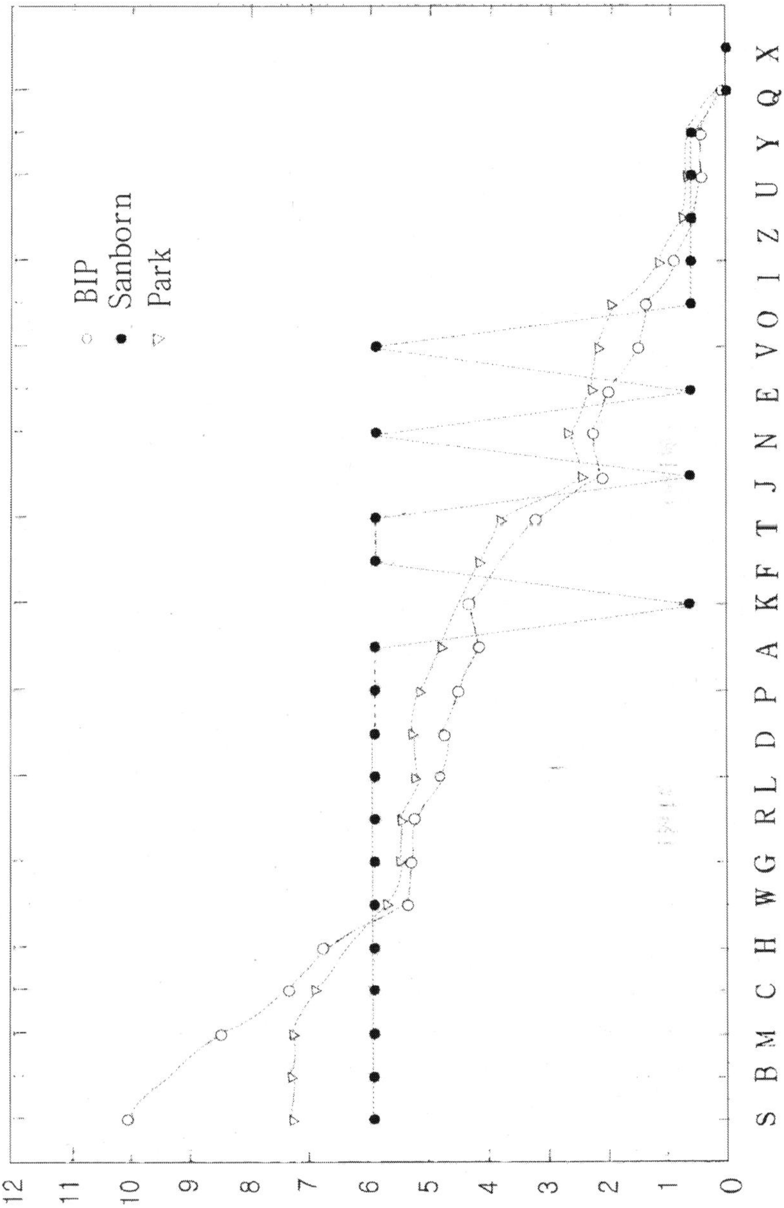

<그림 5-1> BIP, Sanborn, 본 기호표의 문자별 점유율의 비교

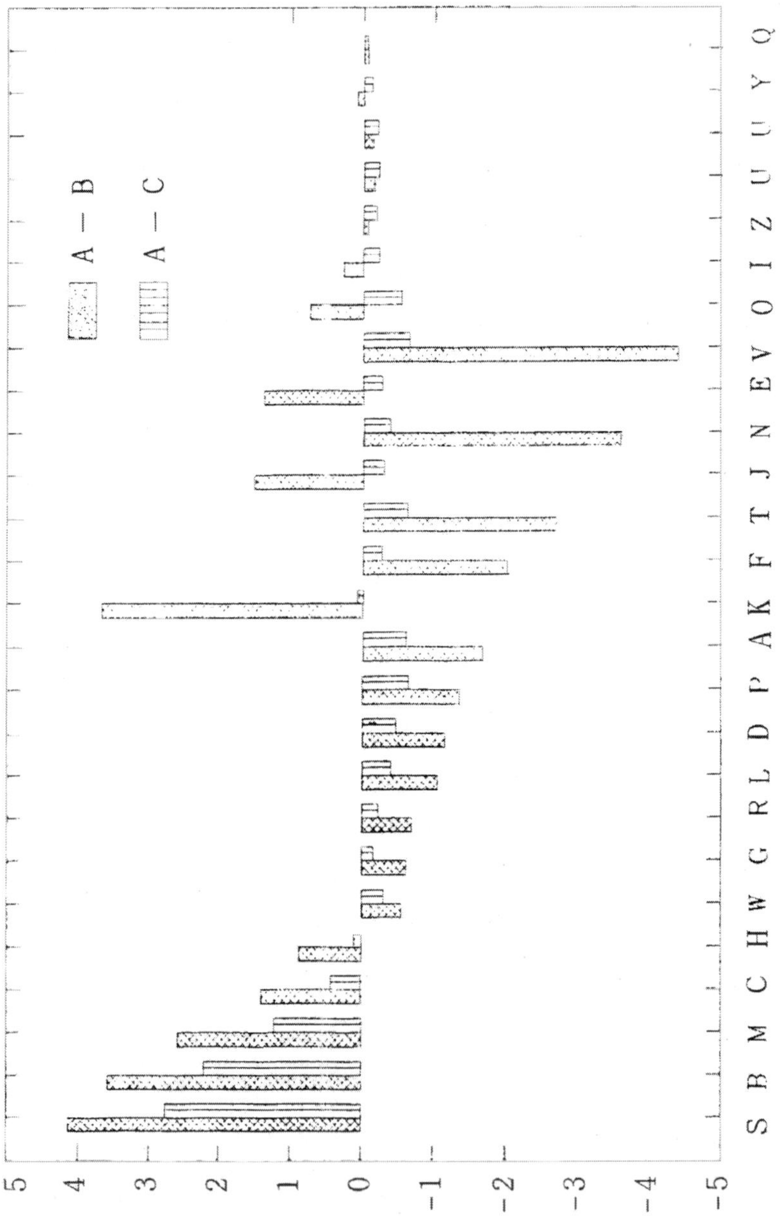

<그림 5-2> BIP, Sanborn, 본 기호표의 문자별 점유율의 차이값 비교

그림 <5-1>과 <5-2>는 문자별 점유율과 차이값의 개선 효과를 알기 쉽도록 그라프로 나타낸 것이다. Sanborn기호표와 비교해 볼때 문자별 점유율의 편차가 현저히 개선된 결과가 나타나고 있다. 그리고 <표 5-3>은 각 문자별 번호할당의 비율을 합리적으로 조정함에 따라 문자별, 표목별로 저자의 수가 안배되는 개선효과를 보여 준다. Sanborn기호표에서 저자가 집중되었던 K부분과 저자가 분산되었던 V부분의 표목이 균형있게 배분됨에 따라 저자가 극도로 집중되고, 한편으로는 분산되는 편중현상이 개선되었음을 알 수 있다.

4. 표목배분의 간격

Sanborn의 기호표에서는 한 문자 내에서 표목에 따라 저자가 집중되고 분산되는 현상이 매우 심하여 기호표의 효용성이 반감되는 경향이 있었다. 그러나 새로운 기호표에서는 *Books in Print*를 참고하여 각 표목별로 저자의 빈도를 분석, 표목을 선정하였으므로 표목별로 저자가 안배되고 있다.

<표 5-3>은 표목간의 간격을 *Booksin Print*의 저자 빈도수에 따라 적절히 조정함으로써 표목별 저자의 밀집및 분산현상이 개선된 효과를 보여주고 있다. Ⅳ장의 <표 4-5>에서 제시되었던 Sanborn기호표의 표목간 간격을 보면, <표 5-3>에서 예시된 세 가지 문자그룹에서 불균형 현상이 매우 심하였다. 그러나 본 기호표에서는 문자별로 저자가 적절하게 안배되어 있음은 물론, 각표목별로 저자가 고르게 분산되어 합리적인 기호매김을 할 수 있는 것이다.

<표 5-3> 본 기호표의 표목배분 간격

Wolf	52	Volm	25	K	28
Wolf, E	39	Volp	32	Kab	55
Wolf, J	43	Volt	25	Kac	38
Wolf, M	34	Volv	20	Kaci	25
Wolf, S	32	Von	29	Kad	31
Wolfe	32	Vonb	29	Kadish	29
Wolfe, D	44	Vonbo	36	Kae	48
Wolfe, J	28	Vonc	17	Kaf	25
Wolfe, M	33	Vond	35	Kag	37
Wolfe, T	36	Vondi	22	Kagano	44
Wolff	49	Vone	36	Kah	45
Wolff, J	26	Vonf	30	Kahi	40

C. 새로운 저자기호표

A

A	101
Aaron	102
Aarons	103
Aba	104
Abad	105
Abb	106
Abbey	107
Abbo	108
Abbott	109
Abbott, E	110
Abbott, G	111
Abbott, J	112
Abbott, N	113
Abbott, S	114
Abc	115
Abdel	116
Abdul	117
Abe	118
Abel	119
Abel, M	120
Abell	121
Abels	122
Aber	123
Abern	124
Abert	125
Abl	126
Abo	127
Abr	128
Abraham, G	129
Abraham, M	130
Abrahams	131
Abram	132
Abrams	133
Abramson	134
Abran	135
Abro	136
Abstracts	137
Abstracts M	138
Abt	139
Abu	140
Aca	141
Academie	142
Academy	143
Account	144
Ach	145
Acheson	146
Achi	147
Aci	148
Ack	149
Ackerman	150
Ackerman, J	151
Ackermann	152
Acklan	153
Aco	154
Act	155
Acta C	156
Acta G	157
Acta M	158
Acta P	159
Acta S	160
Acte	161
Ad	162
Adam	163
Adam, M	164
Adami	165
Adams	166
Adams, B	167
Adams, C	168
Adams, D	169
Adams, E	170
Adams, G	171
Adams, J	172
Adams, K	173
Adams, M	174
Adams, P	175
Adams, R	176
Adams, S	177
Adams, W	178
Adamson	179
Adamson, M	180
Adar	181
Add	182
Addison	183
Addison, M	184
Ade	185
Adalman	186
Adels	187
Ader	188
Adh	189
Adk	190
Adl	191
Adler	192
Adler, D	193
Adler, J	194
Adler, M	195
Adler, R	196
Adler, S	197
Adm	198
Administ	199
Ado	200
Adr	201
Ads	202
Advance	203
Advent	204

Advertis	205
Ae	206
Aeg	207
Aer	208
Afa	209
Afgha	210
Africa	211
African M	212
Aga	213
Agarwal	214
Agarwal, M	215
Agas	216
Agat	217
Age	218
Agel	219
Agg	220
Agh	221
Agi	222
Agn	223
Agnew	224
Ago	225
Agr	226
Agrawal, M	227
Agri	228
Agriculture	229
Agriculture M	230
Agu	231
Aguir	232
Ah	233
Ahl	234
Ahler	235
Ahm	236
Ahmad, M	237
Ahme	238
Ahn	239
Ahr	240
Ai	241
Aid	242
Aig	243
Aik	244
Aiken, M	245
Aikman	246
Ain	247
Ainsw	248
Air	249
Aird	250
Ait	251
Aitken, M	252
Aiv	253
Aj	254
Ak	255
Akas	256
Aker	257
Akers	258
Akh	259
Aki	260
Akio	261
Ako	262
Aks	263
Al	264
Alab	265
Alam	266
Alan	267
Alas	268
Alb	269
Albe	270
Alberg	271
Albert	272
Albert, J	273
Albert, P	274
Alberti	275
Alberts	276
Albi	277
Albr	278
Albrecht, M	279
Albri	280
Albright, M	281
Alc	282
Alce	283
Alco	284
Alcot	285
Ald	286
Alden	287
Alden, M	288
Alder	289
Alderm	290
Alders	291
Aldi	292
Aldr	293
Aldrich, M	294
Aldridge	295
Ale	296
Alek	297
Alem	298
Ales	299
Alex	300
Alexander, C	301
Alexander, E	302
Alexander, G	303
Alexander, J	304
Alexander, K	305
Alexander, M	306
Alexander, R	307
Alexander, S	308
Alexander, W	309
Alexandra	310
Alfa	311
Alfe	312
Alford	313
Alfred	314
Alg	315
Algh	316
Alh	317
Ali	318
Ali, M	319
Ali, T	320
Alif	321
Alip	322
Alk	323
All	324

Allan	325	Alpha	365	American T	405
Allan, M	326	Als	366	Ames	406
Allard	327	Alsop	367	Ames, J	407
Allb	328	Alt	368	Ames, S	408
Alle	329	Altb	369	Ami	409
Allen	330	Alter	370	Amin	410
Allen, C	331	Alterm	371	Amir	411
Allen, D	332	Alth	372	Amm	412
Allen, E	333	Alti	373	Ammi	413
Allen, G	334	Altma	374	Amo	414
Allen, H	335	Altman, J	375	Amos	415
Allen, J	336	Altman, S	376	Amos, M	416
Allen, K	337	Alts	377	Amp	417
Allen, M	338	Altu	378	Ams	418
Allen, N	339	Alv	379	Amt	419
Allen, R	340	Alvarez, M	380	Amy	420
Allen, Ro	341	Alve	381	An	421
Allen, S	342	Alvi	382	Anand	422
Allen, T	343	Alw	383	Ananda	423
Allen, W	344	Ama	384	Anas	424
Allend	345	Amado	385	Anat	425
Alley	346	Aman	386	Anc	426
Alli	347	Amar	387	And	427
Alling	348	Amb	388	Ander	428
Allis	349	Ambl	389	Anders	429
Allison, G	350	Ambr	390	Andersen	430
Allison, M	351	Ambrose, M	391	Andersen, G	431
Allm	352	Ambu	392	Andersen, M	432
Allp	353	Ame	393	Andersen, S	433
Alls	354	Amen	394	Anderson	434
Allw	355	Amer	395	Anderson, B	435
Alm	356	American B	396	Anderson, C	436
Alme	357	American C	397	Anderson, D	437
Allng	358	American E	398	Anderson, E	438
Almo	359	American I	399	Anderson, G	439
Alo	360	American J	400	Anderson, H	440
Alonso	361	American L	401	Anderson, J	441
Alp	362	American N	402	Anderson, Jo	442
Alpert	363	American P	403	Anderson, K	443
Alpert, M	364	American S	404	Anderson, L	444

Anderson, M	445	Ank	485	Applei	525
Anderson, N	446	Ann	486	Appleton	526
Anderson, P	447	Annale	487	Applew	527
Anderson, R	448	Annals	488	Appli	528
Anderson, Ro	449	Anne	489	Appo	529
Anderson, S	450	Anno	490	Apt	530
Anderson, T	451	Annual	491	Apth	531
Anderson, W	452	Annual M	492	Aqu	532
Andersson	453	Ano	493	Ara	533
Ando	454	Ans	494	Arac	534
Andr	455	Ansel	495	Arak	535
Andre	456	Anselm	496	Aran	536
Andrea	457	Anso	497	Aras	537
Andreas	458	Ansp	498	Arb	538
Andree	459	Ant	499	Arber	539
Andres	460	Anth	500	Arbl	540
Andrew	461	Anthony	501	Arc	541
Andrew, M	462	Anthony, E	502	Arch	542
Andrews	463	Anthony, M	503	Archer	543
Andrews, D	464	Anthony, S	504	Archer, J	544
Andrews, G	465	Anti	505	Archer, M	545
Andrews, J	466	Ant1	506	Archi	546
Andrews, K	467	Anto	507	Architect	547
Andrews, M	468	Anton	508	Archive	548
Andrews, P	469	Antoni	509	Ard	549
Andrews, S	470	Antono	510	Ardi	550
Andrews, W	471	Antr	511	Ardo	551
Andri	472	Anv	512	Are	552
Andro	473	Anz	513	Aren	553
Ane	474	Ao	514	Arens	554
Angel	475	Ap	515	Arg	555
Angela	476	Apf	516	Argenti	556
Angell	477	Apo	517	Argi	557
Angelo	478	Apos	518	Argy	558
Anger	479	App	519	Ari	559
Angh	480	Appel	520	Arie	560
Angl	481	Appelb	521	Arig	561
Ango	482	Appen	522	Aris	562
Angu	483	Appl	523	Ark	563
Ani	484	Appleb	524	Arko	564

Arl	565	Arri	605	Ashton, J	645
Arm	566	Arro	606	Ashton, S	646
Arme	567	Arrows	607	Ashw	647
Armi	568	Ars	608	Asia	648
Armit	569	Art	609	Asian J	649
Armitage, M	570	Art M	610	Asian R	650
Arms	571	Arte	611	Asim	651
Armstrong, C	572	Arth	612	Ask	652
Armstrong, E	573	Arthur, G	613	Aski	653
Armstrong, J	574	Arthur, M	614	Asm	654
Armstrong, M	575	Arthur, S	615	Aso	655
Armstrong, P	576	Arti	616	Asp	656
Armstrong, S	577	Artis	617	Aspi	657
Armstrong, W	578	Arts	618	Aspr	658
Army	579	Aru	619	Ass	659
Arn	580	Arv	620	Assem	660
Arnd	581	Ary	621	Assi	661
Arne	582	Asa	622	Asso	662
Arng	583	Asar	623	Association C	663
Arno	584	Asc	624	Association G	664
Arnold	585	Asch	625	Association K	665
Arnold, C	586	Asche	626	Association P	666
Arnold, E	587	Ascheim	627	Association T	667
Arnold, G	588	Ase	628	Ast	668
Arnold, J	589	Ash	629	Astl	669
Arnold, M	590	Ash, M	630	Asto	670
Arnold, R	591	Asha	631	Astr	671
Arnold, T	592	Ashb	632	At	672
Arnold, W	593	Ashby	633	Atch	673
Arnon	594	Ashc	634	Ath	674
Arnou	595	Ashe	635	Athen	675
Arns	596	Asher	636	Atherton	676
Aro	597	Asher, M	637	Athey	677
Arono	598	Ashf	638	Ati	678
Arons	599	Ashl	639	Atk	679
Aronson	600	Ashley, J	640	Atkins	680
Aronson, M	601	Ashley, R	641	Atkins, M	681
Aror	602	Ashm	642	Atkinson	682
Arp	603	Ashmore	643	Atkinson, D	683
Arr	604	Asht	644	Atkinson, J	684

Atkinson, M	685
Atkinson, S	686
Atl	687
Atlas	688
Atom	689
Att	690
Atte	691
Atti	692
Attr	693
Atw	694
Atwood	695
Au	696
Aubi	697
Aubr	698
Auc	699
Aud	700
Audi	701
Audo	702
Aue	703
Auerb	704
Auf	705
Aug	706
Augu	707
Augustine	708
Aul	709
Auls	710
Aum	711
Aur	712
Aus	713
Aust	714
Austin	715
Austin, E	716
Austin, J	717
Austin, N	718
Austin, R	719
Austin, T	720
Austral	721
Australia	722
Australian	723
Australian J	724
Australian P	725
Austria	726
Aut	727
Autom	728
Automo	729
Auton	730
Auv	731
Av	732
Avan	733
Ave	734
Aven	735
Aver	736
Avero	737
Avery	738
Avery, M	739
Avi	740
Avis	741
Avo	742
Awa	743
Ax	744
Axelrod	745
Axelrod, M	746
Axler	747
Aya	748
Ayc	749
Aye	750
Ayers	751
Ayl	752
Aym	753
Ayr	754
Ays	755
Aza	756
Aze	757
Azi	758
Azr	759

B

B	001
Bab	002
Babc	003
Babe	004
Babi	005
Babo	006
Bac	007
Bach	008
Bach, M	009
Bache	010
Bachm	011
Bacho	012
Back	013
Backm	014
Baco	015
Bacon, M	016
Bad	017
Bade	018
Bader	019
Badi	020
Bae	021
Baer	022
Baer, M	023
Bag	024
Bage	025
Bagi	026
Bagn	027
Bah	028
Bahl	029
Bahr	030
Bai	031
Baile	032
Bailey, C	033
Bailey, F	034
Bailey, J	035
Bailey, L	036
Bailey, P	037
Bailey, S	038
Bailk	039
Bain	040
Bainb	041
Bair	042

Baird, J	043	Balo	083	Bari	123
Baird, M	044	Bals	084	Bark	124
Baj	045	Balt	085	Barker	125
Bak	046	Balu	086	Barker, G	126
Baker	047	Bam	087	Barker, M	127
Baker, C	048	Bame	088	Barker, S	128
Baker, E	049	Ban	089	Barki	129
Baker, G	050	Banc	090	Barks	130
Baker, J	051	Bancro	091	Barl	131
Baker, M	052	Band	092	Barlo	132
Baker, R	053	Bandl	093	Barlow, M	133
Baker, S	054	Bane	094	Barn	134
Baker, W	055	Banes	095	Barnard, M	135
Baki	056	Bang	096	Barnes	136
Bako	057	Bangla	097	Barnes, D	137
Bal	058	Bank	098	Barnes, J	138
Balad	059	Banking	099	Barnes, M	139
Balas	060	Banks	100	Barnes, S	140
Balat	061	Bahks, J	101	Barnet	141
Balc	062	Banks, P	102	Barnet, J	142
Bald	063	Bann	103	Barnet, S	143
Baldi	064	Banni	104	Barnh	144
Baldw	065	Bans	105	Barno	145
Baldwin, D	066	Banu	106	Baro	146
Baldwin, J	067	Bar	107	Baron, M	147
Baldwin, M	068	Baral	108	Barone	148
Baldwin, S	069	Baras	109	Barr	149
Bale	070	Barb	110	Barr, M	150
Balf	071	Barbe	111	Barra	151
Bali	072	Barder, D	112	Barre	152
Balio	073	Barder, M	113	Barret	153
Ball	074	Barbi	114	Barrett, D	154
Ball, G	075	Barbo	115	Barrett, J	155
Ball, M	076	Barc	116	Barrett, M	156
Balla	077	Barcl	117	Barrett, S	157
Ballar	078	Bard	118	Barri	158
Ballard, M	079	Bandi	119	Barrin	159
Balle	080	Bare	120	Barro	160
Balli	081	Barf	121	Barron, M	161
Ballo	082	Barg	122	Barrow	162

Barrows	163
Barry	164
Barry, M	165
Bars	166
Bart	167
Bartell	168
Barth	169
Barthe	170
Bartho	171
Bartl	172
Bartlett, J	173
Bartlett, P	174
Barto	175
Barton	176
Barton, G	177
Barton, R	178
Bartos	179
Baru	180
Barw	181
Bas	182
Base	183
Bash	184
Basi	185
Bask	186
Basl	187
Bass	188
Basse	189
Bassi	190
Bast	191
Basto	192
Bat	193
Bate	194
Bates	195
Bates, G	196
Bates, P	197
Bath	198
Batm	199
Batt	200
Batten	201
Batti	202
Battl	203
Bau	204
Baue	205
Bauer, G	206
Bauer, P	207
Baug	208
Baum	209
Bauma	210
Baumann, M	211
Baumg	212
Baumo	213
Baut	214
Baw	215
Bax	216
Baxter, M	217
Bay	218
Baye	219
Bayl	220
Bayli	221
Bayn	222
Baz	223
Be	224
Beacha	225
Beal	226
Bealer	227
Beam	228
Bean	229
Bear	230
Beard, M	231
Beards	232
Beas	233
Beat	234
Beatty	235
Beau	236
Beaud	237
Beaum	238
Beav	239
Beb	240
Bec	241
Becan	242
Bech	243
Beck	244
Beck, G	245
Beck, M	246
Beck, S	247
Becker	248
Becker, D	249
Becker, J	250
Becker, M	251
Becker, S	252
Becket	253
Beckf	254
Beckm	255
Becks	256
Bed	257
Bedf	258
Bedn	259
Bee	260
Beech	261
Becher	262
Beecher, M	263
Beek	264
Beer	265
Beerb	266
Bees	267
Beg	268
Begl	269
Beh	270
Behe	271
Behr	272
Behrens	273
Bei	274
Beil	275
Beit	276
Bek	277
Bel	278
Beld	279
Belg	280
Belk	281
Bell	282

Bell, C	283
Bell, E	284
Bell, J	285
Bell, M	286
Bell, P	287
Bell, S	288
Bella	289
Bellamy	290
Belle	291
Belli	292
Bello	293
Bells	294
Belm	295
Belt	296
Belv	297
Bem	298
Ben	299
Benas	300
Bend	301
Bender	302
Bender, M	303
Bendi	304
Bene	305
Benedict, M	306
Benes	307
Benf	308
Benh	309
Benj	310
Benjamin, G	311
Benjamin, R	312
Benn	313
Bennet	314
Bennett, B	315
Bennett, D	316
Bennett, G	317
Bennett, J	318
Bennett, M	319
Bennett, R	320
Bennett, S	321
Benni	322
Beno	323
Bens	324
Benson	325
Benson, E	326
Benson, J	327
Benson, M	328
Benson, S	329
Bent	330
Bentl	331
Bentley, M	332
Bento	333
Benton, M	334
Benw	335
Ber	336
Berc	337
Bere	338
Berens	339
Beres	340
Berg	341
Berg, C	342
Berg, R	343
Berge	344
Berger	345
Berger, D	346
Berger, J	347
Berger, M	348
Berger, S	349
Berges	350
Bergi	351
Bergm	352
Bergman, M	353
Bergmann	354
Bergn	355
Bergs	356
Berk	357
Berkel	358
Berkl	359
Berkow	360
Berl	361
Berlin	362
Berliner	363
Berm	364
Berman, G	365
Berman, R	366
Bern	367
Bernard, D	368
Bernard	369
Bernardi	370
Bernat	371
Berne	372
Bernh	373
Berni	374
Berns	375
Bernstein,	376
Bernstein,	377
Bernstein, S	378
Berr	379
Berrie	380
Berry	381
Berry, G	382
Berry, M	383
Berry, S	384
Bers	385
Bert	386
Berterand, M	387
Berth	388
Berti	389
Berto	390
Bertr	391
Bertu	392
Berw	393
Bes	394
Besk	395
Bess	396
Best	397
Best, M	398
Bet	399
Bethl	400
Bett	401
Betts	402

Beu	403
Bev	404
Beverage	405
Bevi	406
Bey	407
Beyl	408
Bez	409
Bh	410
Bhak	411
Bhar	412
Bhat	413
Bhatt	414
Bhattacharya, M	415
Bhe	416
Bi	417
Bian	418
Bianco	419
Bib	420
Bibl	421
Biblio	422
Bibliografia	423
Bibliografia E	424
Bibliografia M	425
Bibliographic	426
Bibliographie	427
Bibliographie M	428
Bibliography	429
Bibliography G	430
Bibliography M	431
Bibliography S	432
Bibliote	433
Bic	434
Bicker	435
Bickm	436
Bid	437
Bide	438
Bie	439
Biel	440
Bien	441
Bier	442
Bierm	443
Bies	444
Big	445
Bigge	446
Bigh	447
Bigo	448
Oil	449
Bill	450
Billi	451
Billings, J	452
Billingt	453
Bills	454
Bin	455
Bindm	456
Bing	457
Bingham, M	458
Binn	459
Bio	460
Biochemical461	
Biograph	462
Biologia	463
Biomedical	464
Biosis	465
Bir	466
Birch, M	467
Bird	468
Bird, J	469
Birds	470
Birk	471
Birki	472
Birn	473
Birne	474
Birr	475
Bis	476
Bish	477
Bishop, D	417
Bishop, J	479
Bishop, M	480
Bishops	481
Biss	482
Bisso	483
Bit	484
Bitti	485
Bitto	486
Bj	487
Bjorkm	488
Bl	489
Black, D	490
Black, J	491
Black, M	492
Black, R	493
Blackb	494
Blackburn, M	495
Blackf	496
Blackm	497
Blacks	498
Blackw	499
Blad	500
Blai	501
Blair	502
Blair, F	503
Blair, M	504
Blak	505
Blake, J	506
Blake, S	507
Blakely	508
Blakes	509
Blan	510
Blancha	511
Blanche	512
Bland	513
Blank	514
Blanp	515
Blas	516
Blass	517
Blate	518
Blau	519
Blaun	520
Blay	521
Ble	522

Bled	523	Bode	564	Boni	604
Blei	524	Bodi	565	Bonn	605
Blen	525	Bodm	566	Bonner	606
Blet	526	Boekeh	567	Bonnet	607
Bli	527	Boehn	568	Bono	608
Blin	528	Boer	569	Bont	609
Blis	529	Boes	570	Boo	610
Blissm	530	Bof	571	Book	611
Blo	531	Bog	572	Bookb	612
Bloch, M	532	Bogd	573	Bool	613
Block	534	Bogg	574	Boon	614
Block, M	535	Bogl	575	Boor	615
Blod	536	Bogr	576	Boot	616
Blok	537	Boh	577	Booth, M	617
Blon	538	Bohm	578	Boothe	618
Bloo	539	Bohn	579	Bor	619
Bloom, C	540	Boi	580	Borc	620
Bloom, M	541	Bois	581	Bord	621
Bloomf	542	Bok	582	Bordi	622
Blos	543	Bol	583	Bore	623
Blou	544	Bolc	584	Borg	624
Blu	545	Bole	585	Borges	625
Blues	546	Boletin	586	Bori	626
Blum	547	Boli	587	Bork	627
Blum, J	548	Boll	588	Borl	628
Blum, S	549	Bolle	589	Born	629
Blume	550	Bolli	590	Borns	630
Blumenthat	551	Bolo	591	Boron	631
Blumer	552	Bolt	592	Borr	632
Blun	553	Bolton	593	Bors	633
Bly	554	Bolton, M	594	Bort	634
Blyth	555	Bom	595	Bos	635
Bo	556	Bon	596	Bosch	636
Board	557	Bonar	597	Bose	637
Boas	558	Bond	598	Bosh	638
Bob	559	Bond, F	599	Bosm	639
Bobo	560	Bond, M	600	Boss	640
Boc	561	Bonda	601	Bost	641
Bock	562	Bone	602	Boston, M	642
Bod	563	Bonf	603	Boswell	643

Bot	644
Boti	645
Botswana	646
Bott	647
Bottom	648
Bou	649
Boud	650
Boug	651
Boul	652
Boull	653
Boum	654
Bour	655
Bourg	656
Bouri	657
Bourn	658
Bourne, M	659
Bous	660
Bouv	661
Bov	662
Bow	663
Bowden, M	664
Bowe	665
Bowen, D	666
Bowen, M	667
Bower	668
Bowers	669
Bowers, J	670
Bowers, S	671
Bowi	672
Bowl	673
Bwles, M	674
Bowman	675
Bowman, J	676
Bowman, S	677
Bowr	678
Box	679
Boy	680
Boyce	681
Boyd	682
Boyd, G	683
Boyd, M	684
Boyd, S	685
Boye	686
Boyer, M	687
Boyes	688
Boyl	689
Boyle, M	690
Boyne	691
Boys	692
Br	693
Brac	694
Brack	695
Bracker	696
Brad	697
Bradf	698
Bradford, M	699
Bradl	700
Bradley, G	701
Bradley, M	702
Bradley, S	703
Brads	704
Brads, P	705
Brady	706
Brady, G	707
Brady, M	708
Brag	709
Brah	710
Brai	711
Braine	712
Braj	713
Bram	714
Bramm	715
Bran	716
Brand	717
Branda	718
Brandes	719
Brando	720
Brandt	721
Brandt, M	722
Branf	723
Brano	724
Brant	725
Bras	726
Brass	727
Brat	728
Brau	729
Braun	730
Braun, M	731
Braune	732
Brav	733
Bray	734
Brayb	735
Brazil	736
Bre	737
Brec	738
Bred	739
Bree	740
Breen	741
Breg	742
Brei	743
Breitm	744
Brem	745
Bren	746
Brem	747
Brennan, M	748
Brenne	749
Brenner, M	750
Brent	751
Bres	752
Breslow	753
Bret	754
Brett	755
Breu	756
Brew	757
Brewer, M	758
Brews	759
Brey	760
Bri	761
Bric	762
Bricker	763

Brid	764	Broi	804	Browne, M	844
Bridges	765	Brom	805	Browne, S	845
Bridgew	766	Bromk	806	Browni	846
Brie	767	Bron	807	Browning, M	847
Brier	768	Bronn	808	Brownl	848
Brig	769	Brons	809	Browns	849
Briggs, M	770	Broo	810	Bru	850
Brigh	771	Brooke	811	Bruce	851
Bright	772	Brooker	812	Bruce, J	852
Brightb	773	Brooklyn	813	Bruce, S	853
Bril	774	Brooks	814	Bruck	854
Brim	775	Brooks, C	815	Brue	855
Brin	776	Brooks, E	816	Brug	856
Brink	777	Brooks, J	817	Brum	857
Brinke	778	Brooks, M	818	Brun	858
Brinkm	779	Brooks, S	819	Brunel	859
Brint	780	Broom	820	Brunet	860
Bris	781	Bros	821	Brunn	861
Brist	782	Brot	822	Bruno	862
Brit	783	Brou	823	Bruns	863
British E	784	Broul	824	Brus	864
British J	785	Brow	825	Brusi	865
British K	786	Brown	826	Brut	866
British P	787	Brown, B	827	Bry	867
Britte	788	Brown, C	828	Bryan, M	868
Britton, M	789	Brown, D	829	Bryant	869
Bro	790	Brown, E	830	Bryant, G	870
Broadcast	791	Brown, F	831	Bryant, P	871
Broc	792	Brown, C	832	Bryc	872
Brock, G	793	Brown, H	833	Brye	873
Brock, S	794	Brown, K	834	Brys	874
Brocket	795	Brown, L	835	Bu	875
Brockm	796	Brown, M	836	Buc	876
Brod	797	Brown, N	837	Buchanan, D	877
Brodbury, M	798	Brown, R	838	Buchanan, M	878
Brodh	799	Brown, S	839	Buche	879
Brods	800	Brown, T	840	Buchn	880
Brody	801	Brown, W	841	Buck	881
Broe	802	Browne	842	Buck, M	882
Brog	803	Browne, G	843	Bucki	883

Buckl	884
Buckley	885
Buckley, M	886
Buckm	887
Bucks	888
Bud	889
Budde	890
Budg	891
Budo	892
Bue	893
Buel	894
Buer	895
Buf	896
Bug	897
Buh	898
Bui	899
Build	900
Building M	901
Buk	902
Bul	903
Bulgaria	904
Bull	905
Bulla	906
Bulle	907
Bulletin	908
Bulletin E	909
Bulletin M	910
Bulletin S	911
Bullo	912
Bullou	913
Buls	914
Bun	915
Bune	916
Bunk	917
Bunt	918
Bur	919
Burc	920
Burcha	921
Burck	922
Burd	923
Bure	924
Burg	925
Burger, G	926
Burges	927
Burgess, G	928
Burgess, P	929
Burgh	930
Burgo	931
Burk	932
Burke	933
Burke, G	934
Burke, M	935
Burke, T	936
Burkh	937
Burkhi	938
Burl	939
Burm	940
Burn	941
Burna	942
Burnet	943
Burnett, M	944
Burnh	945
Burns	946
Burns, G	947
Burns, M	948
Burns, S	949
Burr	950
Burre	951
Burro	952
Burrow	953
Burrows, M	954
Burst	955
Burt	956
Burt, M	957
Burto	958
Burton, G	959
Burton, M	960
Burton, S	961
Burundi	962
Bus	963
Busch	964
Busche	965
Bush	966
Bush, M	967
Bushem	968
Business	969
Business J	970
Buss	971
Bussi	972
But	973
Bute	974
Butl	975
Butler, C	976
Butler, F	977
Butler, J	978
Butler, M	979
Butler, R	980
Butler, T	981
Butm	982
Butt	983
Butterf	984
Butterworth	985
Butterworth, M	986
Butto	987
Butts	988
Bux	989
Buy	990
By	991
Byers	992
Byk	993
Byr	994
Byrn	995
Byrne, M	996
Byro	997
Byzantine	998
Bz	999

C

C	001

Cabe	002
Cabl	003
Cabo	004
Cac	005
Cad	006
Cade	007
Cadm	008
Cady	009
Cae	010
Caf	011
Cag	012
Cah	013
Cahier	014
Cahier, M	015
Cahill	016
Cahn	017
Cai	018
Cain	019
Caine	020
Cair	021
Cairns	022
Cais	023
Cal	024
Calan	025
Cald	026
Calder, M	027
Caldw	028
Caldwell, G	029
Caldwell, M	030
Cale	031
Calh	032
Cali	033
California	034
California M035	
Calk	036
Call	037
Callaban, G	038
Callaban, R	039
Callar	040
Calle	041
Calli	042
Callo	043
Calm	044
Calv	045
Calvert, M	046
Calvi	047
Cam	048
Camb	049
Cambri	050
Came	051
Cameron, D	052
Cameron, J	053
Cameron, M	054
Cameron, R	055
Cami	056
Camp	057
Camp, M	058
Campbell	059
Campbell, B	060
Campbell, D	061
Campbell, F	062
Campbell, J	063
Campbell, K	064
Campbell, M	065
Campbell, P	066
Campbell, R	067
Campbell, S	068
Campbell,	W069
Campe	070
Campo	071
Canada	072
Canadian	073
Canadian E	074
Canadian J	075
Canadian M	076
Canadian S	077
Canak	078
Canb	079
Cand	080
Cane	081
Canf	082
Cani	083
Cann	084
Canni	085
Canno	086
Cannon, M	087
Cano	088
Cant	089
Canto	090
Cantor, M	091
Cantr	092
Cantw	093
Cap	094
Cape	095
Capi	096
Caplan	097
Caplan, M	098
Capo	099
Capp	100
Capps	101
Capt	102
Car	103
Caran	104
Carb	105
Card	106
Cardi	107
Cardo	108
Cardr	109
Care	110
Carey	111
Carey, J	112
Carey, P	113
Carg	114
Cari	115
Carl	116
Carlet	117
Carli	118
Carlis	119
Carls	120
Carlson, D	121

Carlson, J	122	Carst	162	Castr	202
Carlson, M	123	Cart	163	Cat	203
Carlson, R	124	Carter	164	Catalog	204
Carlson, T	125	Carter, C	165	Cate	205
Carlt	126	Carter, D	166	Cath	206
Carm	127	Carter, G	167	Catho	207
Carmi	128	Carter, J	168	Cati	208
Carmichael, M	129	Carter, K	169	Cato	209
Carn	130	Carter, M	170	Catt	210
Carnell	131	Carter, R	171	Catto	211
Carni	132	Carter, S	172	Cau	212
Caro	133	Carter, H	173	Caul	213
Caron	134	Cartl	174	Caum	214
Carp	135	Cartm	175	Cav	215
Carpenter,	E136	Cartw	176	Cavall	216
Carpenter, J	137	Caru	177	Cavan	217
Carpenter, M	138	Carv	178	Cave	218
Carpenter, S	139	Carver, M	179	Caven	219
Carper	140	Cary	180	Cavi	220
Carr	141	Cas	181	Caw	221
Carr, D	142	Casan	182	Caws	222
Carr, J	143	Casb	183	Cay	223
Carr, M	144	Case	184	Caz	224
Carr, S	145	Case, M	185	Cb	225
Carrad	146	Casey	186	Ce	226
Carre	147	Casey, M	187	Ceci	227
Carri	148	Cash	188	Ced	228
Carrier	149	Casi	189	Cel	229
Carril	150	Caso	190	Cell	230
Carrin	151	Cass	191	Cen	231
Carrington, M	152	Casse	192	Cent	232
Carro	153	Cassell, M	193	Center J	233
Carroll, D	154	Cassi	194	Center R	234
Carroll, J	155	Cassil	195	Centr	235
Carroll, M	156	Cast	196	Centre	236
Carroll, R	157	Castel	197	Centro	237
Carron	158	Casten	198	Cer	238
Cars	159	Casti	199	Cerd	239
Carson, D	160	Castl	200	Cern	240
Carson, M	161	Castlem	201	Cero	241

Cerv	242	Chang, G	282	Chau	322
Ces	243	Chang, M	283	Chaue	323
Cet	244	Chang, S	284	Chaul	324
Ch	245	Change	285	Chauv	325
Chac	246	Chann	286	Chav	326
Chad	247	Chant	287	Chaw	327
Chadw	248	Chao	288	Chaz	328
Chadwick, M	249	Chap	289	Che	329
Chaf	250	Chapl	290	Chee	330
Chai	251	Chapm	291	Chees	331
Chais	252	Chapman, E	292	Chek	332
Chak	253	Chapman, J	293	Chem	333
Chakravarti	254	Chapman, M	294	Chemical M	334
Chal	255	Chapman, R	295	Chemist	335
Chalk	256	Chapman, S	296	Chen	336
Chalm	257	Chapp	297	Chen, J	337
Chalmers, M	258	Chappel	298	Chen, R	338
Cham	259	Char	299	Cheney	339
Chamberlain, G	260	Charb	300	Cheney, M	340
Chamberlain, M	261	Chare	301	Cheng	341
Chamberlin	262	Charl	302	Cheng, M	342
Chambers	263	Charles, J	303	Cheni	343
Chambers, G	264	Charles, S	304	Cher	344
Chambers, M	265	Charlesw	305	Cherep	345
Chambers, S	266	Charlet	306	Chern	346
Chame	267	Charlt	307	Cherni	347
Champ	268	Charm	308	Cherry	348
Champi	269	Charn	309	Cherry, M	349
Champl	270	Charo	310	Ches	350
Chan	271	Chart	311	Chesl	351
Chan, M	272	Chartier	312	Chess	352
Chance	273	Chas	313	Chest	353
Chand	274	Chase, G	314	Chesterf	354
Chandler	275	Chase, M	315	Chet	355
Chandler, G	276	Chase, S	316	Chev	356
Chandler, R	277	Chass	317	Chew	357
Chandra	278	Chat	318	Chey	358
Chandra, M	279	Chatf	319	Chi	359
Chaney	280	Chatt	320	Chiao	360
Chang	281	Chatto	321	Chiba	361

Chicago	362	Christie	402	Clap	442
Chick	363	Christie, M	403	Clap, M	443
Chif	364	Christm	404	Clar	444
Chil	365	Christo	405	Claremo	445
Child	366	Christopher	406	Clark	446
Childe	367	Christopher, M	407	Clark, B	447
Children	368	Christy	408	Clark, C	448
Childs	369	Chro	409	Clark, D	449
Chile	370	Chu	410	Clark, E	450
Chilt	371	Chua	411	Clark, G	451
Chin	372	Chud	412	Clark, H	452
China	373	Chung	413	Clark, J	453
Chinese	374	Chung, M	414	Clark, K	454
Chinese M	375	Church	415	Clark, M	455
Ching	376	Church, G	416	Clark, N	456
Chinn	377	Church, P	417	Clark, R	457
Chip	378	Churchill	418	Clark, S	458
Chir	379	Churchill, M	419	Clark, T	459
Chis	380	Churchland	420	Clark, W	460
Chisholm, M	381	Chut	421	Clarke	461
Chit	382	Ci	422	Clarke, D	462
Chiu	383	Cib	423	Clarke, G	463
Cho	384	Cic	424	Clarke, J	464
Choc	385	Cie	425	Clarke, M	465
Choi	386	Cig	426	Clarke, P	466
Chom	387	Cil	427	Clarke, S	467
Chop	388	Cin	428	Clarks	468
Chopra, M	389	Cinci	429	Clarkson, M	469
Chor	390	Cinema	430	Clary	470
Chou	391	Cio	431	Clau	471
Chow	392	Cir	432	Clausen, M	472
Chown	393	Cis	433	Clav	473
Chr	394	Ciskei	434	Clay	474
Christ	395	Cit	435	Clay, M	475
Christensen	396	Civ	436	Clayton	476
Christensen, G	397	Civil	437	Clayton, J	477
Christensen, P	398	Cl	438	Clayton, P	478
Christi	399	Clag	439	Cle	479
Christian, M	400	Clair	440	Cleary, J	480
Christiana	401	Clam	441	Cleav	481

Clee	482	Cobh	522	Cole, D	562
Clel	483	Cobo	523	Cole, G	563
Clem	484	Coc	524	Cole, J	564
Clement	485	Cochr	525	Cole, K	565
Clement, M	486	Cochron, M	526	Cole, M	566
Clements	487	Cock	527	Cole, R	567
Clements, G	488	Cocke	528	Cole, T	568
Clements, R	489	Coco	529	Coleb	569
Clemm	490	Cod	530	Colem	570
Clep	491	Codm	531	Coleman, D	571
Clev	492	Coe	532	Coleman, J	572
Cleveland, M	493	Coeb	533	Coleman, M	573
Clevn	494	Cof	534	Coleman, S	574
Cli	495	Coffey, M	535	Coleman, W	575
Clifford, G	496	Coffin	536	Coles	576
Clifford, M	497	Coffman	537	Colet	577
Clift	498	Cog	538	Colg	578
Clifton, M	499	Coggi	539	Coll	579
Clin	500	Coh	540	Collec	580
Cline, M	501	Cohen, A	541	College	581
Clinic	502	Cohen, B	542	Collet	582
Clinical M	503	Cohen, D	543	Colli	583
Clint	504	Cohen, E	544	Collier	584
Clo	505	Cohen, G	545	Collier, J	585
Clok	506	Cohen, J	546	Collier, S	586
Clos	507	Cohen, K	547	Colling	587
Clou	508	Cohen, M	548	Collins	588
Clough, M	509	Cohen, N	549	Collins, C	589
Clouse	510	Cohen, R	550	Collins, F	590
Clov	511	Cohen, S	551	Collins, J	591
Clu	512	Cohen, W	552	Collins, K	592
Clum	513	Cohn	553	Collins, M	593
Cly	514	Cohn, J	554	Collins, P	594
Co	515	Cohn, S	555	Collins, S	595
Coat	516	Cok	556	Collins, W	596
Coates, M	517	Col	557	Collis	597
Cob	518	Colb	558	Collo	598
Cobb, J	519	Colby	559	Colm	599
Cobb, S	520	Colc	560	Colo	600
Cobbe	521	Cole	561	Colombia	601

Colon	602
Color	603
Cols	604
Colt	605
Colto	606
Colu	607
Columbia	608
Colv	609
Colw	610
Com	611
Combs	612
Come	613
Comf	614
Comi	615
Comite	616
Comm	617
Commer	618
Commi	619
Common	620
Commonwealth	621
Communication	622
Community	623
Como	624
Comoros	625
Comp	626
Compend	627
Compt	628
Compton, M	629
Comput	630
Computer E	631
Computer P	632
Computers	633
Comr	634
Con	635
Conard	636
Concise	637
Cond	638
Condo	639
Cone	640
Conf	641
Conference E	642
Conference M	643
Conference S	644
Cong	645
Congo	646
Congress	647
Coni	648
Conk	649
Conl	650
Conli	651
Conn	652
Conn, M	653
Conne	654
Connelly	655
Conner	656
Conners	657
Conno	658
Connolly, M	659
Connor	660
Connor, M	661
Connors	662
Cono	663
Conr	664
Conrad, M	665
Conro	666
Cons	667
Const	668
Constant	669
Constantine	670
Constru	671
Consum	672
Cont	673
Contemp	674
Conti	675
Conto	676
Contr	677
Conw	678
Conway, J	679
Conway, M	680
Cony	681
Coo	682
Cook	683
Cook, C	684
Cook, E	685
Cook, J	686
Cook, M	687
Cook, R	688
Cook, S	689
Cook, W	690
Cooke	691
Cooke, G	692
Cooke, M	693
Cooke, S	694
Cool	695
Cooli	696
Coom	697
Coombs	698
Coon	699
Cooney, M	700
Coop	701
Cooper, C	702
Cooper, E	703
Cooper, H	704
Cooper, J	705
Cooper, K	706
Cooper, M	707
Cooper, R	708
Cooper, S	709
Cooper, W	710
Coopres	711
Coot	712
Cop	713
Copeland	714
Copeland, M	715
Copl	716
Copp	717
Coppi	718
Cor	719
Corbett, J	720
Corbin	721

Corbin, M	722	Couls	762	Craig, J	802
Corc	723	Coult	763	Craig, M	803
Cord	724	Counc	764	Craig, S	804
Corde	725	Count	765	Craik	805
Cordi	726	Coup	766	Cram	806
Core	727	Cour	767	Cramp	807
Corf	728	Courl	768	Cran	808
Corl	729	Court	769	Crnae	809
Corm	730	Courtn	770	Crane, J	810
Corn	731	Cous	771	Crane, S	811
Cornell	732	Cout	772	Crank	812
Corner	733	Cov	773	Crap	813
Corni	734	Coven	774	Crat	814
Cornw	735	Covi	775	Crav	815
Coro	736	Cow	776	Cravens	816
Corr	737	Cowan, J	777	Craw	817
Corri	738	Cowan, S	778	Crawford, D	818
Corrin	739	Coward	779	Crawford, G	819
Cors	740	Cowb	780	Crawford, K	820
Cort	741	Cowe	781	Crawford, M	821
Corti	742	Cowg	782	Crawford, S	822
Corw	743	Cowl	783	Crawl	823
Cory	744	Cowli	784	Cre	824
Cos	745	Cox	785	Creat	825
Cosg	746	Cox, C	786	Cree	826
Coss	747	Cox, E	787	Crei	827
Cost	748	Cox, J	788	Crem	828
Costa	749	Cox, M	789	Cren	829
Costarica	750	Cox, R	790	Cres	830
Coste	751	Cox, T	791	Cresw	831
Coster	752	Coxe	792	Cret	832
Cot	753	Coy	793	Crew	833
Cote	754	Coyle, M	794	Cri	834
Cotte	755	Coz	795	Crid	835
Cotti	756	Cr	796	Crim	836
Cotto	757	Crabt	797	Cris	837
Cottr	758	Crad	798	Crist	838
Cou	759	Crag	799	Crit	839
Couf	760	Crai	800	Cro	840
Coul	761	Craig, D	801	Crock	841

Crocket	842
Crof	843
Croi	844
Crom	845
Cromp	846
Cromw	847
Cron	848
Cronin	849
Cronk	850
Croo	851
Crooke	852
Cros	853
Crosby, G	854
Crosby, P	855
Cross	856
Cross, G	857
Cross, M	858
Crosse	859
Crossm	860
Crot	861
Croucher	862
Crow	863
Crow, M	864
Crowe	865
Crowell	866
Crowl	867
Crowley, M	868
Crowther	869
Crowther, M	870
Croy	871
Cru	872
Crtlik	873
Crum	874
Crump	875
Crus	876
Crut	877
Cruz	878
Cry	879
Cs	880
Csil	881
Cu	882
Cuba	883
Cud	884
Cue	885
Cul	886
Cull	887
Cullen, M	888
Culli	889
Cullm	890
Culp	891
Cult	892
Cultural	893
Culv	894
Cum	895
Cumm	896
Cummings, J	897
Cummings, M	898
Cummings, R	899
Cummins	900
Cummins	901
Cun	902
Cunha	903
Cunn	904
Cunningham, D	905
Cunningham, J	906
Cunningham, R	907
Cuno	908
Cur	909
Curl	910
Curley	911
Curr	912
Curran, M	913
Curre	914
Current C	915
Current I	916
Current M	917
Current T	918
Curri	919
Currie, M	920
Curry	921
Curry, M	922
Curt	923
Curtin	924
Curtis	925
Curtis, E	926
Curtis, J	927
Curtis, M	928
Curtis, S	929
Curtiss	930
Curw	931
Cus	932
Cushing, G	933
Cushm	934
Cushman, M	935
Cust	936
Cut	937
Cutl	938
Cutler, M	939
Cutt	940
Cuv	941
Cy	942
Cyclopedia	943
Cyprus	944
Cyr	945
Cz	946
Czecho	447
Czern	448
Czi	449

D

D	101
Dab	102
Dabo	103
Dac	104
Daco	105
Dad	106
Dae	107
Dag	108
Dagl	109

Dah	110	Dani	150	Dau	190
Dahl	111	Daniel	151	Daud	191
Dahl, M	112	Daniel, G	152	Daug	192
Dahlb	113	Daniel, M	153	Daul	193
Dahlin	114	Daniel, S	154	Daun	194
Dahm	115	Daniell	155	Dav	195
Dai	116	Daniels	156	Davenp	196
Dail	117	Daniels, G	157	Davenport, G	197
Dain	118	Daniels, M	158	Davenport, R	198
Dairy	119	Daniels, S	159	Daves	199
Dak	120	Dank	160	Davi	200
Dal	121	Dann	161	David, D	201
Dalb	122	Danner	162	David, J	202
Dale	123	Dans	163	David, M	203
Dale, M	124	Dant	164	David, S	204
Dales	125	Danz	165	Davido	205
Dalg	126	Dao	166	Davids	206
Dall	127	Dar	167	Davidson	207
Dalle	128	Darby, M	168	Davidson, C	208
Dalli	129	Darc	169	Davidson, E	209
Dalm	130	Dard	170	Davidson, G	210
Dalp	131	Dare	171	Davidson, J	211
Dalt	132	Dari	172	Davidson, M	212
Dalton, M	133	Darl	173	Davidson, R	213
Daly	134	Darlington	174	Davidson, S	214
Daly, M	135	Darm	175	Davie	215
Dam	136	Darr	176	Davies	216
Damb	137	Darro	177	Davies, D	217
Dami	138	Dart	178	Davies, G	218
Damm	139	Darw	179	Davies, J	219
Damp	140	Das	180	Davies, M	220
Dan	141	Das, M	181	Davies, P	221
Dana	142	Dasa	182	Davies, R	222
Dana, M	143	Dasg	183	Davies, S	223
Danb	144	Dash	184	Davies, H	224
Danc	145	Dass	185	Davil	225
Dance	146	Dat	186	Davis	226
Dand	147	Data	187	Davis, B	227
Dane	148	Datab	188	Davis, C	228
Dang	149	Datt	189	Davis, D	229

Davis, E	230	Dear	270	Deh	310
Davis, C	231	Deari	271	Dehart	311
Davis, H	232	Deas	272	Dehe	312
Davis, J	233	Deb	273	Dei	313
Davis, K	234	Debar	274	Deir	314
Davis, L	235	Debe	275	Dej	315
Davis, M	236	Debel	276	Dejo	316
Davis, N	237	Debi	277	Dejong, M	317
Davis, P	238	Debo	278	Dek	318
Davis, R	239	Debon	279	Dekl	319
Davis, S	240	Debr	280	Del	320
Davis, T	241	Debru	281	Delac	321
Davis, H	242	Debu	282	Delaf	322
Davison	243	Dec	283	Delag	323
Davison, M	244	Decar	284	Deldm	324
Davo	245	Decas	285	Delan	325
Daw	246	Dece	286	Delange	326
Dawes	247	Dech	287	Delap	327
Dawk	248	Deci	288	Delas	328
Daws	249	Deck	289	Delau	329
Dawson, D	250	Decker, M	290	Delb	330
Dawson, J	251	Decl	291	Delc	331
Dawson, M	252	Deco	292	Dele	332
Dawson, S	253	Decos	293	Deleon	333
Day	254	Decr	294	Deleu	334
Day, D	255	Ded	295	Delg	335
Day, J	256	Dee	296	Deli	336
Day, M	257	Deel	297	Delis	337
Day, S	258	Deer	298	Dell	338
Daya	259	Def	299	Delle	339
Dayt	260	Defense	300	Delm	340
De	261	Defer	301	Delo	341
Deag	262	Defo	302	Delong	342
Deal	263	Defr	303	Delor	343
Dean	264	Deg	304	Delp	344
Dean, G	265	Dege	305	Delr	345
Dean, M	266	Degh	306	Delu	346
Dean, S	267	Dego	307	Delv	347
Deane	268	Degr	308	Dem	348
Deang	269	Degro	309	Deman	349

Demar	350	Deq	390	Deve	430
Demari	351	Der	391	Develop	431
Demas	352	Dere	392	Dever	432
Demb	353	Deren	393	Devi	433
Deme	354	Deri	394	Devil	434
Demen	355	Derl	395	Devin	435
Demes	356	Dero	396	Devine, M	436
Demi	357	Deroo	397	Devis	437
Demin	358	Derr	398	Devl	438
Demo	359	Ders	399	Devo	439
Demont	360	Derv	400	Devor	440
Demor	361	Des	401	Devos	441
Demos	362	Desaint	402	Devr	442
Demp	363	Desan	403	Devries, M	443
Dems	364	Desau	404	Dew	444
Den	365	Desch	405	Dewan	445
Dene	366	Dese	406	Dewe	446
Deng	367	Desh	407	Dewey	447
Denh	368	Desi	408	Dewey, M	448
Deni	369	Desil	409	Dewi	449
Denison	370	Desm	410	Dewit	450
Denk	371	Desmo	411	Dewitt, M	451
Denmark	372	Deso	412	Dewo	452
Denn	373	Desot	413	Dex	453
Denni	374	Desp	414	Dexter, M	454
Dennis, G	375	Desr	415	Dey	455
Dennis, M	376	Dest	416	Deyo	456
Dennison	377	Det	417	Dez	457
Denny	378	Deti	418	Dh	458
Deno	379	Detr	419	Dhar	459
Dent	380	Dett	420	Dhe	460
Denton	381	Deu	421	Dho	461
Denton, M	382	Deus	422	Di	462
Denv	383	Deutsche	423	Dial	463
Deo	384	Deutsche M	424	Dialog	464
Dep	385	Deutsches	425	Diam	465
Department	386	Deutschland	426	Diamond	466
Depe	387	Dev	427	Diamond, G	467
Depl	388	Devan	428	Diamond, M	468
Dcpr	389	Devas	429	Diamond, S	469

Dian	470	Dietz, M	510	Disn	550
Diaz	471	Dieu	511	Disse	551
Dib	472	Dif	512	Dit	552
Dibd	473	Dig	513	Ditt	553
Dic	474	Digest	514	Dittme	554
Dice	475	Digg	515	Div	555
Dici	476	Digi	516	Divis	556
Dick	477	Digm	517	Dix	557
Dick, M	478	Dign	518	Dixo	558
Dicke	479	Dil	519	Dixon, G	559
Dickens, M	480	Dill	520	Dixon, M	560
Dicker	481	Dille	521	Dixon, S	561
Dickerson, M	482	Dilli	522	Diz	562
Dickey	483	Dillo	523	Dizio	563
Dicki	484	Dillon, J	524	Dj	564
Dickinso	485	Dillon, P	525	Dl	565
Dickinson, G	486	Dilt	526	Dm	566
Dickinson, M	487	Dim	527	Do	567
Dickle	488	Dime	528	Dob	568
Dicks	489	Dimo	529	Dobbs	569
Dickson, M	490	Din	530	Dobe	570
Dictio	491	Dine	531	Dobi	571
Dictionary	492	Ding	532	Dobr	572
Dictionary C	493	Dingu	533	Dobs	573
Dictionary E	494	Dink	534	Dobson, M	574
Dictionary G	495	Dinn	535	Doc	575
Dictionary M	496	Dins	536	Doct	576
Dictionary P	497	Dio	537	Document	577
Dictionary S	498	Dip	538	Dod	578
Dictionnaire	499	Diplo	539	Dodd, J	579
Dictionnaire M	500	Dir	540	Dodd, S	580
Did	501	Direct	541	Dodds	581
Die	502	Directory	542	Dodg	582
Dief	503	Directory D	543	Dodge, J	583
Diek	504	Directory G	544	Dodge, S	584
Dien	505	Directory M	545	Dods	585
Diep	506	Directory S	546	Dodson, M	586
Diet	507	Dirk	547	Doe	587
Dietr	508	Dis	548	Doer	588
Dietz	509	Dise	549	Dog	589

Doh	590	Dorg	630	Doyle, M	670
Doherty, M	591	Dori	631	Doz	671
Doi	592	Dorm	632	Dr	672
Dol	593	Dorn	633	Drag	673
Dolan, M	594	Dornb	634	Drak	674
Dolb	595	Doro	635	Drake, G	675
Dole	596	Dorr	636	Drake, P	676
Dolg	597	Dorre	637	Dram	677
Doll	598	Dors	638	Drap	678
Dolle	599	Dorson, M	639	Draper, M	679
Dolm	600	Dos	640	Drar	680
Dom	601	Doss	641	Dray	681
Dome	602	Dot	642	Dre	682
Domin	603	Doty	643	Drei	683
Dominica	604	Dou	644	Drei	684
Domk	605	Doug	645	Dres	685
Don	606	Dougherty, M	646	Dress	686
Donahue	607	Dougl	647	Drew	687
Donald	608	Douglas, C	648	Drew, M	688
Donaldson	609	Douglas, G	649	Drewe	689
Donaldson, J	610	Douglas, J	650	Drey	690
Donaldson, R	611	Douglas, M	651	Dri	691
Donat	612	Douglas, P	652	Drill	692
Donb	613	Douglas, S	653	Dris	693
Done	614	Douglas, W	654	Driv	694
Dong	615	Douglass	655	Dro	695
Donk	616	Douglass, M	656	Drom	696
Donn	617	Doui	657	Drou	697
Donnelly	618	Dour	658	Dru	698
Donnelly, M	619	Dov	659	Drug	699
Donner	620	Dow	660	Drum	700
Dono	621	Dowd	661	Drummond, M	701
Donovan	622	Dowe	662	Drur	702
Donovan, M	623	Dowl	663	Dry	703
Doo	624	Down	664	Drys	704
Doolin	625	Downey	665	Du	705
Dor	626	Downi	666	Dube	706
Dorat	627	Downs	667	Dubi	707
Dore	628	Dows	668	Dubo	708
Dorf	629	Doy	669	Dubois, M	709

Dubos	710
Dubr	711
Duc	712
Duch	713
Duck	714
Duckw	715
Dud	716
Dudi	717
Dudl	718
Dudley, M	719
Due	720
Duer	721
Duf	722
Duff, M	723
Duffi	724
Duffy	725
Duffy, M	726
Dufo	727
Dug	728
Dugg	729
Dugge	730
Dugo	731
Duh	732
Duk	733
Duke	734
Duke, J	735
Duke, R	736
Dukes	737
Dul	738
Dull	739
Dum	740
Dumas, M	741
Dume	742
Dumo	743
Dumor	744
Dun	745
Dunb	746
Dunbar, M	747
Dunc	748
Duncan, G	749
Duncan, M	750
Duncan, S	751
Dunco	752
Dune	753
Dunh	754
Dunham,	755
Dunk	756
Dunl	757
Dunlo	758
Dunn	759
Dunn, E	760
Dunn, J	761
Dunn, M	762
Dunn, R	763
Dunn, W	764
Dunne	765
Dunne, M	766
Dunni	767
Dunning, M	768
Duns	769
Dunst	770
Dunt	771
Dup	772
Dupo	773
Dupr	774
Dupre	775
Dupu	776
Dupuy	777
Dur	778
Durand, M	779
Durant	780
Duras	781
Durb	782
Dure	783
Durh	784
Duri	785
Durk	786
Duro	787
Durr	788
Durrell	789
Durs	790
Dus	791
Duss	792
Dut	793
Dutch	794
Duto	795
Dutt	796
Dutton	797
Duv	798
Duve	799
Dux	800
Dv	801
Dw	802
Dwo	803
Dwy	804
Dwyer, M	805
Dy	806
Dyck	807
Dye	808
Dyer	809
Dyer, G	810
Dyer, M	811
Dyer, S	812
Dyk	813
Dykes	814
Dym	815
Dyn	816
Dyr	817
Dys	818
Dz	819

E

E	101
Eag	102
Eak	103
Eam	104
Ear	105
Earle	106
Earle, M	107

Earll	108	Eden	148	Ehrenp	188
Earn	109	Eder	149	Ehrhar	189
Earth	110	Edg	150	Ehrlich	190
East	111	Edge	151	Ehrlich, M	191
Easter	112	Edgerton, G	152	Ei	192
Eastern	113	Edh	153	Eicheng	193
Easth	114	Edis	154	Eichl	194
Eastman	115	Edm	155	Eid	195
Eastman, M	116	Edmonds, J	156	Eie	196
Easton	117	Edmondson	157	Eil	197
Eastw	118	Edmund	158	Ein	198
Eat	119	Eds	159	Einst	199
Eaton, G	120	Educa	160	Eis	200
Eaton, S	121	Educational	161	Eiseman	201
Eb	122	Edw	162	Eisen	202
Ebel	123	Edwards	163	Eisenb	203
Eber	124	Edwards, B	164	Eisenberg	204
Eberl	125	Edwards, D	165	Eisenberg, J	205
Ebert	126	Edwards, G	166	Eisenberg, P	206
Ebl	127	Edwards, H	167	Eisenh	207
Ec	128	Edwards, J	168	Eisens	208
Ech	129	Edwards, K	169	Eisent	209
Echo	130	Edwards, M	170	Eisner	210
Eck	131	Edwards, P	171	Eit	211
Ecke	132	Edwards, R	172	Ek	212
Eckert	133	Edwards, S	173	Eki	213
Eckh	134	Edwards, W	174	Eko	214
Eckl	135	Ee	175	Eks	215
Ecks	136	Ef	176	El	216
Eco	137	Efr	177	Elan	217
Economi	138	Eg	178	Elb	218
Economic	139	Egan, M	179	Eld	219
Economic M	140	Ege	180	Elder, M	220
Ecor	141	Egg	181	Eldin	221
Ecuad	142	Eggl	182	Electri	222
Ed	143	Egl	183	Electrical	223
Eddy	144	Ego	184	Electro	224
Ede	145	Egypt	185	Electronic M	225
Edelman	146	Eh	186	Electronics	226
Edels	147	Ehre	187	Elekt	227

Elen	228	Els	268	Engels	308
Elg	229	Else	269	Engen	309
Eli	230	Elso	270	Engine	310
Elias	231	Elt	271	Engineering	311
Elias, M	232	Elton, M	272	Engineering, M	312
Elich	233	Elw	273	Engl	313
Eliot	234	Elwood	274	England, M	314
Elis	235	Ely	275	Engle	315
Elk	236	Em	276	English	316
Elkin, M	237	Emb	277	English L	317
Elkins	238	Emde	278	Englund	318
Ell	239	Emerson	279	Enh	319
Ellen	240	Emerson, J	280	Enn	320
Eller	241	Emerson, S	281	Eno	321
Elli	242	Emery	282	Enr	322
Ellington	243	Emery, K	283	Ens	323
Elliot	244	Emh	284	Ent	324
Elliot, J	245	Emm	285	Enterp	325
Elliot, R	246	Emmers	286	Envirom	326
Elliott	247	Emmet	287	Environmental	327
Elliott, D	248	Emmo	288	Environmental M	328
Elliott, J	249	Emp	289	Ep	329
Elliott, M	250	Employ	290	Epp	330
Elliott, S	251	Emr	291	Epstein	331
Ellis	252	En	292	Epstein, D	332
Ellis, B	253	Encyclopedia	293	Epstein, J	333
Ellis, E	254	Encyclopedia G	294	Epstein, M	334
Ellis, H	255	Encyclopedia M	295	Epstein, S	335
Ellis, J	256	Encyclopedia S	296	Er	336
Ellis, M	257	Ender	297	Erd	337
Ellis, R	258	Endo	298	Erdm	338
Ellis, S	259	Energ	299	Erdo	339
Ellison	260	Energy	300	Ere	340
Ellison, M	261	Energy M	301	Eri	341
Ellman	262	Eng	302	Erickson, D	342
Ells	263	Engel	303	Erickson, J	343
Ellw	264	Engel J	304	Erickson, M	344
Elm	265	Engelb	305	Ericson	345
Elmer	266	Engelh	306	Erik	346
Eln	267	Engell	307	Erim	347

Erl	348
Erm	349
Ern	350
Ernst	351
Ernst, M	352
Ers	353
Ert	354
Erv	355
Es	356
Esch	357
Esco	358
Ese	359
Esk	360
Esl	361
Esp	362
Espi	363
Espo	364
Ess	365
Essi	366
Est	367
Estes	368
Esteva	369
Estr	370
Et	371
Eth	372
Ethio	373
Eto	374
Ettin	375
Etu	376
Eu	377
Eul	378
Europa	379
European	380
European J	381
European M	382
Eus	383
Eva	384
Evans	385
Evans, B	386
Evans, D	387
Evans, E	388
Evans, G	389
Evans, H	390
Evans, J	391
Evans, K	392
Evans, M	393
Evans, P	394
Evans, R	395
Evans, T	396
Evans, W	397
Eve	398
Evera	399
Everett	400
Everett, M	401
Everi	402
Everm	403
Everson	404
Evert	405
Every	406
Ew	407
Ewe	408
Ewi	409
Ewing, M	410
Ex	411
Exell	412
Exp	413
Expo	414
Ey	415
Eyl	416
Eyr	417
Ez	418
Ezer	419

F

F	101
Faber	102
Faber, M	103
Fabi	104
Fabr	105
Fac	106
Fad	107
Fadi	108
Fag	109
Fager	110
Fah	111
Fahm	112
Fai	113
Fair	114
Fairba	115
Fairbaks	116
Fairc	117
Fairf	118
Fairl	119
Fairs	120
Fait	121
Fal	122
Falco	123
Fald	124
Falk	125
Falk, M	126
Falken	127
Fall	128
Fallo	129
Fals	130
Fam	131
Fan	132
Fane	133
Fann	134
Fant	135
Fao	136
Far	137
Farb	138
Farber, M	139
Farc	140
Farg	141
Fari	142
Faris	143
Fark	144
Farl	145

Farley, M	146
Farm	147
Farmer	148
Farmer, C	149
Farmer, P	150
Farn	151
Farns	152
Faro	153
Farr	154
Farr, M	155
Farran	156
Farrar	157
Farre	158
Farrell, J	159
Farrell, S	160
Farri	161
Farris, M	162
Fars	163
Fas	164
Fass	165
Fast	166
Fat	167
Fato	168
Fau	169
Faul	170
Faulkner	171
Faulkner, M	172
Faun	173
Faus	174
Faust, M	175
Fav	176
Faw	177
Fawcett, M	178
Fay	179
Faye	180
Faz	181
Fe	182
Fear	183
Feat	184
Feb	185
Fed	186
Federal	187
Federal M	188
Federation	189
Federation M	190
Federi	191
Fedo	192
Fee	193
Feen	194
Feh	195
Fei	196
Feig	197
Feigl	198
Fein	199
Feinberg, M	200
Feiner	201
Feins	202
Feir	203
Feit	204
Feld	205
Felder	206
Feldman	207
Feldman, E	208
Feldman, J	209
Feldman, M	210
Feldman, S	211
Felds	212
Feli	213
Felix	214
Fell	215
Felle	216
Felli	217
Fellow	218
Fels	219
Felt	220
Felts	221
Fen	222
Feng	223
Fenn	224
Fennel	225
Fenner	226
Fens	227
Fent	228
Fenw	229
Fer	230
Ferd	231
Fepg	232
Ferguson,	D233
Ferguson, G	234
Ferguson, J	235
Ferguson, M	236
Ferguson, R	237
Ferguson, T	238
Feri	239
Fern	240
Fernandez	241
Fernandez, M	242
Fernando	243
Ferni	244
Ferr	245
Ferrar	246
Ferrari	247
Ferraro	248
Ferre	249
Ferrell	250
Ferrer	251
Ferri	252
Ferris	253
Ferris, M	254
Ferro	255
Ferry	256
Fes	257
Fest	258
Fet	259
Fett	260
Feu	261
Feuers	262
Fev	263
Fey	264
Fi	265

Fich	266	Finl	306	Fitzgerald, M	346
Fici	267	Finley	307	Fitzgerald, R	347
Fid	268	Finn	308	Fitzh	348
Fide	269	Finn, M	309	Fitzp	349
Fie	270	Finneg	310	Fitzpatrick	350
Field	271	Finney	311	Fitzpatrick, M	351
Field, G	272	Finnie	312	Fitzs	352
Field, M	273	Fins	313	Fiu	353
Field, S	274	Fio	314	Fl	354
Fielde	275	Fir	315	Flad	355
Fieldi	276	Fire	316	Flai	356
Fields	277	Firm	317	Flan	357
Fields, J	278	Firo	318	Fland	358
Fields, S	279	Fis	319	Flann	359
Fien	280	Fischer	320	Flat	360
Fies	281	Fischer, D	321	Flav	361
Fif	282	Fischer, G	322	Fle	362
Fig	283	Fischer, J	323	Flee	363
Figu	284	Fischer, M	324	Flei	364
Fil	285	Fischer, R	325	Fleischm	365
Fili	286	Fischer, W	326	Fleisher	366
Fill	287	Fischgrund	327	Flem	367
Fillm	288	Fish	328	Fleming, G	368
Film	289	Fisher	329	Fleming, M	369
Fin	290	Fisher, E	330	Fleming, S	370
Financial	291	Fisher, J	331	Flemm	371
Financial M	292	Fisher, M	332	Flet	372
Finch	293	Fisher, S	333	Fletcher, D	373
Find	294	Fisher, W	334	Fletcher, J	374
Findler	295	Fishman	335	Fletcher, M	375
Fine	296	Fishman, M	336	Fletcher, R	376
Fine, G	297	Fisk	337	Fletcher, W	377
Fine, R	298	Fiske	338	Fleu	378
Fineb	299	Fiske, M	339	Fli	379
Finem	300	Fit	340	Flin	380
Fing	301	Fitch, J	341	Flint	381
Fink	302	Fitt	342	Flint, M	382
Finke	303	Fitz	343	Flo	383
Finkelm	304	Fitzgerald, C	344	Floo	384
Finken	305	Fitzgerald, G	345	Flor	385

Florence	386	For	426	Foster, C	466
Flores	387	Forbes, G	427	Foster, E	467
Flores, M	388	Forbes, M	428	Foster, H	468
Flori	389	Forc	429	Foster, K	469
Florin	390	Ford	430	Foster, M	470
Flot	391	Ford, D	431	Foster, P	471
Flow	392	Ford, G	432	Foster, S	472
Flowers	393	Ford, J	433	Foster, W	473
Floy	394	Ford, M	434	Fot	474
Floyd, M	395	Ford, S	435	Fou	475
Flu	396	Fordh	436	Foul	476
Fluid	397	Fore	437	Foun	477
Fly	398	Foreign	438	Four	478
Flynn, G	399	Forem	439	Fourn	479
Flynn, M	400	Fores	440	Fourq	480
Fo	401	Forester	441	Fow	481
Fod	402	Forf	442	Fowler, D	482
Foe	403	Fork	443	Fowler, H	483
Fog	404	Form	444	Fowler, M	484
Fogel	405	Forman	445	Fowler, S	485
Fogelm	406	Forman, M	446	Fox	486
Fogl	407	Forn	447	Fox, D	487
Foh	408	Forr	448	Fox, F	488
Fol	409	Forrest, J	449	Fox, J	489
Foley, G	410	Forrester	450	Fox, M	490
Foley, M	411	Fors	451	Fox, P	491
Folk	412	Forster	452	Fox, S	492
Foll	413	Forsy	453	Fox, W	493
Folli	414	Forsyth, M	454	Foxe	494
Fols	415	Fort	455	Foy	495
Folt	416	Forten	456	Fr	496
Fon	417	Forti	457	Frae	497
Fonf	418	Fortn	458	Frah	498
Font	419	Fortune	459	Frak	499
Fontani	420	Forum	460	Fram	500
Food	421	Fos	461	Fran	501
Food M	422	Foss	462	France	502
Foot	423	Fosse	463	France M	503
Foote	424	Fost	464	Frances	504
Foote, J	425	Foster	465	Francis	505

Francis, G	506	Fredm	546	Frie	586
Francis, M	507	Free	547	Fried, J	587
Francis, S	508	Freed, M	548	Friedberg	588
Franck	509	Freedm	549	Frieden	589
Franco	510	Freedman, G	550	Frieder	590
Francon	511	Freedman, M	551	Friedl	591
Frank	512	Freedman, S	552	Friedland, J	592
Frank, D	513	Freeh	553	Friedlander	593
Frank, J	514	Freem	554	Friedlander, M	594
Frank, M	515	Freeman, D	555	Friedm	595
Frank, R	516	Freeman, G	556	Friedman, C5	96
Franke	517	Freeman, M	557	Friedman, F	597
Frankel, J	518	Freeman, R	558	Friedman, J	598
Franken	519	Freeman, S	559	Friedman, K	599
Frankf	520	Freeman, T	560	Friedman, H	600
Frankl	521	Freer	561	Friedman, R	601
Franklin, D	522	Freg	562	Friedman, S	602
Franklin, J	523	Freib	563	Friedmann	603
Franklin, M	524	Freidh	564	Friedr	604
Franklin, S	525	Freie	565	Friedrich, M	605
Franks	526	Frein	566	Friend	606
Franks, M	527	Frel	567	Fries	607
Frant	528	Fremo	568	Friesen	608
Franz	529	French	569	Frig	609
Franzen	530	French, D	570	Frim	610
Frar	531	French, J	571	Fris	611
Fras	532	French, M	572	Frisch, M	612
Fraser, D	533	French, S	573	Frit	613
Fraser, J	534	Frend	574	Fritz	614
Fraser, M	535	Frer	575	Fro	615
Fraser, S	536	Fres	576	Frog	616
Frat	537	Freu	577	Froi	617
Fraw	538	Freund	578	From	618
Fraz	539	Freund, M	579	Fromm	619
Frazier	540	Frey	580	Fron	620
Frazier, M	541	Frey, J	581	Fros	621
Fre	542	Frey, S	582	Frost, G	622
Frederic	543	Freyh	583	Frost, M	623
Fredericks	544	Fri	584	Frost, S	624
Frederickson	545	Frid	585	Frow	625

Fruit	626
Fry	627
Fry, F	628
Fry, M	629
Frye	630
Fryer	631
Fu	632
Fuchs, J	633
Fuchs, S	634
Fud	635
Fuen	636
Fug	637
Fuh	638
Fuji	639
Fujin	640
Fukada	641
Fukuma	642
Ful	643
Fulf	644
Full	645
Fuller, E	646
Fuller, J	647
Fuller, M	648
Fuller, S	649
Fullert	650
Fult	651
Fulton, M	652
Fun	653
Fund	654
Funk	655
Funke	656
Fur	657
Furer	658
Furl	659
Furm	660
Furni	661
Furs	662
Furt	663
Fus	664
Fuss	665
Fut	666
Future	667
Fy	668
Fyo	669

G

G	101
Gab	102
Gabe	103
Gabi	104
Gabon	105
Gabriel	106
Gabriel, P	107
Gac	108
Cad	109
Gadd	110
Gade	111
Gae	112
Gael	113
Gaf	114
Gag	115
Gage, M	116
Gagl	117
Gagn	118
Gai	119
Gain	120
Gaines, M	121
Gair	122
Gaj	123
Cal	124
Galan	125
Galas	126
Galb	127
Galbi	128
Gald	129
Gale	130
Gale, J	131
Gale, R	132
Galen	133
Galer	134
Gali	135
Gall	136
Gallagher	137
Gallagher, G	138
Gallagher, M	139
Gallagher, T	140
Gallan	141
Gallat	142
Gallau	143
Galle	144
Galli	145
Gallig	146
Gallo	147
Gallon	148
Gallow	149
Gallow, L	150
Gallu	151
Galo	152
Galt	153
Galv	154
Gam	155
Gambia	156
Gambl	157
Gambo	158
Gamm	159
Gamo	160
Gan	161
Gandhi	162
Gane	163
Gang	164
Gangu	165
Gann	166
Gannon	167
Gans	168
Gant	169
Ganz	170
Gap	171
Gar	172
Garb	173

Garber, M	174	Garv	214	Geh	254
Garc	175	Garvi	215	Gei	255
Garcia, G	176	Gary	216	Geiger, M	256
Garcia, M	177	Gas	217	Geis	257
Garcia, S	178	Gask	218	Geism	258
Garciam	179	Gasp	219	Geist	259
Gard	180	Gass	220	Gel	260
Garden	181	Gast	221	Geld	261
Gardi	182	Gaston	222	Gelf	262
Gandiner, G	183	Gat	223	Gell	263
Gardiner, P	184	Gates	224	Geller, M	264
Gardner	185	Gates, J	225	Gelli	265
Gardner, D	186	Gates, S	226	Gelm	266
Gardner, J	187	Gati	227	Gem	267
Gardner, K	188	Gatt	228	Gen	268
Gardner, R	189	Gau	229	Gene	269
Gardner, S	190	Gaud	230	General	270
Gare	191	Gatyg	231	Genes	271
Garf	192	Gaun	232	Geni	272
Garfin	193	Gaus	233	Geno	273
Gapg	194	Gaut	234	Gent	274
Gari	195	Gav	235	Gentr	275
Garl	196	Gaw	236	Geo	276
Garland, M	197	Gay	237	Geograp	277
Gam	198	Gay, M	238	Geolo	278
Garn	199	Gayana	239	Geometry	279
Garner, L	200	Gayl	240	Georg	280
Garnet	201	Gaz	241	George, D	281
Garni	202	Gazett	242	George, K	282
Garo	203	Gazo	243	George, P	283
Garr	204	Ge	244	George, S	284
Garret, G	205	Gearh	245	Georges	285
Garret, M	206	Geb	246	Georgia	286
Garri	207	Gec	247	Georgo	287
Garris	208	Ged	248	Ger	288
Garrison, M	209	Gede	249	Gerar	289
Garro	210	Gee	250	Gerard, M	290
Gars	211	Geel	251	Gerb	291
Gart	212	Geer	252	Gerber, M	292
Gartner	213	Gees	253	Gcrbi	293

Gere	294
Gerh	295
Geri	296
Gerl	297
German	298
German M	299
Germane	300
Germany	301
Germi	302
Gero	303
Gerr	304
Gers	305
Gershman	306
Gerso	307
Gerst	308
Gersting	309
Gert	310
Gerv	311
Ges	312
Gess	313
Get	314
Getti	315
Getz	316
Geu	317
Gey	318
Gh	319
Ghana	320
Ghe	321
Gth	322
Gho	323
Ghosh	324
Chosh, M	325
Ghosha	326
Gi	327
Giam	328
Gian	329
Giano	330
Giao	331
Gib	332
Gibbo	333
Gibbons, G	334
Gibbons, M	335
Gibbs	336
Gibbs, J	337
Gibbs, P	338
Gibe	339
Gibson, D	340
Gibson, H	341
Gibson, M	342
Gibson, S	343
Gid	344
Gide	345
Gie	346
Gies	347
Gif	348
Gig	349
Gil	350
Gilbert	351
Gilbert, D	352
Gilbert, G	353
Gilbert, J	354
Gilbert, N	355
Gilbert, S	356
Gilbo	357
Gilc	358
Gild	359
Gile	360
Giles	361
Gilg	362
Gill	363
Gill, G	364
Gill, M	365
Gilla	366
Gillen	367
Gilles	368
Gillesp	369
Gillespie, G	370
Gillespie, P	371
Gillet	372
Gillette	373
Gilli	374
Gillig	375
Gillin	376
Gillm	377
Gillo	378
Gilman	379
Gilman, M	380
Gilmo	381
Gilmore, M3	82
Gilp	383
Gils	384
Gim	385
Gin	386
Gingo	387
Gins	388
Ginsborg	389
Ginsborg, M	390
Ginzberg	391
Gio	392
Giornale	393
Giov	394
Gir	395
Girarde	396
Gire	397
Giro	398
Gis	399
Git	400
Gitm	401
Gitti	402
Giu	403
Giv	404
Givon	405
Gl	406
Glads	407
Gladw	408
Glan	409
Glas	410
Glaser, M	411
Glash	412
Glass	413

Glasse	414
Glassman	415
Glat	416
Glaz	417
Glazer, R	418
Gle	419
Gleason, M	420
Gled	421
Glen	422
Glenn	423
Glenn, M	424
Glenon	425
Gli	426
Glickman	427
Glid	428
Glo	429
Glon	430
Glossary	431
Glossary M	432
Glov	433
Glover, M	434
Glu	435
Glue	436
Gly	437
Gm	438
Go	439
Gob	440
Goc	441
God	442
Godd	443
Godden	444
Godf	445
Godfrey, M	446
Godm	447
Godw	448
Goe	449
Goed	450
Goel	451
Goen	452
Goet	453
Goetz	454
Gof	455
Goffa	456
Gog	457
Goh	458
Goi	459
Gol	460
Gold	461
Gold, G	462
Gold, M	463
Gold, S	464
Goldberg	465
Goldberg, D	466
Goldberg, J	467
Goldberg, M	468
Goldberg, R	469
Goldberger	470
Golde	471
Golden, L	472
Goldenberg	473
Goldf	474
Goldh	475
Goldi	476
Golding	477
Goldm	478
Goldman, F	479
Goldman, M	480
Goldman, S	481
Goldo	482
Golds	483
Goldsm	484
Goldsmith, M	485
Goldst	486
Goldstein, D	487
Goldstein, J	488
Goldstein, M	489
Goldstein, R	490
Goldstein, W	491
Goldston	492
Goldw	493
Gole	494
Goli	495
Goll	496
Golo	497
Golp	498
Gom	499
Gome	500
Gomez	501
Gomm	502
Gon	503
Gone	504
Gons	505
Gonz	506
Gonzalez	507
Gonzalez, M	508
Goo	509
Good	510
Good, M	511
Gooda	512
Goode	513
Gooden	514
Goodf	515
Goodi	516
Goodm	517
Goodman, D	518
Goodman, H	519
Goodman, K	520
Goodman, M	521
Goodman, R	522
Goodman, S	523
Goodr	524
Goodrich, M	525
Goods	526
Goodw	527
Goodwin, E	528
Goodwin, M	529
Goodwin, S	530
Goody	531
Gool	532
Gop	533

Gor	534
Gordan	535
Gordon	536
Gordan, C	537
Gordan, E	538
Gordan, G	539
Gordan, J	540
Gordan, K	541
Gordan, M	542
Gordan, N	543
Gordan, S	544
Gordan, W	545
Gore	546
Goren	547
Gorg	548
Gori	549
Gorm	550
Gorman, M	551
Gorn	552
Gorr	553
Gort	554
Gos	555
Gosl	556
Goss	557
Gosse	558
Gost	559
Got	560
Gott	561
Gottf	562
Gottlieb, G	563
Gottlieb, R	564
Gotts	565
Gou	566
Goug	567
Goul	568
Gould	569
Gould, D	570
Gould, J	571
Gould, M	572
Gould, S	573
Goulding	574
Gour	575
Gourm	576
Gov	577
Government	578
Govett	579
Gow	580
Gower	581
Goy	582
Gr	583
Grabi	584
Grac	585
Graci	586
Grad	587
Gradua	588
Grae	589
Graes	590
Graf	591
Graff	592
Graft	593
Grah	594
Graham, D	595
Graham, G	596
Graham, J	597
Graham, K	598
Graham, M	599
Graham, R	600
Graham, S	601
Graham, W	602
Grahame	603
Grai	604
Gram	605
Gran	606
Grande	607
Grando	608
Grang	609
Granger, M	610
Grani	611
Grant, D	612
Grant, H	613
Grant, L	614
Grant, P	615
Grant, S	616
Grantham	617
Grap	618
Graphic	619
Gras	620
Grassi	621
Grat	622
Grau	623
Grav	624
Graves	625
Graves, G	626
Graves, R	627
Gray	628
Gray, C	629
Gray, D	630
Gray, G	631
Gray, J	632
Gray, K	633
Gray, P	634
Gray, S	635
Gray, W	636
Grays	637
Grayson, M	638
Graz	639
Great B	640
Great C	641
Greav	642
Greb	643
Grec	644
Greece	645
Greel	646
Green	647
Green, B	648
Green, D	649
Green, E	650
Green, G	651
Green, J	652
Green, Jo	653

Green, K	654
Green, M	655
Green, N	656
Green, O	657
Green, R	658
Green, S	659
Green, T	660
Green, H	661
Greena	662
Greenberg	663
Greenberg, C	664
Greenberg, J	665
Greenberg, M	666
Greenberg, R	667
Greenblatt	668
Greene	669
Greene, E	670
Greene, J	671
Greene, K	672
Greene, M	673
Greene, S	674
Greenf	675
Greenfield, M	676
Greenh	677
Greeni	678
Greenleaf	679
Greenm	680
Greens	681
Greenst	682
Greenw	683
Greenwald, M	684
Greenway	685
Greenwood	686
Greenwood, G	687
Greenwood, M	688
Greer	689
Greer, J	690
Greer, P	691
Greg	692
Grcgg	693
Gregory	694
Gregory, E	695
Gregory, J	696
Gregory, M	697
Gregory, S	698
Grei	699
Grein	700
Grel	701
Gren	702
Greni	703
Gres	704
Gret	705
Grev	706
Grey	707
Grey, M	708
Gric	709
Grid	710
Grier	711
Gries	712
Grif	713
Griffin	714
Griffin, E	715
Griffin, J	716
Griffin, M	717
Griffin, S	718
Griffith	719
Griffith, G	720
Griffith, M	721
Griffiths	722
Griffiths, G	723
Griffiths, M	724
Griffiths, R	725
Grig	726
Grigo	727
Gril	728
Grim	729
Grime	730
Grimes, M	731
Grimm	732
Grimm, M	733
Grims	734
Grin	735
Grine	736
Grino	737
Gris	738
Grism	739
Grisw	740
Grit	741
Gro	742
Groc	743
Groe	744
Grof	745
Grol	746
Gron	747
Groo	748
Gros	749
Gross	750
Gross, E	751
Gross, J	752
Gross, M	753
Gross, S	754
Grosse	755
Grossman	756
Grossman, G	757
Grossman, M	758
Grossman, S	759
Grot	760
Groti	761
Grou	762
Grov	763
Grove, L	764
Grover	765
Groves	766
Gru	767
Grube	768
Gruber, M	769
Grue	770
Gruenf	771
Grun	772
Grundman	773

Grune	774
Grunn	775
Grup	776
Grut	777
Gry	778
Gu	779
Guare	780
Guate	781
Gub	782
Gud	783
Gue	784
Guenther	785
Guer	786
Guern	787
Guerr	788
Gues	789
Guet	790
Gug	791
Guh	792
Guid	793
Guide	794
Guide M	795
Guido	796
Guil	797
Guile	798
Guillen	799
Guillo	800
Guin	801
Guinea	802
Guir	803
Guit	804
Gul	805
Guli	806
Gull	807
Gulli	808
Gum	809
Gumo	810
Gun	811
Gundert	812
Gunn	813
Gunn, M	814
Gunn, S	815
Gunnell	816
Guns	817
Gunt	818
Gunth	819
Gunto	820
Gup	821
Gupta, C	822
Gupta, M	823
Gupta, S	824
Gupta, T	825
Gur	826
Gure	827
Gurin	828
Gurn	829
Gurs	830
Gus	831
Gust	832
Gustafson, M	833
Gustai	834
Gut	835
Guth	836
Guthrie	837
Guthrie, M	838
Gutie	839
Gutman	840
Gutn	841
Guttman	842
Guyana	843
Guyo	844
Guz	845
Gw	346
Gwy	847
Gy	848
Gyll	849

H

H	001
Haan	002
Haas	003
Haas, J	004
Haas, S	005
Hab	006
Haber	007
Haberm	008
Habi	009
Hac	010
Hacker	011
Hacket	012
Hackl	013
Had	014
Hadd	015
Haddo	016
Hadf	017
Hadl	018
Hae	019
Haen	020
Haf	021
Haff	022
Hag	023
Hage	024
Hagen	025
Hager	026
Hagg	027
Hagge	028
Hagm	029
Hagu	030
Hah	031
Hahn, G	032
Hahn, P	033
Hai	034
Haigh	035
Hail	036
Haim	037
Hain	038
Haines, M	039
Hair	040
Haiti	041

Haj	042	Halstead	082	Handbook J	122
Hak	043	Halt	083	Handbook P	123
Haki	044	Ham	084	Handell	124
Hal	045	Hamad	085	Handl	125
Halb	046	Hamb	086	Handley	126
Hald	047	Hambr	087	Hane	127
Hale	048	Hame	088	Hanf	128
Hale, G	049	Hamer	089	Hanh	129
Hale, M	050	Hamers	090	Hank	130
Hale, S	051	Hami	091	Hankins	131
Hales	052	Hamilton	092	Hanle	132
Haley	053	Hamilton, C	093	Hanlin	133
Haley, M	054	Hamilton, D	094	Hann	134
Half	055	Hamilton, F	095	Hanna, M	135
Hall	056	Hamilton, J	096	Hannaf	136
Hall, B	057	Hamilton, M	097	Hannan	137
Hall, C	058	Hamilton, R	098	Hannc	138
Hall, D	059	Hamilton, S	099	Hanne	139
Hall, E	060	Hamilton, W	100	Hanno	140
Hall, G	061	Haml	101	Hano	141
Hall, J	062	Hamm	102	Hanr	142
Hall, K	063	Hamman	103	Hans	143
Hall, M	064	Hammer	104	Hansen	144
Hall, N	065	Hammer, M	105	Hansen, D	145
Hall, R	066	Hammers	106	Hansen, J	146
Hall, S	067	Hammet	107	Hansen, M	147
Hall, V	068	Hammond, G	108	Hansen, R	148
Hallam	069	Hammond, M	109	Hansen, W	149
Halle	070	Hammond, S	110	Hanson	150
Haller	071	Hamo	111	Hanson, E	151
Hallet	072	Hamps	112	Hanson, J	152
Halli	073	Hampt	113	Hanson, M	153
Hallin	074	Hamr	114	Hanson, S	154
Hallo	075	Han	115	Hant	155
Hallp	076	Hanan	116	Hap	156
Halm	077	Hanc	117	Har	157
Halp	078	Hancock	118	Haran	158
Halpern	079	Hancock, M	119	Harb	159
Halpern, M	080	Hand	120	Harber	160
Hals	081	Handbook	121	Harbin	161

Harc	162	Harrin	202	Harti	242
Hard	163	Harrington, G	203	Hartley	243
Harden	164	Harrington, M	204	Hartley, J	244
Hardi	165	Harris	205	Hartley, R	245
Hardin	166	Harris, B	206	Hartm	246
Harding, G	167	Harris, C	207	Hartman, G	247
Harding, P	168	Harris, D	208	Hartman, M	248
Hardison	169	Harris, E	209	Hartmann	249
Hardt	170	Harris, G	210	Hartmann, M	250
Hardy	171	Harris, H	211	Hartn	251
Hardy, G	172	Harris, J	212	Hartson	252
Hardy, M	173	Harris, Jo	213	Hartw	253
Hardy, S	174	Harris, K	214	Harty	254
Hare	175	Harris, L	215	Harvard	255
Haren	176	Harris, M	216	Harvey	256
Harg	177	Harris, N	217	Harvey, C	257
Hargre	178	Harris, R	218	Harvey, G	258
Hari	179	Harris, S	219	Harvey, M	259
Hark	180	Harris, T	220	Harvey, S	260
Harkl	181	Harris, W	221	Harw	261
Harl	182	Harrison	222	Harwood	262
Harle	183	Harrison, C	223	Has	263
Harley	184	Harrison, E	224	Hase	264
Harlo	185	Harrison, G	225	Haselo	265
Harm	186	Harrison, J	226	Hash	266
Harmar	187	Harrison, M	227	Hask	267
Harmo	188	Harrison, P	228	Haski	268
Harmon, M	189	Harrison, R	229	Hasl	269
Harms	190	Harrison, S	230	Hasler	270
Harn	191	Harrison, W	231	Hass	271
Harnes	192	Harro	232	Hasse	272
Haro	193	Hars	233	Hassen	273
Harper	194	Hart	234	Hast	274
Harper, G	195	Hart, C	235	Hastings, G	275
Harper, M	196	Hart, G	236	Hastings, P	276
Harper, T	197	Hart, J	237	Hat	277
Harr	198	Hart, M	238	Hatcher	278
Harrell	199	Hart, S	239	Hatf	279
Harri	200	Harte	240	Hath	280
Harriman	201	Harter	241	Hati	281

Hatt	282
Hau	283
Haug	284
Hauger	285
Haun	286
Haus	287
Hauser, M	288
Hauserman	289
Hausner	290
Hav	291
Haven	292
Haver	293
Havi	294
Havl	295
Hawaii	296
Hawes	297
Hawk	298
Hawkes	299
Hawkin	300
Hawkins	301
Hawkins, D	302
Hawkins, J	303
Hawkins, M	304
Hawkins, S	305
Hawl	306
Hawo	307
Hawt	308
Hawthorne, M	309
Hay	310
Hay, M	311
Haya	312
Hayat	313
Hayden	314
Hayden, M	315
Haye	316
Hayes, C	317
Hayes, E	318
Hayes, J	319
Hayes, M	320
Hayes, R	321
Hayes, S	322
Hayf	323
Haym	324
Hayn	325
Haynes, D	326
Haynes, M	327
Hays	328
Hayt	329
Hayw	330
Haywo	331
Haz	332
Haze	333
Hazen	334
Hazl	335
Hazo	336
He	337
Head, M	338
Headl	339
Heal	340
Heale	341
Health	342
Healy	343
Healy, M	344
Hean	345
Hear	346
Hearn	347
Hearne	348
Heat	349
Heath, G	350
Heathc	351
Heato	352
Heb	353
Heber	354
Hec	355
Heck	356
Heckm	357
Hed	358
Hedg	359
Hedi	360
Hedm	361
Hee	362
Heerm	363
Hef	364
Hefl	365
Heg	366
Hegg	367
Hegh	368
Hei	369
Heidel	370
Heider	371
Hief	372
Heil	373
Heih	374
Heim	375
Heimb	376
Hein	377
Heinen	378
Heinr	379
Heins	380
Heinz	381
Heis	382
Heisl	383
Heit	384
Heiz	385
Hel	386
Held	387
Helden	388
Helf	389
Hell	390
Helle	391
Heller	392
Heller, J	393
Heller, M	394
Heller, S	395
Hellf	396
Hellman	397
Hellman, M	398
Helm	399
Helma	400
Helmh	401

Helms	402
Helo	403
Helt	404
Hem	405
Hemo	406
Hemp	407
Hen	408
Hend	409
Henderson	410
Henderson, C	411
Henderson, G	412
Henderson, J	413
Henderson, K	414
Henderson, M	415
Henderson, S	416
Hendi	417
Hendr	418
Hendricks	419
Hendrickson	420
Hendrix	421
Hene	422
Heni	423
Henk	424
Henken	425
Henl	426
Henn	427
Henness	428
Henni	429
Henning, M	430
Henr	431
Henrie	432
Henry	433
Henry, D	434
Henry, J	435
Henry, M	436
Henry, S	437
Hens	438
Henson	439
Hent	440
Hep	441
Hepp	442
Her	443
Herkrt	444
Herkrt, G	445
Herkrt, M	446
Herkrt, S	447
Herbst	448
Herd	449
Here	450
Herg	451
Heri	452
Herk	453
Herm	454
Herman, M	455
Hermandes, M	456
Hermann	457
Hermann, M	458
Herme	459
Hern	460
Hernd	461
Hero	462
Heron	463
Herr	464
Herre	465
Herri	466
Herrin	467
Herring, M	468
Herrm	469
Herron	470
Hers	471
Hersh	472
Hershman	473
Hert	474
Hertz	475
Herv	476
Herz	477
Herzel	478
Herzog	479
Hes	480
Hesk	481
Hess	482
Hess, J	483
Hess, P	484
Hesse	485
Hessel	486
Hest	487
Het	488
Hett	489
Heu	490
Heum	491
Hew	492
Hewi	493
Hewitt, G	494
Hewitt, M	495
Hewl	496
Hey	497
Heyel	498
Heyl	499
Heyn	500
Heyw	501
Hi	502
Hibbe	503
Hic	504
Hickey	505
Hickey, M	506
Hickman	507
Hickman, M	508
Hicks	509
HIcks, J	510
HIcks, P	511
Hid	512
Hie	513
Hier	514
Hig	515
Higg	516
Higgins	517
Higgins, G	518
Higgins, M	519
Higginson	520
High	521

Highf	522	Hine	562	Hockin	602
Hight	523	Hines	563	Hod	603
Higm	524	Hing	564	Hodg	604
Hil	525	Hink	565	Hodge, M	605
Hild	526	Hinn	566	Hodges	606
Hildebrandt	527	Hins	567	Hodges, M	607
Hilder	528	Hint	568	Hodgkin	608
Hile	529	Hintz	569	Hodgs	609
Hilg	530	Hip	570	Hodgson, M	610
Hill	531	Hir	571	Hods	611
Hill, C	532	Hird	572	Hodson, G	612
Hill, D	533	Hirs	573	Hoe	613
Hill, E	534	Hirsch, G	574	Hoeh	614
Hill, G	535	Hirsch, P	575	Hoel	615
Hill, H	536	Hirschb	576	Hoem	616
Hill, J	537	Hirschi	577	Hoer	617
Hill, K	538	Hirsh	578	Hoes	618
Hill, M	539	Hirst	579	Hof	619
Hill, N	540	Hirt	580	Hoff	620
Hill, R	541	His	581	Hoffb	621
Hill, S	542	Histor	582	Hoffm	622
Hilla	543	Historical	583	Hoffman, D	623
Hille	544	History	584	Hoffman, F	624
Hiller	545	Hit	585	Hoffman, J	625
Hillerman	546	Hitchen	586	Hoffman, M	626
Hilli	547	Hite	587	Hoffman, P	627
Hillig	548	Hitz	588	Hoffman, S	628
HIllma	549	Hj	589	Hoffmann	629
Hillman, J	550	Ho	590	Hoffmann, F	630
Hills	551	Hoad	591	Hoffmann, M	631
Hills, M	552	Hoar	592	Hoffmeier	632
Hilm	553	Hob	593	Hofm	633
Hilt	554	Hobb	594	Hofr	634
Hilton, M	555	Hobbs, J	595	Hogan	635
Him	556	Hobe	596	Hogan, M	636
Himm	557	Hobs	597	Hogar	637
Hin	558	Hobson, G	598	Hogg	638
Hind	559	Hoc	599	Hoggan	639
Hindl	560	Hochm	600	Hoh	640
Hinds	561	Hock	601	Hohman	641

Hok	642
Hol	643
Holbr	644
Holc	645
Hold	646
Holden, J	647
Holder	648
Holderness	649
Hole	650
Holi	651
Holist	652
Holl	653
Holland	654
Holland, D	655
Holland, G	656
Holland, M	657
Holland, S	658
Hollander	659
Holley	660
Holli	661
Hoolin	662
Hollis	663
Hollo	664
Holloway	665
Holloway, M	666
Holly	667
Holm	668
Holman	669
Holme	670
Holmes	671
Holmes, D	672
Holmes, F	673
Holmes, J	674
Holmes, M	675
Holmes, P	676
Holmes, S	677
Holo	678
Hols	679
Holste	680
Holt	681
Holt, G	682
Holt, M	683
Holt, S	684
Holte	685
Holton	686
Holtz	687
Holu	688
Holy	689
Holz	690
Hom	691
Home	692
Homer	693
Homes	694
Hon	695
Honduras	696
Hone	697
Hongkong	698
Honi	699
Honigmann	700
Hono	701
Hoo	702
Hood, J	703
Hoof	704
Hook	705
Hooke	706
Hooker, M	707
Hooks	708
Hooper	709
Hooper, M	710
Hoopers	711
Hoor	712
Hoover	713
Hoover, M	714
Hop	715
Hope, M	716
Hopf	717
Hopk	718
Hopkins, D	719
Hopkins, J	720
Hopkins, M	721
Hopkins, S	722
Hopkinson	723
Hopp	724
Hopper	725
Hoppi	726
Hor	727
Horb	728
Hore	729
Hori	730
Horl	731
Horn	732
Horn, G	733
Horn, R	734
Hornb	735
Horne	736
Horner	737
Horner, M	738
Horns	739
Horo	740
Horowitz, E	741
Horowitz, M	742
Hors	743
Horst	744
Hort	745
Horto	746
Horton, G	747
Horton, P	748
Horw	749
Hos	750
Hosk	751
Hosl	752
Hosp	753
Hoss	754
Host	755
Hot	756
Hotm	757
Hou	758
Houg	759
Hough, M	760
Hought	761

Houl	762	Huang	802	Hull, R	842
hous	763	Huang, M	803	Hulm	843
House, M	764	Hub	804	Huls	844
Houser	765	Hubbard, G	805	Hult	845
Houst	766	Hubbard, M	806	Hum	846
Houston, M	767	Hubbe	807	Human M	847
Hout	768	Hube	808	Humb	848
Hov	769	Huber, M	809	Hume	849
Hovey	70	Hubert	810	Hume, M	850
How	771	Huc	811	Humm	851
Howard, D	772	Hud	812	Hump	852
Howard, G	773	Hude	813	Humphrey, M	853
Howard, J	774	Huds	814	Humphreys	854
Howard, M	775	Hudson, G	815	Humphreys, J	855
Howard, P	776	Hudson, M	816	Humphri	856
Howard, S	777	Hudson, S	817	Hun	857
Howarth	778	Hue	818	Hung	858
Howe	779	Huel	819	Hungary	859
Howe, G	780	Huet	820	Hunger	860
Howe, M	781	Huf	821	Huni	861
Howe, S	782	Huff	822	Huns	862
Howel	783	Huffman, M	823	Hunt	863
Howell, G	784	Hug	824	Hunt, D	864
Howell, P	785	Huggins	825	Hunt, G	865
Howells	786	Hughes	826	Hunt, J	866
Hower	787	Hughes, B	827	Hunt, M	867
Howi	788	Hughes, E	828	Hunt, R	868
Howl	789	Hughes, G	829	Hunt, S	869
Hows	790	Hughes, J	830	Hunt, W	870
Hoy	791	Hughes, K	831	Hunter	871
Hoyl	792	Hughes, M	832	Hunter, E	872
Hoyt	793	Hughes, R	833	Hunter, J	873
Hoyt, M	794	Hughes, S	834	Hunter, M	874
Hr	795	Hughes, W	835	Hunter, R	875
Hrm	796	Hugo	836	Hunter, S	876
Hs	797	Hui	837	Hunting	877
Hsie	798	Huit	838	Huntington, M	878
Hsu	799	Hul	839	Huntl	879
Hsu, M	800	Hull	840	Hup	880
Hu	801	Hull, G	841	Hur	881

Ins	179
Institu	180
Institute	181
Institute E	182
Institute M	183
Institution	184
Instituto	185
Instituto M	186
Instru	187
Int	188
Interc	189
Intern	190
International B	191
International D	192
International F	193
International J	194
International M	195
International R	196
International S	197
International U	198
Interp	199
Introd	200
Inv	201
Io	202
Ion	203
Ip	204
Ir	205
Iraq	206
Ire	207
Ireland, M	208
Iri	209
Irl	210
Iro	211
Irv	212
Irvine, D	213
Irvine, M	214
Irving	215
Irving, J	216
Irwi	217
Irwin, J	218
Irwin, M	219
Is	220
Isaacs	221
Isaacs, M	222
Isaacson	223
Isab	224
Isam	225
Isb	226
Ise	227
Isenb	228
Ish	229
Ishi	230
Ishik	231
Isi	232
Isl	233
Ism	234
Iso	235
Israel	236
Israel, M	237
Iss	238
Ist	239
Itali	240
Italy	241
Itam	242
Ito	243
Itoh	244
Itt	245
Iv	246
Ivanov	247
Ivanova	248
Ive	249
Iverson	250
Ives	251
Ives, M	252
Ivi	253
Iwa	254
Iwas	255
Iy	256
Iyer	257
Iz	258
Ize	259

J

J	101
Jabi	102
Jac	103
Jack, M	104
Jacki	105
Jacks	106
Jackson, B	107
Jackson, D	108
Jackson, E	109
Jackson, G	110
Jackson, J	111
Jackson, K	112
Jackson, M	113
Jackson, N	114
Jackson, R	115
Jackson, S	116
Jackson, W	117
Jaco	118
Jacob, M	119
Jacobi	120
Jacobs	121
Jacobs, B	122
Jacobs, D	123
Jacobs, G	124
Jacobs, J	125
Jacobs, K	126
Jacobs, M	127
Jacobs, R	128
Jacobs, T	129
Jacobsen	130
Jacobsen, M	131
Jacobson	132
Jacobson, G	133
Jacobson, M	134
Jacobson, R	135
Jacobsson	136

Jacobu	137	Jane	177	Jeb	217
Jacoby	138	Janes	178	Jef	218
Jacoby, M	139	Jani	179	Jeffers	219
Jacq	140	Jank	180	Jeffery	220
Jacques, M	141	Jann	181	Jeffre	221
Jae	142	Jano	182	Jeffrey, M	222
Jaeger, M	143	Janov	183	Jeffri	223
Jaf	144	Jans	184	Jefk	224
Jaffe, E	145	Jansen, M	185	Jel	225
Jaffe, M	146	Janssen	186	Jell	226
Jaffee	147	Jansson	187	Jellin	227
Jag	148	Janv	188	Jen	228
Jaggar	149	Japan	189	Jehk	229
Jah	150	Japan M	190	Jenkins, D	230
Jai	151	Japanese	191	Jenkins, G	231
Jain, J	152	Japanese J	192	Jenkins, J	232
Jain, S	153	Japanese L	193	Jenkins, M	233
Jaine	154	Jaq	194	Jenkins, R	234
Jaki	155	Jar	195	Jenkins, T	235
Jakoby	156	Jare	196	Jenkinson	236
Jal	157	Jarm	197	Jenn	237
Jam	158	Jaro	198	Jennings	238
Jamaica	159	Jarret	199	Jennings, E	239
James	160	Jarv	200	Jennings, J	240
James, B	161	Jarvis	201	Jennings, M	241
James, D	162	Jarvis, M	202	Jennings, S	242
James, E	163	Jas	203	Jens	243
James, G	164	Jask	204	Jensen, D	244
James, J	165	Jasp	205	Jensen, G	245
James, M	166	Jass	206	Jensen, K	246
James, P	167	Jast	207	Jensen, M	247
James, S	168	Jat	208	Jensen, R	248
James, W	169	Jav	209	Jensen, T	249
Jameson	170	Jay	210	Jenson	250
Jameson, J	171	Jay, J	211	Jeo	251
Jami	172	Jay, R	212	Jer	252
Jamis	173	Jaya	213	Jerm	253
Jammer	174	Jayne	214	Jero	254
Jan	175	Je	215	Jers	255
Jand	176	Jeann	216	Jes	256

Jess	257
Jesso	258
Jest	259
Jet	260
Jev	261
Jewett	262
Jewish	263
Jha	264
Jha, M	265
Ji	266
Jim	267
Jin	268
Jis	269
Jo	270
Job	271
Joc	272
Joe	273
Jof	274
Joh	275
Johannes	276
Johansen	277
Johanson	278
Johar	279
John	280
John, F	281
John, J	282
John, S	283
Johns	284
Johns, H	285
Johns, R	286
Johnson	287
Johnson, Am	288
Johnson, B	289
Johnson, Bo	290
Johnson, C	291
Johnson, Cl	292
Johnson, D	293
Johnson, Di	294
Johnson, E	295
Johnson, El	296
Johnson, F	297
Johnson, G	298
Johnson, H	299
Johnson, J	300
Johnson, Jan	301
Johnson, Jo	302
Johnson, K	303
Johnson, L	304
Johnson, M	305
Johnson, Me	306
Johnson, N	307
Johnson, P	308
Johnson, R	309
Johnson, Ro	310
Johnson, S	311
Johnson, T	312
Johnson, U	313
Johnson, W	314
Johnson, Z	315
Johnsonb	316
Johnston	317
Johnston, B	318
Johnston, D	319
Johnston, G	320
Johnston, J	321
Johnston, K	322
Johnston, M	323
Johnston, R	324
Johnston, S	325
Johnston, W	326
Johnstone	327
Johnstone, M	328
Joi	329
Joint	330
Jois	331
Jol	332
Jolly	333
Jon	334
Jonas, M	335
Jones	336
Jones, Am	337
Jones B	338
Jones, C	339
Jones, Cl	340
Jones, D	341
Jones, Di	342
Jones, E	343
Jones, F	344
Jones, G	345
Jones, Gi	346
Jones, H	347
Jones, J	348
Jones, Jo	349
Jones, K	350
Jones, L	351
Jones, M	352
Jones, N	353
Jones, P	354
Jones, R	355
Jones, Ro	356
Jones, S	357
Jones, T	358
Jones, W	359
Jong	360
Jons	361
Joo	362
Jor	363
Jordan, B	364
Jordan, D	365
Jordan, G	366
Jordan, J	367
Jordan, K	368
Jordan, M	369
Jordan, R	370
Jordan, S	371
Jordan, W	372
Jorde	373
Jorge	374
Jorgensen, M	375
Jori	376

Jos	377
Joseph	378
Joseph, G	379
Joseph, M	380
Joseph, S	381
Josephson	382
Josh	383
Joshi, M	384
Josk	385
Joss	386
Jou	387
Jourd	388
Journal	389
Journal B	390
Journal C	391
Journal D	392
Journal E	393
Journal F	394
Journal G	395
Journal H	396
Journal I	397
Journal J	398
Journal K	399
Journal L	400
Journal M	401
Journal N	402
Journal O	403
Journal P	404
Journal R	405
Journal S	406
Journal T	407
Journal W	408
Journet	409
Jowell	410
Joy	411
Joyce	412
Joyce, J	413
Joyce, R	414
Joye	415
Ju	416
Judd	417
Judd, G	418
Judd, P	419
Judge	420
Juds	421
Jue	422
Juge	423
Jul	424
Julien	425
Jull	426
Jun	427
Jung, M	428
Jungh	429
Junior	430
Juniper	431
Juo	432
Juri	433
Jus	434
Just	435
Justice	436
Justin	437
Juv	438
Jy	439

K

K	101
Kab	102
Kac	103
Kaci	104
Kad	105
Kadish	106
Kae	107
Kaf	108
Kag	109
Kagano	110
Kah	111
Kahi	112
Kahn	113
Kahn, G	114
Kahn, M	115
Kahn, S	116
Kai	117
Kais	118
Kaiser, M	119
Kak	120
Kal	121
Kalb	122
Kale	123
Kali	124
Kalin	125
Kalis	126
Kall	127
Kalli	128
Kalm	129
Kalo	130
Kalt	131
Kalu	132
Kam	133
Kamb	134
Kamen	135
Kamer	136
Kami	137
Kamil	138
Kamin	139
Kaminsky	140
Kamm	141
Kamp	142
Kampu	143
Kan	144
Kand	145
Kane	146
Kane, J	147
Kane, R	148
Kaned	149
Kang	150
Kanh	151
Kann	152
Kans	153
Kant	154

Kanto	155	Kato	195	Keat	234
Kanu	156	Katr	196	Keating, K	235
Kap	157	Katsch	197	Keats	236
Kaplan	158	Katz	198	Keb	237
Kaplan, C	159	Katz, D	199	Ked	238
Kaplan, F	160	Katz, J	200	Kee	239
Kaplan, J	161	Katz, K	201	Keef	240
Kaplan, M	162	Katz, M	202	Keeg	241
Kaplan, R	163	Katz, R	203	Keel	242
Kaplan, W	164	Katz, W	204	Keeling	243
Kapo	165	Katzer	205	Keen	244
Kapr	166	Kau	206	Keene	245
Kar	167	Kauffman, C	207	Keep	246
Karan	168	Kaufman	208	Keet	247
Karb	169	Kaufman, G	209	Kef	248
Kare	170	Kaufman, M	210	Keh	249
Kari	171	Kaufman, S	211	Kei	250
Karin, M	172	Kaufmann	212	Keil	251
Karl	173	Kaufmann, M	213	Kein	252
Karlo	174	Kaul	214	Keit	253
Karn	175	Kaur	215	Keith, M	254
Karo	176	Kav	216	Kel	255
Karp	177	Kavanagh, M	217	Kell	256
Karpi	178	Kavar	218	Keller	257
Karr	179	Kaw	219	Keller, E	258
Kars	180	Kawan	220	Keller, J	259
Kart	181	Kay	221	Keller, P	260
Kas	182	Kay, G	222	Kellerman	261
Kase	183	Kay, M	223	Kelley	262
Kash	184	Kaye	224	Kelley, G	263
Kasi	185	Kaye, G	225	Kelley, M	264
Kasp	186	Kaye, M		Kello	265
Kass	187	226		Kellogg, M	266
Kasse	188	Kaylan	227	Kelly	267
Kast	189	Kaz	228	Kelly, C	268
Kastner	190	Kaze	229	Kelly, E	269
Kat	191	Ke	230	Kelly, G	270
Katalog	192	Keane	231	Kelly, K	271
Kate	193	Kear	232	Kelly, M	272
Kath	194	Kearns	233	Kelly, P	273

Kelly, S	274
Kelly, W	275
Kels	276
Kelso	277
Kem	278
Kemm	279
Kemp	280
Kemp, M	281
Kempe	282
Kempf	283
Ken	284
Kendall	285
Kendall, D	286
Kendall, P	287
Kendo	288
Kene	289
Kenn	290
Kennedy	291
Kennedy, D	292
Kennedy, G	293
Kennedy, J	294
Kennedy, M	295
Kennedy, R	296
Kennedy, T	297
Kenner	298
Kenney	299
Kenni	300
Kenny	301
Kenny, M	302
Kent	303
Kent, E	304
Kent, M	305
Kenter	306
Keny	307
Keo	308
Kep	309
Kepner	310
Ker	311
Kerc	312
Kerf	313
Kerl	314
Kern	315
Kerna	316
Kerr	317
Kerr, G	318
Kerr, P	319
Kerri	320
Kers	321
Kert	322
Kes	323
Kesse	324
Kessl	325
Kessler, M	326
Kester	327
Ket	328
Kete	329
Kett	330
Keu	331
Key	332
Keye	333
Keyes, M	334
Keys	335
Keyt	336
Kh	337
Khalif	338
Khan	339
Khan, M	340
Khanal	341
Khar	342
Khe	343
Kho	344
Khos	345
Khu	346
Ki	347
Kibler	348
Kidd	349
Kidder	350
Kidr	351
Kie	352
Kiel	353
Kien	354
Kies	355
Kig	356
Kil	357
KIle	358
Kilgo	359
Kill	360
Killin	361
Killo	362
Kilp	363
Kim	364
Kim, J	365
Kim, S	366
Kimball	367
Kimball, M	368
Kimble	369
Kime	370
Kimm	371
Kimmi	372
Kin	373
Kind	374
Kindl	375
King	376
King, C	377
King, D	378
King, E	379
King, G	380
King, J	381
King, K	382
King, M	383
King, N	384
King, R	385
King, S	386
King, W	387
Kingh	388
Kings	389
Khgsley	390
Kingston	391
Kinh	392
Kinn	393

Kinney	394
Kins	395
Kint	396
Kip	397
Kir	398
Kirby	399
Kirby, M	400
Kirch	401
Kirchner	402
Kirib	403
Kirk	404
Kirk, M	405
Kirk, S	406
Kirke	407
Kirkl	408
Kirkpa	409
Kirkpatrick, M	410
Kirn	411
Kirs	412
Kirschm	413
Kirsn	414
Kirt	415
Kis	416
Kisi	417
Kiss	418
Kist	419
Kit	420
Kitc	421
Kite	422
Kitt	423
Kitto	424
Kitz	425
Kiz	426
Kl	427
Klam	428
Klap	429
Klas	430
Klau	431
Klauss	432
Klee	433
Klein	434
Klein, D	435
Klein, G	436
Klein, J	437
Klein, M	438
Klein, R	439
Klein, W	440
Kleiner	441
Kleink	442
Kleins	443
Klem	444
Klemp	445
Klep	446
Kles	447
Kli	448
Klim	449
Klin	450
Kline, M	451
Kling	452
Klinger	453
Klinm	454
Klo	455
Klop	456
Klos	457
Klot	458
Klu	459
Klun	460
Kn	461
Knapp, G	462
Knapp, S	463
Kne	464
Kneer	465
Kni	466
Knight	467
Knight, D	468
Knight, G	469
Knight, J	470
Knight, M	471
Knight, S	472
Knight, W	473
Knipe	474
Kno	475
Knod	476
Knol	477
Knor	478
Knot	479
Know	480
Knowles, M	481
Knox	482
Knox, J	483
Knuc	484
Knut	485
Ko	486
Kobe	487
Kobo	488
Koc	489
Koch, C	490
Koch, J	491
Koch, M	492
Kochan	493
Kocher	494
Kock	495
Kod	496
Koe	497
Koehler, M	498
Koel	499
Koen	500
Koenig, M	501
Koep	502
Koers	503
Kof	504
Kog	505
Koh	506
Kohl	507
Kohle	508
Kohli	509
Kohn	510
Kohn ,M	511
Kohner	512
Koi	513

Kok	514	Kortbrti	554	Krasno	594
Kol	515	Kos	555	Krat	595
Kolb	516	Kosh	556	Krau	596
Kolbe	517	Kosk	557	Kraus, M	597
Kole	518	Koss	558	Krause	598
Koli	519	Kost	559	Krause, M	599
Koll	520	Kosti	560	Krauss	600
Kolli	521	Kostr	561	Kraut	601
Kolo	522	Kot	562	Krav	602
Kolp	523	Koth	563	Kray	603
Kom	524	Koto	564	Kre	604
Kome	525	Kott	565	Kree	605
Komm	526	Kou	566	Krei	606
Kon	527	Kour	567	Krein	607
Kone	528	Kov	568	Kreit	608
Kongen	529	Koval	569	Krel	609
Konig	530	Kove	570	Kren	610
Koning	531	Kow	571	Kres	611
Kono	532	Kowalsk	572	Kret	612
Konr	533	Kowit	573	Kreutz	613
Konu	534	Koz	574	Kri	614
Koo	535	Koze	575	Krieg	615
Koon	536	Kozl	576	Krieger, M	616
Koop	537	Kozm	577	Krig	617
Koor	538	Kr	578	Krip	618
Kop	539	Krae	579	Krish	619
Kopf	540	Kraf	580	Krishna	620
Kopp	541	Kraft, M	581	Krist	621
Kopper	542	Krah	582	Krit	622
Kor	543	Krak	583	Kro	623
Korch	544	Kram	584	Krog	624
Korea	545	Kramer, D	585	Krol	625
Koren	546	Kramer, K	586	Kron	626
Korf	547	Kramer, M	587	Kroo	627
Korn	548	Kramer, S	588	Kros	628
Kornb	549	Krami	589	Kru	629
Kornf	550	Kran	590	Krug	630
Koro	551	Krantz	591	Krugm	631
Kors	552	Krap	592	Krum	632
Kort	553	Kras	593	Krup	633

Krus	634
Krut	635
Kry	636
Krys	637
Ku	638
Kuc	639
Kuck	640
Kud	641
Kue	642
Kuem	643
Kuf	644
Kuh	645
Kuhn	646
Kuhn, M	647
Kuhne	648
Kui	649
Kul	650
Kulik	651
Kulm	652
Kum	653
Kumar, J	654
Kumar, S	655
Kumb	656
Kun	657
Kung	658
Kuni	659
Kunk	660
Kuns	661
Kunz	662
Kuo	663
Kup	664
Kupp	665
Kur	666
Kure	667
Kurj	668
Kuro	669
Kurs	670
Kurtz	671
Kurtz, M	672
Kurz	673
Kus	674
Kushner	675
Kusi	676
Kut	677
Kuts	678
Kuv	679
Kuw	680
Kuz	681
Kuzne	682
Kv	683
Kw	684
Kwe	685
Ky	686
Kyle	687
Kyo	688
Kyte	689

L

L	101
Lab	102
Labare	103
Labe	104
Labo	105
Labr	106
Lac	107
Lacey, J	108
Lach	109
Lachm	110
Lack	111
Lacl	112
Lacr	113
Lacy	114
Lad	115
Ladd, J	116
Lade	117
Ladew	118
Lado	119
Lae	120
Lafav	121
Lafe	122
Lafi	123
Lafo	124
Lafor	125
Lag	126
Lago	127
Lah	128
Lahi	129
Lai	130
Lain	131
Lair	132
Lais	133
Lak	134
Lake, M	135
Laki	136
Laks	137
Lal	138
Lala	139
Lall	140
Lalo	141
Lam	142
Lamar	143
Lamb	144
Lamb, G	145
Lamb, M	146
Lamb, S	147
Lambert	148
Lambert, G	149
Lambert, M	150
Lambert, S	151
Lambi	152
Lambr	153
Lamd	154
Lamm	155
Lamme	156
Lamo	157
Lamor	158
Lamp	159
Lampi	160
Lampt	161

Lan	162
Lancaster, J	163
Lance	164
Land	165
Landa	166
Landau, L	167
Lande	168
Landes	169
Landi	170
Landis, M	171
Lando	172
Landon, M	173
Landr	174
Lands	175
Landt	176
Lane	177
Lane, E	178
Lane, J	179
Lane, M	180
Lane, R	181
Lane, T	182
Lang	183
Lang, E	184
Lang, J	185
Lang, P	186
Langa	187
Langdo	188
Lange	189
Lange, M	190
Langen	191
Langer	192
Langer, M	193
Langf	194
Langh	195
Langl	196
Langley, J	197
Langm	198
Langs	199
Langt	200
Langu	201
Lani	202
Lank	203
Lanm	204
Lans	205
Lansk	206
Lant	207
Lany	208
Lao	209
Lap	210
Lapi	211
Lnpin	212
Lapo	213
Lapp	214
Lappi	215
Lar	216
Lard	217
Larg	218
Lark	219
Larkin, M	220
Larm	221
Laro	222
Larr	223
Lars	224
Larsen, J	225
Larsen, M	226
Larson	227
Larson, G	228
Larson, M	229
Larson, S	230
Lart	231
Las	232
Lasan	233
Lase	234
Lask	235
Laski	236
Lasl	237
Lass	238
Lassi	239
Last	240
Lasw	241
Lat	242
Lath	243
Latham, M	244
Lathr	245
Latim	246
Latin	247
Lato	248
Latt	249
Lau	250
Laube	251
Laud	252
Lauder, M	253
Laue	254
Lauf	255
Laug	256
Laugho	257
Laum	258
Laur	259
Laurence, M	260
Lauri	261
Laurin	262
Laut	263
Lauth	264
Lav	265
Lave	266
Laver	267
Lavi	268
Lavin	269
Lavo	270
Law	271
Law, E	272
Law, S	273
Lawa	274
Lawei	275
Lawl	276
Lawless	277
Lawli	278
Lawren	279
Lawrence, C	280
Lawrence, F	281

Lawrence, J	282	Lec	322	Legge	362
Lawrence, M	283	Lech	323	Legi	363
Lawrence, R	284	Leck	324	Legr	364
Lawrence, T	285	Lecl	325	Legumes	365
Laws	286	Leco	326	Leh	366
Lawson, D	287	Led	327	Lehman, G	367
Lawson, J	288	Lederer	328	Lehman, M	368
Lawson, M	289	Lederm	329	Lehmann	369
Lawson, S	290	Ledg	330	Lehmann, M	370
Lawton	291	Ledo	331	Lehn	371
Lawyer	292	Lee	332	Lehr	372
Lay	293	Lee, B	333	Lehrm	373
Layd	294	Lee, C	334	Lei	374
Layt	295	Lee, E	335	Leibo	375
Laz	296	Lee, G	336	Leic	376
Lazaro	297	Lee, J	337	Leid	377
Laze	298	Lee, K	338	Leig	378
Lazi	299	Lee, L	339	Leigh, M	379
Le	300	Lee, M	340	Leight	380
Leac	301	Lee, N	341	Leik	381
Leach, J	302	Lee, R	342	Lein	382
Leach, R	303	Lee, S	343	Leip	383
Lead	304	Lee, T	344	Leis	384
Leag	305	Lee, W	345	Leit	385
Leah	306	Leec	346	Leith	386
Leak	307	Leed	347	Leitm	387
Lean	308	Leek	348	Lek	388
Lear	309	Leen	349	Lel	389
Learning	310	Lees	350	Lele	390
Leary	311	Leesl	351	Lem	391
Leas	312	Leet	352	Leman	392
Leather	313	Lef	353	Lemay	393
Leav	314	Lefe	354	Leme	394
Leavit	315	Lefev	355	Lemo	395
Leb	316	Leff	356	Lemond	396
Lebed	317	Lefk	357	Len	397
Lebl	318	Lefo	358	Lend	398
Lebo	319	Leg	359	Leng	399
Lebov	320	Lege	360	Lenh	400
Lebr	321	Legg	361	Lenn	401

Lennox	402
Lens	403
Lent	404
Lento	405
Lenz	406
Leo	407
Leon	408
Leonard	409
Leonard, E	410
Leonard, J	411
Leonard, M	412
Leonard, S	413
Leond	414
Leong	415
Leono	416
Leop	417
Lep	418
Lepi	419
Lepp	420
Ler	421
Lerm	422
Lerner	423
Lerner, J	424
Lerner, P	425
Lero	426
Leroy	427
Les	428
Lese	429
Lesk	430
Lesl	431
Leslie, G	432
Leslie, R	433
Lesn	434
Less	435
Lesser	436
Lessi	437
Lest	438
Lester, M	439
Let	440
Leti	441
Lett	442
Leu	443
Leup	444
Lev	445
Levant	446
Leve	447
Levens	448
Lenent	449
Lever	450
Leveri	451
Leves	452
Levi	453
Levi, M	454
Levia	455
Levin	456
Levin, E	457
Levin, J	458
Levin, M	459
Levin, R	460
Levine	461
Levine, C	462
Levine, F	463
Levine, J	464
Levine, M	465
Levine, P	466
Levine, S	467
Levine, W	468
Levinson	469
Levinson, M	470
Levis	471
Levit	472
Leviti	473
Levitt	474
Levitt, M	475
Levy	476
Levy, D	477
Levy, G	478
Levy, J	479
Levy, M	480
Levy, R	481
Levy, T	482
Lew	483
Lewe	484
Lewin	485
Lewin, G	486
Lewin, S	487
Lewis	488
Lewis, B	489
Lewis, C	490
Lewis, D	491
Lewis, E	492
Lewis, F	493
Lewis, G	494
Lewis, H	495
Lewis, J	496
Lewis, Je	497
Lewis, K	498
Lewis, M	499
Lewis, Me	500
Lewis, P	501
Lewis, R	502
Lewis, S	503
Lewis, T	504
Lewis, W	505
Lewise	506
Lewk	507
Ley	508
Leyl	509
Lh	510
Li	511
Li, M	512
Lia	513
Lib	514
Liberia	515
Libert	516
Libra	517
Library	518
Lic	519
Licht	520
Lichtenb	521

Lichter	522
Lid	523
Lide	524
Lie	525
Lieber	526
Lieberman, G	527
Lieberman, M	528
Liebers	529
Liebf	530
Liebm	531
Liebo	532
Lied	533
Lieg	534
Liep	535
Liet	536
Lif	537
Lig	538
Light, M	539
Lightf	540
Lightm	541
Ligo	542
Lij	543
Lil	544
Lill	545
Lillis	546
Lim	547
Lima	548
Limbo	549
Lin	550
Lin, M	551
Linc	552
Lincoln, G	553
Lind	554
Lind, M	555
Lindb	556
Lindbergh	557
Linde	558
Lindem	559
Linden	560
Lindenb	561
Linder	562
Lindf	563
Lindl	564
Lindn	565
Lindq	566
Linds	567
Lindsay, J	568
Lindsay, P	569
Lindsey	570
Lindsey, M	571
Lindst	572
Line	573
Lined	574
Ling	575
Linge	576
Linguis	577
Link	578
Linke	579
Linn	580
Linne	581
Lins	582
Lint	583
Lhts	584
Lio	585
Lip	586
Lipm	587
Lipp	588
Lippm	589
Lips	590
Lipsey	591
Lipsk	592
Lipso	593
Lipt	594
Lipton, M	595
Lis	596
Lisk	597
Liss	598
List	599
Lister, M	600
Lit	601
Literary	602
Litt	603
Littl	604
Little, D	605
Little, J	606
Little, M	607
Littlef	608
Littler	609
Littm	610
Litv	611
Litw	612
Liu	613
Liu, M	614
Live	615
Livermore, M	616
Livi	617
Livingston, G	618
Livingston, M	619
Livingstone	620
Livio	621
Ll	622
Llowellyn, M	623
Lloyd.	624
Lloyd, E	625
Lloyd, J	626
Lloyd, M	627
Lloyd, S	628
Lloydg	629
Lo	630
Lob	631
Lobe	632
Local	633
Lock	634
Locke	635
Locke, M	636
Locker	637
Lockh	638
Lockhart, M	639
Lockm	640
Lockw	641

Lockwood, L	642	Longu	682	Lovell, P	722
Lod	643	Lonn	683	Lover	723
Lodg	644	Loo	684	Lovett	724
Lodge, J	645	Loomis	685	Lovi	725
Loe	646	Loon	686	Low	726
Loeber	647	Loos	687	Low, G	727
Loen	648	Lop	688	Low, S	728
Loew	649	Lopez	689	Lowe	729
Loewenst	650	Lopez, M	690	Lowe, E	730
Lof	651	Lopi	691	Lowe, M	731
Loft	652	Lor	692	Lowe, T	732
Log	653	Lord	693	Lowen	733
Logan, G	654	Lord, J	694	Lowens	734
Logan, M	655	Lord, M	695	Lwent	735
Loge	656	Lord, S	696	Lower	736
Logo	657	Lore	697	Lowi	737
Loh	658	Lorenz	698	Lown	738
Lohr	659	Lorenza	699	Lowry	739
Lok	660	Lori	700	Lowry, M	740
Lom	661	Loring	701	Lox	741
Lomb	662	Lorr	702	Loz	742
Lombardo	663	Los	703	Lu	743
Lome	664	Lose	704	Lubb	744
Lon	665	Loss	705	Lubi	745
London	666	Lot	706	Lubins	746
London, G	667	Lott	707	Luc	747
London, R	668	Lotz	708	Lucas, D	748
Lone	669	Lou	709	Lucas, J	749
Long	670	Loug	710	Lucas, M	750
Long, D	671	Loui	711	Lucas, S	751
Long, F	672	Luisiana	712	Luce	752
Long, J	673	Loun	713	Lucen	753
Long, M	674	Lout	714	Luci	754
Long, R	675	Lov	715	Lucie	755
Longa	676	Love	716	Luck	756
Longf	677	Love, E	717	Luckh	757
Longi	678	Love, M	718	Lud	758
Longm	679	Loved	719	Ludl	759
Longo	680	Lovel	720	Ludm	760
Longs	681	Lovell	721	Ludw	761

Ludwig, M	762
Lue	763
Luel	764
Luf	765
Luh	766
Luk	767
Luke	768
Luker	769
Lul	770
Lum	771
Lumi	772
Lump	773
Lun	774
Lund	775
Lund, M	776
Lundb	777
Lunde	778
Lundm	779
Lundt	780
Lunn	781
Lunt	782
Lup	783
Lupt	784
Lur	785
Lurie, M	786
Lush	787
Lust	788
Lut	789
Luther	790
Luto	791
Lutz	792
Lutz, M	793
Luv	794
Luxemb	795
Luy	796
Ly	797
Lyd	798
Lye	799
Lyl	800
Lym	801
Lyn	802
Lynch, G	803
Lynch, M	804
Lynch, R	805
Lynd	806
Lynn	807
Lynn, J	808
Lynn, R	809
Lyon	810
Lyon, J	811
Lyon, P	812
Lyons	813
Lyons, G	814
Lyons, M	815
Lyons, R	816
Lyot	817
Lyt	818
Lytt.	819

M

M	001
Maas	002
Mab	003
Mac	004
Macaf	005
Macal	006
Macall	007
Macalm	008
Macar	009
Macart	010
Macau	011
Macauley, M	012
Macb	013
Macbr	014
Macbride, M	015
Macc	016
Maccaf	017
Maccal	018
Maccall, M	019
Maccallu	020
Mccan	021
Maccar	022
Macarthy	023
Maccarthy, E	024
Maccarthy, J	025
Maccarthy, M	026
Maccarthy, R	027
Maccarty	028
Maccaru	029
Maccau	030
Maccaw	031
Maccl	032
Macclan	033
Maccle	034
Macclelland	035
Macclelland, M	036
Maccli	037
Macclo	038
Macclu	039
Macclure, M	040
Macco	041
Maccom	042
Maccon	043
Maccon	044
Macconnel	045
Macconnell, M	046
Maccor	047
Maccormack	048
Maccormi	049
Maccormick, J	050
Maccormick, P	051
Maccoy	052
Maccoy, J	053
Maccr	054
Maccracken, M	055
Maccre	056
Maccri	057
Maccu	058
Maccul	059

Maccullou	060
Macculy	061
Maccurd	062
Maccus	063
Macd	064
Macdaniel, M	065
Macder	066
Macdev	067
Macdon	068
Macdonald, B	069
Macdonald, D	070
Macdonald, F	071
Macdonald, J	072
Macdonald, K	073
Macdonald, M	074
Macdonald, P	075
Macdonald, S	076
Macdonald, W	077
Macdonn	078
Macdou	079
Macdow	080
Macdowell, J	081
Mace	082
Macel	083
Macelroy	084
Macen	085
Macew	086
Macf	087
Macfarlan	088
Macfarland, J	089
Macfarlane	090
Macfarlane, M	091
Macg	092
Macge	093
Macgee, M	094
Macgeh	095
Macgi	096
Macgim	097
Macginnis	098
Macgl	099
Macgo	100
Macgow	101
Macgr	102
Macgrath, M	103
Macgre	104
Macgregor, G	105
Macgregor, M	106
Macgu	107
Macguir	108
Macguire, M	109
Mach	110
Mache	111
Machine	112
Macho	113
Maci	114
Macin	115
Macint	116
Macintosh, M	117
Macintyre	118
Macio	119
Mack	120
Macka	121
Mackay, C	122
Mackay, G	123
Mackay, P	124
Macke	125
Mackee	126
Mackeever	127
Macken	128
Mackenna, M	129
Mackenz	130
Mackenzie, D	131
Mackenzie, J	132
Mackenzie, M	133
Mackenzie, S	134
Macker	135
Mackey	136
Macki	137
Mackie, M	138
Mackin	139
Mackinn	140
Mackinnon	141
Mackins	142
Mackis	143
Mackn	144
Macko	145
Macla	146
Maclag	147
Maclar	148
Maclaughlin, M	149
Macle	150
Maclean, G	151
Maclean, M	152
Maclean, S	153
Maclel	154
Macleo	155
Macleod, J	156
Macleod, P	157
Maclo	158
Macm	159
Macmahon, J	160
Macman	161
Macmas	162
Macmi	163
Macmillan, J	164
Macmillen	165
Macmu	166
Macmur	167
Macn	168
Macnal	169
Macnam	170
Macnamara, M	171
Macnau	172
Macne	173
Macneil	174
Macneill	175
Macnic	176
Macnul	177
Macp	178
Macpher	179

Macpherson, J	180	Mair	220	Mandel, G	260
Macq	181	Mairo	221	Mandela	261
Macqueen	182	Mais	222	Mandell	262
Macr	183	Mait	223	Mander	263
Macraynolds	184	Maj	224	Mane	264
Macrueen	185	Majo	225	Mang	265
Macs	186	Maju	226	Mangi	266
Mact	187	Mak	227	Mangu	267
Macv	188	Maki	228	Mani	268
Macw	189	Mako	229	Mank	269
Macwilliam	190	Mal	230	Manl	270
Mad	191	Malan	231	Mann	271
Madd	192	Malaysia	232	Mann, G	272
Madden, M	193	Malc	233	Mann, M	273
Maddo	194	Maldives	234	Manna	274
Made	195	Male	235	Manni	275
Madg	196	Males	236	Manning, G	276
Madi	197	Mali	237	Manning, R	277
Mado	198	Malin	238	Manno	278
Mads	199	Malis	239	Mans	279
Mae	200	Mall	240	Mansf	280
Mag	201	Mallet	241	Manso	281
Magazine	202	Malli	242	Mant	282
Mage	203	Mallo	243	Manto	283
Magen	204	Malloy	244	Manu	284
Magi	205	Malm	245	Manual	285
Magn	206	Malo	246	Manuf	286
Magnu	207	Maloney	247	Manw	287
Mago	208	Malor	248	Mao	288
Magu	209	Malt	249	Map	289
Magyar	210	Malv	250	Maps	290
Mah	211	Mam	251	Mar	291
Mahan	212	Man	252	Maran	292
Mahe	213	Management	253	Marant	293
Mahf	214	Management M	254	Marb	294
Mahm	215	Manah	255	Marc	295
Mahoney, M	216	Manas	256	March	296
Mai	217	Manc	257	Marcha	297
Mail	218	Manci	258	Marche	298
Main	219	Mand	259	Marci	299

Marco	300	Marsh, M	340	Maryland	380
Marcu	301	Marshal	341	Marz	381
Marcus, J	302	Marshall	342	Mas	382
Marcus, P	303	Marshall, C	343	Masc	383
Mard	304	Marshall, F	344	Mash	384
Mare	305	Marshall, J	345	Mask	385
Mares	306	Marshall, M	346	Maso	386
Marg	307	Marshall, P	347	Mason, C	387
Margo	308	Marshall, S	348	Mason, F	388
Margolis	309	Marsi	349	Mason, J	389
Margu	310	Mart	350	Mason, M	390
Mari	311	Marten	351	Mason, S	391
Marie	312	Marth	352	Mason, W	392
Marin	313	Marti	353	Mass	393
Marine	314	Martin	354	Masse	394
Marini	315	Martin, B	355	Massey	395
Mario	316	Martin, C	356	Massi	396
Maritime	317	Martin, D	357	Masso	397
Mark	318	Martin, E	358	Mast	398
Marke	319	Martin, G	359	Masters	399
Market	320	Martin, H	360	Masters, M	400
Marketing	321	Martin, J	361	Mastert	401
Markf	322	Martin, Jo	362	Masu	402
Markl	323	Martin, K	363	Mat	403
Marko	324	Martin, M	364	Mate	404
Marks	325	Martin, P	365	Material	405
Marks, J	326	Martin, R	366	Math	406
Marks, S	327	Martin, S	367	Mathematic	407
Marl	328	Martin, W	368	Mathematics	408
Marlo	329	Martine	369	Mather	409
Marm	330	Martinez	370	Mathes	410
Maro	331	Martinez, M	371	Mathew	411
Marq	332	Martini	372	Mathews	412
Marr	333	Martins	373	Mathews, M	413
Marri	334	Marto	374	Mathi	414
Marro	335	Marty	375	Mathio	415
Mars	336	Maru	376	Matho	416
Marsd	337	Marv	377	Mati	417
Marsh	338	Marx	378	Mato	418
Marsh, G	339	Mary	379	Mats	419

Matsu	420	Mayes	460	Meig	500
Matsumu	421	Mayh	461	Meik	501
Matt	422	Mayn	462	Mein	502
MAtter	423	Mayne	463	Meinh	503
Matth	424	Mayo	464	Meis	504
Matthews	425	Mayo, M	465	Meiss	505
Matthews, C	426	Mayr	466	Meit	506
Matthews, G	427	Mays	467	Mel	507
Matthews, M	428	Maz	468	Melc	508
Matthews, S	429	Mazm	469	Mele	509
Matthi	430	Mazz	470	Meli	510
Matti	431	Mb	471	Mell	511
Matto	432	Me	472	Meller	512
Matu	433	Mead, M	473	Mello	513
Maty	434	Meade	474	Melm	514
Mau	435	Meado	475	Melo	515
Mauds	436	Meag	476	Melt	516
Maug	437	Mean	477	Meltz	517
Mauli	438	Mear	478	Melv	518
Maun	439	Mec	479	Melvin	519
Maur	440	Mechanical	480	Mem	520
Maurer, M	441	Med	481	Memo	521
Mauri	442	Media	482	Men	522
Mauro	443	Medical	483	Menc	523
Maus	444	Medical, I	484	Mend	524
Mav	445	Medical, M	485	Mendels	525
Max	446	Medical, S	486	Mendelson	526
Maxon	447	Medicine	487	Mendez	527
Maxw	448	Medin	488	Mendo	528
Maxwell, G	449	Medo	489	Mene	529
Maxwell, M	450	Mee	490	Meng	530
May	451	Meek	491	Meni	531
May, G	452	Meeke	492	Menn	532
May, M	453	Meer	493	Menon	533
May, S	454	Meg	494	Ment	534
Mayall	455	Meh	495	Menz	535
Maye	456	Mehn	496	Mer	536
Mayer, G	457	Meht	497	Mercer	537
Mayer, M	458	Mei	498	Merch	538
Mayer, S	459	Meier, M	499	Merci	539

Mere	540	Mey	580	Mig	620
Meredith, M	541	Meyer, B	581	Mih	621
Merek	542	Meyer, D	582	Mik	622
Meri	543	Meyer, F	583	Mikh	623
Merin	544	Meyer, J	584	Mikl	624
Merk	545	Meyer, K	585	Mil	625
Merl	546	Meyer, M	586	Milb	626
Merm	547	Meyer, R	587	Milc	627
Merr	548	Meyer, S	588	Miles	628
Merrck	549	Meyerb	589	Miles, F	629
Merrian, M	550	Meyers	590	Miles, M	630
Merril	551	Meyers, J	591	Milet	631
Merril, J	552	Meyers, S	592	Mili	632
Merril, S	553	Meyn	593	Milin	633
Merrill, M	554	Mez	594	Military	634
Merrit	555	Mezo	595	Mill	635
Merrit, M	556	Mi	596	Millar, M	636
Mers	557	Mich	597	Mille	637
Mert	558	Michael, M	598	Miller	638
Merv	559	Michaels	599	Miller, Al	639
Mes	560	Michaels, M	600	Miller, B	640
Mesh	561	Michal	601	Miller, C	641
Mess	562	Michau	602	Miller, D	642
Messel	563	Michel	603	Miller, De	643
Messer	564	Michele	604	Miller, E	644
Messi	565	Michels	605	Miller, F	645
Messm	566	Michen	606	Miller, H	646
Met	567	Michi	607	Miller, J	647
Metal	568	Michigan	608	Miller, Jan	648
Metc	569	Mick	609	Miller, Jo	649
Metcalf, M	570	Micro	610	Miller, K	650
Metcalfe	571	Microc	611	Miller, L	651
Meth	572	Microp	612	Miller, M	652
Metr	573	Mid	613	Miller, Me	653
Metropolitan	574	Middle	614	Miller, N	654
Mett	575	Middleton	615	Miller, P	655
Metz	576	Middleton, M	616	Miller, R	656
Metzger, M	577	Midwe	617	Miller, Ro	657
Meu	578	Mie	618	Miller, S	658
Mexico	579	Mies	619	Miller, T	659

Miller, W	660
Millet	661
Milli	662
Millin	663
Millm	664
Mills	665
Mills, D	666
Mills, J	667
Mills, M	668
Mills, S	669
Miln	670
Milner	671
Milo	672
Milot	673
Milu	674
Min	675
Minc	676
Mine	677
Miner	678
Mineral	679
Ming	680
Mini	681
Mink	682
Minnesota	683
Mino	684
Minot	685
Mint	686
Mintz	687
Mir	688
Miran	689
Mire	690
Miro	691
Mirs	692
Mis	693
Mish	694
Mishr	695
Misr	696
Miss	697
Mississippi	698
Missouri	699
Mit	700
Mitchell	701
Mitchell, B	702
Mitchell, D	703
Mitchell, F	704
Mitchell, J	705
Mitchell, M	706
Mitchell, R	707
Mitchell, S	708
Mitchell, W	709
Mitchiner	710
Mith	711
Miti	712
Mitro	713
Mitt	714
Mittl	715
Mix	716
Miz	717
Mizu	718
Mn	719
Mo	720
Mobile	721
Moc	722
Mod	723
Modern	724
Modern M	725
Modi	726
Moe	727
Moel	728
Moer	729
Mof	730
Moffe	731
Mog	732
Moh	733
Mohant	734
Mohl	735
Mohr	736
Mohra	737
Moi	738
Moj	739
Mol	740
Mole	741
Moli	742
Moline	743
Moll	744
Moller	745
Mollo	746
Molo	747
Moly	748
Mom	749
Mon	750
Monah	751
Monc	752
Mone	753
Money	754
Mong	755
Mongomery, G	756
Moni	757
Monk	758
Monks	759
Monn	760
Monr	761
Monroe	762
Monroe, J	763
Mons	764
Mont	765
Montague	766
Montaign	767
Montan	768
Monte	769
Montel	770
Montes	771
Montg	772
Montgomery, G	773
Montgomery, M	774
Montgomery, S	775
Month	776
Monthly M	777
Monthly S	778
Montr	779

Moo	780	Morgan, K	820	Morse, G	860
Moody, M	781	Morgan, M	821	Morse, M	861
Mook	782	Morgan, R	822	Morse, S	862
Moon	783	Morgan, S	823	Mort	863
Moon, M	784	Morgan, W	824	Morti	864
Mooney	785	Morge	825	Mortimer, M	865
Moor	786	Mori	826	Morto	866
Mooran, M	787	Moric	827	Morton, G	867
Moore	788	Morin	828	Morton, M	868
Moore, B	789	Moris	829	Morton, S	869
Moore, C	790	Moriss	830	Mos	870
Moore, D	791	Morit	831	Mosco	871
Moore, E	792	Morl	832	Moscow	872
Moore, G	793	Morley, J	833	Mose	873
Moore, J	794	Morley, S	834	Moser	874
Moore, K	795	Morn	835	Moses	875
Moore, M	796	Moro	836	Moses. M	876
Moore, N..	797	Moros	837	Moshe	877
Moore, S	798	Morr	838	Moshi	878
Moore, W	799	Morri	839	Mosk	879
Moorh	800	Morris	840	Moskwintz. J	880
Moorm	801	Morris, B	841	Mosley	881
Moos	802	Morris, D	842	Moss	882
Mor	803	Morris, G	843	Moss, G	883
Moral	804	Morris, J	844	Moss, P	884
Moran	805	Morris, K	845	Mosse	885
Morand	806	Morris, M	846	Most	886
Morat	807	Morris, P	847	Mot	887
Morc	808	Morris, S	848	Moti	888
More	809	Morris, W	849	Motor	889
Moreh	810	Morrison	850	Motor M	890
Morel	811	Morrison, D	851	Mott	891
Morell	812	Morrison, G	852	Motta	892
Moren	813	Morrison, J	853	Motto	893
Moret	814	Morrison, M	854	Mou	894
Morg	815	Morrison, P	855	Moule	895
Morgan, B	816	Morrison, S	856	Moult	896
Morgan, D	817	Morrison, W	857	Moun	897
Morgan, G	818	Morrow	858	Mountain	898
Morgan, J	819	Mors	859	Mour	899

Mous	900
Mov	901
Mow	902
Mowe	903
Mox	904
Moy	905
Moyn	906
Moz	907
Mr	908
Mu	909
Mud	910
Mue	911
Mueller, C	912
Mueller, G	913
Mueller, M	914
Mueller, U	915
Muen	916
Muf	917
Muh	918
Mui	919
Muir, M	920
Muk	921
Mukhe	922
Mukhi	923
Mul	924
Muldo	925
Mulg	926
Muli	927
Mull	928
Mullen	929
Muller	930
Muller, G	931
Muller, M	932
Muller, S	933
Mulli	934
Mullin	935
Mullins	936
Mult	937
Mulv	938
Mum	939
Mumm	940
Mun	941
Mund	942
Mundi	943
Munf	944
Munici	945
Munk	946
Muno	947
Munr	948
Munro, M	949
Muns	950
Munson, M	951
Munt	952
Mur	953
Murano	954
Murc	955
Murdo	956
Mure	957
Muri	958
Murp	959
Murphy, C	960
Murphy, F	961
Murphy, J	962
Murphy, M	963
Murphy, P	964
Murphy, S	965
Murr	966
Murray, D	967
Murray, G	968
Murray, J	969
Murray, J	970
Murray, M	971
Murray, S	972
Murt	973
Murti	974
Mus	975
Muse	976
Museum	977
Musg	978
Music	979
Musical	980
Musik	981
Musk	982
Muss	983
Musset	984
Must	985
Mut	986
Mutr	987
Muz	988
My	989
Mye	990
Myers	991
Myers, C	992
Myers, G	993
Myers, M	994
Myers, S	995
Myerso	996
Myl	997
Myr	998
Mys	999

N

N	101
Nab	102
Nac	103
Nacho	104
Nad	105
Nade	106
Naden	107
Nadl	108
Nado	109
Nae	110
Naf	111
Nag	112
Nagar	113
Nage	114
Nagel, R	115
Nagl	116
Nagy	117

Nah	118
Nai	119
Nail	120
Nair	121
Nais	122
Naj	123
Nak	124
Nakam	125
Nakan	126
Nakas	127
Nakh	128
Nal	129
Nam	130
Name	131
Nan	132
Nand	133
Nane	134
Nann	135
Napo	136
Nar	137
Naran	138
Naray	139
Nard	140
Narg	141
Naro	142
Naru	143
Nasa	144
Nasc	145
Nash	146
Nash. C	147
Nash. G	148
Nash. J	149
Nash. M	150
Nash. S	151
Nasi	152
Naso	153
Nass	154
Nassi	155
Nat	156
Nath	157
Nathan	158
Nathan, M	159
Nathans	160
Nation	161
National A	162
National B	163
National C	164
National E	165
National F	166
National G	167
National I	168
National L	169
National M	170
National O	171
National R	172
National S	173
National U	174
Nativ	175
Nato	176
Natural	177
Nau	178
Naum	179
Naur	180
Nav	181
Naval	182
Navarro	183
Nave	184
Navi	185
Navo	186
Navy	187
Nay	188
Naylo	189
Naylor, M	190
Naz	191
Nb	192
Ne	193
Neal. J	194
Neal, M	195
Neal, S	196
Neale	197
Neale. S	198
Neall	199
Near	200
Ned	201
Nec	202
Ned	203
Nee	204
Needle	205
Neel	206
Neels	207
Neely	208
Neeman	209
Nees	210
Nef	211
Neff, G	212
Neg	213
Neh	214
Neie	215
Neil	216
Neill	217
Neils	218
Neim	219
Neis	220
Nek	221
Nel	222
Nels	223
Nelson	224
Nelson, B	225
Nelson, D	226
Nelson, E	227
Nelson, G	228
Nelson, H	229
Nelson, J	230
Nelson, Jo	231
Nelson, K	232
Nelson, M	233
Nelson, P	234
Nelson, R	235
Nelson, S	236
Nelson, W	237

Nem	238	New M	278	Nicholl	318
Nemes	239	New S	279	Nichols, G	319
Nemi	240	New Y	280	Nichols	320
Nen	241	New Z	281	Nichols, D	321
Nep	242	Newb	282	Nichols, J	322
Ner	243	Newbo	283	Nichols, M	323
Nero	244	Newby	284	Nichols, S	324
Nes	245	Newc	285	Nicholson	325
Nese	246	Newcombe	286	Nicholson, G	326
Ness	247	Newe	287	Nicholson, M	327
Nessel	248	Newell, M	288	Nicholson, S	328
Nest	249	Newh	289	Nick	329
Net	250	Newi	290	Nickels	330
Netherland	251	Newl	291	Nicki	331
Nett	252	Newm	292	Nico	332
Nettl	253	Newman, C	293	Nicolai	333
Nettleton	254	Newan, F	294	Nicole	334
Network	255	Newan, J	295	Nicols	335
Neu	256	Newan, M	296	Nie	336
Neube	257	Newan, P	297	Nied	337
Neud	258	Newan, S	298	Nieh	338
Neuf	259	Newan, w	299	Niel	339
Neufeld, M	260	Newmar	300	Nielsen, G	340
Neug	261	Newn	301	Nielsen, M	341
Neuh	262	News	302	Nielaon	342
Neum	263	Newson	303	Niem	343
Neumann	264	Newspaper	304	Niemi	344
Neumann, G	265	Newt	305	Niep	345
Neumann, M	266	Newton, E	306	Niet	346
Neun	267	Newton, J	307	Niev	347
Neuro	268	Newton, M	308	Nig	348
Neus	269	Newton, S	309	Night	349
Nev	270	Ney	310	Nihon	350
Nevi	271	Ng	311	Nij	351
Neville, J	272	Ngu	312	Niko	352
Nevins	273	Ni	313	Nil	353
New	274	Nic	314	Nill	354
New D	275	Nich	315	Nim	355
New G	276	Nicholas	316	Nimo	356
Ncw J	277	Nicholas, M	317	Nin	357

Nini	358
Nip	359
Nir	360
Nis	361
Nise	362
Nishim	363
Niss	364
Nisso	365
Nit	366
Nitt	367
Niv	368
Nix	369
Nixon, J	370
Niz	371
No	372
Nob	373
Nobl	374
Noble, G	375
Noble, M	376
Nobles	377
Noc	378
Nod	379
Noe	380
Noel, M	381
Noer	382
Nog	383
Noh	384
Nol	385
Nolan, M	386
Nold	387
Noll	388
Nolle	389
Nolp	390
Non	391
Noo	392
Noonan, M	393
Noor	394
Nor	395
Norbu	396
Nord	397
Norden	398
Nordens	399
Nordic	400
Nords	401
Nore	402
Nori	403
Norm	404
Norman, G	405
Norman, M	406
Normand	407
Noramann	408
Norr	409
Norris, D	410
Norris, J	411
Norris, M	412
Norrise	413
North	414
North, C	415
North, G	416
North, M	417
Northa	418
Northe	419
Northern	420
Northr	421
Northw	422
Norto	423
Norton, G	424
Norton, M	425
Norton, S	426
Norway	427
Norwo	428
Nos	429
Noso	430
Not	431
Noti	432
Nott	433
Nou	434
Nouveau	435
Nova	436
Novak, M	437
Novay	438
Nove	439
Novi	440
Novo	441
Now	442
Nowe	443
Nowk, M	444
Nowlan	445
Noy	446
Noyes	447
Noz	448
Nu	449
Nuclear	450
Nug	451
Nul	452
Nun	453
Nung	454
Nunn, M	455
Nur	456
Nurse	457
Nus	458
Nusbaum, M	459
Nut	460
Nutt, P	461
Nutter	462
Ny	463
Nyc	464
Nye, G	465
Nye, P	466
Nyg	467
Nyo	468
Nys	469

O

O	101
Oakey	102
Oakley, J	103
Oakley, M	104
Oas	105

Oat	106	Odo	146	Okam	186
Ob	107	Odon	147	Okan	187
Obe	108	Odonnell, J	148	Oke	188
Ober	109	Odonnell, M	149	Okelley	189
Oberh	110	Odonovan	150	Oki	190
Oberm	111	Odr	151	Okla	191
Obero	112	Odw	152	Oko	192
Obi	113	Oe	153	Okp	193
Obold	114	Oecd	154	Oku	194
Obr	115	Oef	155	Okun	195
Obrien	116	Oel	156	Ol	196
Obrien, E	117	Oester	157	Olb	197
Obrien, J	118	Of	158	Old	198
Obrien, M	119	Off	159	Olden	199
Obrien, R	120	Office	160	Older	200
Obrien, T	121	Offn	161	Oldham	201
Observ	122	Ofl	162	Olds	202
Oc	123	Og	163	Ole	203
Occup	124	Ogb	164	Oleary	204
Ocean	125	Ogden	165	Olec	205
Ochs	126	Ogg	166	Olek	206
Oclc	127	Ogil	167	Oles	207
Ocon	128	Ogl	168	Olev	208
Oconnel, G	129	Ogo	169	Oli	209
Oconnel, M	130	Ogr	170	Olip	210
Oconnel, S	131	Ogs	171	Oliv	211
Oconnor	132	Oh	172	Oliver	212
Oconnor, E	133	Ohan	173	Oliver, E	213
Oconnor, J	134	Ohar	174	Oliver, J	214
Oconnor, M	135	Ohare	175	Oliver, M	215
Oconnor, R	136	Ohe	176	Oliver, R	216
Oconnor, S	137	Ohio	177	Oliver, S	217
Ocor	138	Ohl	178	Olivi	218
Od	139	Ohm	179	Oll	219
Oday	140	Oho	180	Ollier	220
Ode	141	Ohs	181	Olm	221
Odell	142	Oi	182	Olmsted	222
Oden	143	Oil	183	Oln	223
Oder	144	Oja	184	Olo	224
Odi	145	Ok	185	Olsen	225

Olsen, J	226	Opp	266	Osaka	306
Olsen, M	227	Oppenheimer	267	Osborn, G	307
Olsen, S	228	Oppenheimer, M	268	Osborn, M	308
Olsg	229	Opper	269	Osborne	309
Olson	230	Optical	270	Osborne, J	310
Olson, E	231	Or	271	Osborne, M	311
Olson, J	232	Orange	272	Osborne, S	312
Olson, H	233	Orb	273	Osd	313
Olson, R	234	Orc	274	Osg	314
Olson, S	235	Ord	275	Osh	315
Olss	236	Order	276	Osha	316
Olt	237	Ore	277	Osher	317
Oly	238	Oregon	278	Osi	318
Olym	239	Oreilly	279	Osik	319
Om	240	Orel	280	Osm	320
Omal	241	Orf	281	Oss	321
Oman	242	Org	282	Ost	322
Omar	243	Organ	283	Oster	323
Omarr	244	Ori	284	Osterb	324
Ome	245	Orient	285	Osterman	325
Omega	246	Origin	286	Osti	326
Omo	247	Orl	287	Ostr	327
On	248	Orle	288	Ostrom	328
Oneal	249	Orlo	289	Ostrow	329
Oneil	250	Orm	290	Osuil	330
Oneill	251	Ormo	291	Osw	331
Oneill, G	252	Orn	292	Ot	332
Oneill, M	253	Ornstein	293	Oti	333
Oneill, S	254	Oro	294	Otool	334
Ong	255	Orr	295	Ott	335
Online	256	Orr, J	296	Otta	336
Ono	257	Orr, M	297	Otten	337
Ons	258	Ors	298	Otter	338
Ontar	259	Ort	299	Otti	339
Onu	260	Orth	300	Ottme	340
Oo	261	Orti	301	Otto	341
Op	262	Ortl	302	Ou	342
Open	263	Orto	303	Oue	343
Opera	264	Orv	304	Our	344
Opi	265	Os	305	Ous	345

Out	346
Ov	347
Over	348
Overg	349
Overl	350
Oversea	351
Overton	352
Ovid	353
Ow	354
Owen, F	355
Owen, M	356
Owen, S	357
Owens	358
Owens, G	359
Owens, M	360
Owings	361
Ox	362
Oxford	363
Oxford M	364
Oxley	365
Oy	366
Oz	367
Ozer	368
Ozman	369

P

P	101
Pac	102
Pach	103
Paci	104
Pack	105
Packard	106
Packer	107
Paco	108
Pad	109
Padg	110
Padley	111
Pae	112
Pag	113
Page	114
Page, G	115
Page, M	116
Page, S	117
Pagel	118
Pagl	119
Pai	120
Pain	121
Paine, M	122
Paint	123
Paio	124
Pak	125
Pakistan	126
Pal	127
Palan	128
Pale	129
Palf	130
Pall	131
Palli	132
Palm	133
Palmer	134
Palmer, D	135
Palmer, F	136
Palmer, J	137
Palmer, M	138
Palmer, R	139
Palmer, S	140
Palmer, W	141
Palmi	142
Palo	143
Palu	144
Pam	145
Panama	146
Panc	147
Pand	148
Pandi	149
Pane	150
Pang	151
Pani	152
Panik	153
Pann	154
Pano	155
Pant	156
Panti	157
Pao	158
Pap	159
Papag	160
Papap	161
Pape	162
Paper	163
Papo	164
Papua	165
Par	166
Paraguay	167
Paral	168
Parc	169
Pare	170
Paren	171
Parf	172
Pari	173
Paris	174
Paris M	175
Parish	176
Park	177
Park, G	178
Park, M	179
Park, S	180
Parker	181
Parker, C	182
Parker, E	183
Parker, G	184
Parker, J	185
Parker, M	186
Parker, P	187
Parker, S	188
Parker, H	189
Parkes	190
Parki	191
Parkinson	192
Parkinson, M	193

Parks	194	Patholog	234	Payne, M	274
Parks, M	195	Pati	235	Payne, S	275
Parm	196	Patm	236	Paynter	276
Parn	197	Pato	237	Paz	277
Paro	198	Paton, M	238	Pb	278
Parr	199	Patr	239	Pc	279
Parri	200	Patrick, G	240	Pd	280
Parrish	201	Patrick, M	241	Pe	281
Parro	202	Patt	242	Peabody	282
Parry	203	Patten, M	243	Peace	283
Parry, G	204	Patterson	244	Peaco	284
Parry, M	205	Patterson, D	245	Peacock, M	285
Pars	206	Patterson, F	246	Peak	286
Parsons	207	Patterson, J	247	Peal	287
Parsons, E	208	Patterson, M	248	Pear	288
Parsons, J	209	Patterson, S	249	Pearce, J	289
Parsons, M	210	Patti	250	Pearce, S	290
Parsons, S	211	Pattison	251	Pearl	291
Parsons, W	212	Patto	252	Pearlman	292
Parth	213	Patton, M	253	Pears	293
Partl	214	Pau	254	Pearson	294
Partridge	215	Paul	255	Pearson, D	295
Partridge, M	216	Paul, E	256	Pearson, J	296
Parv	217	Paul, J	257	Pearson, M	297
Pas	218	Paul, M	258	Pearson, S	298
Pascal	219	Paul, S	259	Peas	299
Pasch	220	Paule	260	Peat	300
Pasco	221	Paulin	261	Pec	301
Pasi	222	Paull	262	Peck	302
Paso	223	Paulson	263	Peck, J	303
Pass	224	Paulu	264	Peck, R	304
Passi	225	Pav	265	Peckh	305
Past	226	Pavi	266	Ped	306
Pasto	227	Pavlo	267	Pedersen	307
Pat	228	Paw	268	Pederson	308
Pate	229	Pax	269	Pedia	309
Patem	230	Pay	270	Pedo	310
Patent	231	Payne	271	Pee	311
Paterson	232	Payne, E	272	Peel	312
Paterson, M	233	Payne, J	273	Peele	313

Peeleg	314	Percel	354	Perspect	394
Peer	315	Percy	355	Pert	395
Peet	316	Percy, M	356	Peru	396
Peg	317	Perd	357	Pes	397
Pei	318	Pere	358	Pese	398
Peirce	319	Perel	359	Pess	399
Peire	320	Perele	360	Pet	400
Peis	321	Peres	361	Peter	401
Pek	322	Perez	362	Peterb	402
Pel	323	Perez, M	363	Peters	403
Peli	324	Perf	364	Peters, D	404
Pell	325	Peri	365	Peters, J	405
Peller	326	Perio	366	Peters, M	406
Pelli	327	Perk	367	Peters, S	407
Pello	328	Perkins	368	Petersen	408
Pelt	329	Perkins, D	369	Petersen, J	409
Pelton	330	Perkins, J	370	Petersen, R	410
Pem	331	Perkins, M	371	Peterson	411
Pen	332	Perkins, S	372	Peterson, D	412
Pend	333	Perl	373	Peterson, G	413
Pendl	334	Perlm	374	Peterson, L	414
Pene	335	Perlm, M	375	Peterson, M	415
Peni	336	Perlo	376	Peterson, P	416
Penn	337	Perm	377	Peterson, S	417
Penne	338	Pern	378	Peterson, W	418
Penner	339	Pero	379	Peti	419
Penni	340	Perr	380	Peto	420
Pennington	341	Perri	381	Petr	421
Pennington, M	342	Perrin	382	Petre	422
Pennsyl	343	Perrin, M	383	Petrie	423
Penny	344	Perro	384	Petro	424
Penr	345	Perry	385	Petrov	425
Pens	346	Perry, D	386	Pett	426
Penton	347	Perry, J	387	Petti	427
People	348	Perry, M	388	Pettit	428
Pep	349	Perry, S	389	Petty	429
Peple	350	Pers	390	Petu	430
Pepp	351	Persi	391	Peu	431
Pepper, M	352	Person	392	Pey	432
Per	353	Personal	393	Pf	433

Pfal	434	Pi	474	Pinc	514
Pfeiffer, J	435	Piano	475	Pind	515
Pfeiffer, M	436	Piat	476	Pine	516
Pfi	437	Pic	477	Pinel	517
Pfl	438	Picc	478	Ping	518
Ph	439	Pich	479	Pink	519
Phan	440	Pick	480	Pinkham	520
Pharmac	441	Pickard	481	Pinn	521
Phe	442	Pickel	482	Pins	522
Phel	443	Picker	483	Pint	523
Phelps, J	444	Pickering, M	484	Pinz	524
Phelps, P	445	Picket	485	Pio	525
Phi	446	Pickford	486	Pioz	526
Philb	447	Pico	487	Pip	527
Philip	448	Pid	488	Piper, M	528
Philip, M	449	Pie	489	Pipi	529
Philiphine	450	Pien	490	Pir	530
Philips	451	Pier	491	Pis	531
Phill	452	Pierce, D	492	Pise	532
Phillips	453	Pierce, J	493	Pit	533
Phillips, C	454	Pierce, M	494	Pitkin	534
Phillips, D	455	Pierce, S	495	Pitm	535
Phillips, F	456	Pierce, W	496	Pitt	536
Phillips, J	457	Pieri	497	Pittard	537
Phillips, Jo	458	Pierr	498	Pittman	538
Phillips, M	459	Pierson	499	Pitts	539
Phillips, P	460	Piet	500	Piv	540
Phillips, S	461	Pietsch	501	Piz	541
Phillips, W	462	Pig	502	Pl	542
Phillipson	463	Pign	503	Plag	543
Philo	464	Pik	504	Plan	544
Philosop	465	Pike, J	505	Planning	545
Philp	466	Pil	506	Plant	546
Phip	467	Pilgrim	507	Plas	547
Pho	468	Piling	508	Plastic	548
Photo	469	Pill	509	Plat	549
Photog	470	Pill	510	Platt	550
Physica	471	Pilo	511	Platt, M	551
Physics	472	Pim	512	Platz	552
Physio	473	Pin	513	Play	553

Ple	554	Pollak	594	Porp	634
Plen	555	Pollard	595	Port	635
Ples	556	Pollard, J	596	Porte	636
Plet	557	Polle	597	Porter	637
Pley	558	Polli	598	Porter, C	638
Pli	559	Pollo	599	Porter, F	639
Plnz	560	Pollock, G	600	Porter, J	640
Plo	561	Pollock, M	601	Porter, M	641
Plos	562	Pollution	602	Porter, P	642
Plou	563	Polo	603	Porter, S	643
Plu	564	Pols	604	Porter, W	644
Plum	565	Polt	605	Portes	645
Plumm	566	Poly	606	Portm	646
Plump	567	Polymer	607	Portugal	647
Plun	568	Pom	608	Pos	648
Po	569	Pome	609	Posner	649
Poco	570	Pomere	610	Posp	650
Pod	571	Pomm	611	Post	651
Podo	572	Pon	612	Post, M	652
Poe	573	Pond	613	Poste	653
Poel	574	Poni	614	Postl	654
Poet	575	Pons	615	Pot	655
Pog	576	Pont	616	Poth	656
Poh	577	Poo	617	Pott	657
Pohl, M	578	Poole	618	Potter	658
Poi	579	Poole, M	619	Potter, D	659
Point	580	Pooley	620	Potter, G	660
Poir	581	Poor	621	Potter, M	661
Pois	582	Pop	622	Potter, S	662
Poj	583	Pope, G	623	Potts	663
Pol	584	Pope, M	624	Pou	664
Poland	585	Popek	625	Poull	665
Pole	586	Popi	626	Poun	666
Poli	587	Popo	627	Poup	667
Police	588	Popp	628	Pous	668
Polier	589	Popper	629	Pow	669
Polish	590	Popular	630	Powell	670
Polit	591	Populat	631	Powell, D	671
Polk	592	Por	632	Powell, F	672
Pollack, M	593	Pore	633	Powell, J	673

Powell, K	674
Powell, M	675
Powell, P	676
Powell, S	677
Powell, W	678
Power	679
Power	680
Power, J	681
Power, M	682
Powers	683
Powers, M	684
Powl	685
Poy	686
Poz	687
Pr	688
Pract	689
Prad	690
Prag	691
Prairie	692
Pran	693
Pras	694
Prasad, M	695
Prat	696
Pratt	697
Pratt, F	698
Pratt, J	699
Pratt, M	700
Pratt, S	701
Pratt, W	702
Prav	703
Pre	704
Pree	705
Prei	706
Prek	707
Prem	708
Pren	709
Prentice	710
Prentis	711
Pres	712
Prescott, G	713
Prese	714
President	715
Presl	716
Press	717
Presser	718
Prest	719
Preston	720
Preston, G	721
Preston, M	722
Preston, S	723
Pret	724
Preu	725
Prevent	726
Prevo	727
Pri	728
Price	729
Price, D	730
Price, J	731
Price, M	732
Price, P	733
Price, S	734
Prich	735
Prid	736
Prie	737
Priest	738
Priestl	739
Priesto	740
Prim	741
Prime	742
Prin	743
Prince, M	744
Princeton	745
Pring	746
Prino	747
Print	748
Prio	749
Pris	750
Prit	751
Pritchard, M	752
Pritchet	753
Priv	754
Pro	755
Proc	756
Proct	757
Procto	758
Proctor, M	759
Progress	760
Prok	761
Prop	762
Prot	763
Prou	764
Prov	765
Provin	766
Pru	767
Prui	768
Prum	769
Prunz	770
Pry	771
Pryor	772
Prys	773
Ps	774
Psych	775
Psycho	776
Pt	777
Pu	778
Pub	779
Public	780
Public M	781
Public S	782
Publish	783
Puc	784
Pue	785
Puerto	786
Pug	787
Pugh, M	788
Puh	789
Pul	790
Pull	791
Pulli	792
Pulp	793

Pun	794
Punn	795
Pur	796
Purd	797
Pure	798
Purs	799
Purv	800
Pus	801
Put	802
Putnam	803
Putnam, M	804
Putt	805
Py	806
Pyl	807
Pym	808
Pyr	809

Q

Q	101
Qat	102
Qua	103
Quag	104
Quaker	105
Qualit	106
Quan	107
Quar	108
Quarter	109
Quarterly J	110
Quarterly R	111
Quas	112
Quay	113
Que	114
Quebe	115
Queen	116
Quen	117
Quer	118
Ques	119
Qui	120
Quig	121
Quigley	122
Quille	123
Quim	124
Quin	125
Quine	126
Quinlan	127
Quinn	128
Quinn, D	129
Quinn, M	130
Quinn, S	131
Quinnell	132
Quint	133
Quinte	134
Quir	135
Quirk	136
Quis	137
Qur	138
Qut	139

R

R	101
Rab	102
Rabe	103
Rabi	104
Rabine	105
Rabinowitz	106
Rabo	107
Rac	108
Rach	109
Raci	110
Rad	111
Radcliff	112
Radd	113
Rader	114
Radf	115
Radi	116
Radio	117
Radl	118
Rado	119
Radu	120
Rae	121
Raeb	122
Raf	123
Raffe	124
Raffl	125
Rag	126
Ragg	127
Rago	128
Rah	129
Rahn	130
Rai	131
Rail	132
Rain	133
Rainer	134
Raini	135
Rait	136
Raj	137
Rajan	138
Rajb	139
Rak	140
Ral	141
Ralp	142
Ram	143
Ramach	144
Ramak	145
Raman	146
Ramas	147
Ramb	148
Rame	149
Rami	150
Ramm	151
Ramos	152
Ramp	153
Rams	154
Ramsay	155
Ramsay, M	156
Ramse	157
Ramsey, M	158
Ramsf	159

Ran	160	Ratt	200	Rear	240
Rand	161	Ratz	201	Reas	241
Rand, M	162	Rau	202	Reb	242
Randall	163	Rauch	203	Rec	243
Randall, J	164	Raud	204	Recent	244
Randall, P	165	Raup	205	Rech	245
Rande	166	Raush	206	Reck	246
Randle	167	Raut	207	Reco	247
Rando	168	Rav	208	Red	248
Randolph, M	169	Raven	209	Redd	249
Rang	170	Ravens	210	Reddy	250
Rank	171	Ravi	211	Rede	251
Rankins	172	Ravo	212	Redf	252
Rans	173	Raw	213	Redg	253
Ransom, M	174	Rawl	214	Redl	254
Rao	175	Rawlin	215	Redm	255
Rao, J	176	Rawlinson	216	Redo	256
Rao, P	177	Raws	217	Ree	257
Rao, S	178	Ray	218	Reed	258
Rap	179	Ray, D	219	Reed, D	259
Raph	180	Ray, J	220	Reed, F	260
Rapi	181	Ray, P	221	Reed, J	261
Rapo	182	Ray, S	222	Reed, M	262
Rapp	183	Rayb	223	Reed, R	263
Rappa	184	Raye	224	Reed, S	264
Rappo	185	Raymond	225	Reed, W	265
Ras	186	Raymond, M	226	Reeder	266
Rasch	187	Rayn	227	Reedi	267
Rash	188	Rayno	228	Reek	268
Rask	189	Raz	229	Rees	269
Rasmus	190	Razk	230	Rees, M	270
Rasmussen, M	191	Re	231	Reese	271
Rasp	192	Read	232	Reese, J	272
Rasseg	193	Read, H	233	Reese, S	273
Rast	194	Read, M	234	Reev	274
Rat	195	Reade	235	Reeves	275
Rath	196	Readi	236	Reeves, J	276
Rathe	197	Reag	237	Reeves, P	277
Rati	198	Real	238	Ref	278
Ratn	199	Ream	239	Refl	279

Reg	280	Reith	320	Review	360
Regard	281	Reits	321	Review P	361
Regi	282	Rej	322	Revista	362
Regio	283	Rel	323	Revista J	363
Regis	284	Relig	324	Revista M	364
Regn	285	Rem	325	Revista S	365
Reh	286	Reme	326	Revo	366
Rehm	287	Remi	327	Revue	367
Rei	288	Remini	328	Revue D	368
Reicha	289	Remo	329	Revue I	369
Reiche	290	Remy	330	Revue M	370
Reichen	291	Ren	331	Revue R	371
Reichl	292	Rend	332	Revue T	372
Reid	293	Rene	333	Rex	373
Reid, D	294	Reng	334	Rey	374
Reid, F	295	Renn	335	Reyer	375
Reid, J	296	Rennert	336	Reym	376
Reid, M	297	Reno	337	Reyno	377
Reid, S	298	Rens	338	Reynolds, C	378
Reid, W	299	Rent	339	Reynolds, G	379
Reide	300	Renv	340	Reynolds, J	380
Rief	301	Rep	341	Reynolds, M	381
Reig	302	Reprt	342	Reynolds, R	382
Reil	303	Republic	343	Reynolds, S	383
Reilly, M	304	Res	344	Reynolds, W	384
Reim	305	Rese	345	Rez	385
Rein	306	Research	346	Rh	386
Reinb	307	Resen	347	Rheim	387
Reiner	308	Resn	348	Rho	388
Reinf	309	Resnick, M	349	Rhod	389
Reinh	310	Resource	350	Rhodes	390
Reinhart	311	Rest	351	Rhodes, G	391
Reinho	312	Ret	352	Rhodes, M	392
Reinm	313	Rett	353	Rhodes, S	393
Reis	314	Reu	354	Rhy	394
Reise	315	Reum	355	Ri	395
Reism	316	Reut	356	Ribe	396
Reiss	317	Rev	357	Ribes	397
Reiss, M	318	Rever	358	Ric	398
Reit	319	Revi	359	Ricci	399

Rice	400	Rickey	440	Ringer	480
Rice, D	401	Ricks	441	Ringo	481
Rice, G	402	Rid	442	Rink	482
Rice, M	403	Riddi	443	Rino	483
Rice, P	404	Ride	444	Rio	484
Rice, S	405	Ridg	445	Rios	485
Rich	406	Ridgeway	446	Riou	486
Rich, J	407	Riding	447	Rip	487
Rich, R	408	Ridl	448	Ripley, M	488
Richard	409	Ridley, M	449	Ripp	489
Richard, M	410	Rie	450	Ris	490
Richards	411	Ried	451	Rish	491
Richards, C	412	Riedl	452	Risl	492
Richards, F	413	Rieg	453	Rist	493
Richards, J	414	Rieh	454	Rit	494
Richards, L	415	Riem	455	Ritchie, G	495
Richards, P	416	Rien	456	Ritchie, M	496
Richards, S	417	Ries	457	Rite	497
Richards, W	418	Riesen	458	Ritt	498
Richardson	419	Riet	459	Ritter	499
Richardson, D	420	Rif	460	Ritterb	500
Richardson, F	421	Rig	461	Ritz	501
Richardson, J	422	Rigd	462	Riv	502
Richardson, K	423	Riggs	463	Rivera	503
Richardson, M	424	Riggs, M	464	Rivers	504
Richardson, R	425	Righ	465	Rives	505
Richardson, S	426	Rih	466	Rivista	506
Richardson, W	427	Rik	467	Rivlin	507
Riche	428	Ril	468	Riz	508
Riches	429	Riley, E	469	Rizzo	509
Richi	430	Riley, J	470	Ro	510
Richm	431	Riley, M	471	Road	511
Richmond	432	Riley, S	472	Rob	512
Richmond, M	433	Rilke	473	Robb	513
Richt	434	Rim	474	Robbi	514
Richter, J	435	Rimm	475	Robbins, D	515
Richter, R	436	Rin	476	Robbins, J	516
Rick	437	Rinc	477	Robbins, M	517
Ricke	438	Rine	478	Robbins, S	518
Ricket	439	Ring	479	Robe	519

Roberson	520	Robis	560	Rogers, E	600
Robert	521	Robo	561	Rogers, G	601
Robert, M	522	Robson	562	Rogers, J	602
Roberts	523	Robson, M	563	Rogers, L	603
Roberts, B	524	Roc	564	Rogers, P	604
Roberts, D	525	Roch	565	Rogers, S	605
Roberts, E	526	Roche, M	566	Rogers, T	606
Roberts, G	527	Rochem	567	Rogerson	607
Roberts, J	528	Rochf	568	Rogg	608
Roberts, K	529	Rock	569	Rogn	609
Roberts, M	530	Rocki	570	Roh	610
Roberts, N	531	Rodkw	571	Rohe	611
Roberts, R	532	Rod	572	Rohm	612
Roberts, S	533	Rodd	573	Rohr	613
Roberts, W	534	Rode	574	Rohrl	614
Robertson	535	Roder	575	Roi	615
Robertson, C	536	Rodg	576	Roja	616
Robertson, E	537	Rodgers, M	577	Rok	617
Robertson, J	538	Rodi	578	Rol	618
Robertson, M	539	Rodm	579	Rolf	619
Robertson, S	540	Rodn	580	Roll	620
Robertson, W	541	Rodr	581	Rolle	621
Robes	542	Rodriguez	582	Rolli	622
Robin	543	Rodriguez, J	583	Rollins, M	623
Robine	544	Rodriguez, S	584	Rollo	624
Robins	545	Roe	585	Rolp	625
Robinson	546	Roe, M	586	Rom	626
Robinson, B	547	Roeb	587	Roman	627
Robinson, D	548	Roed	588	Romania	628
Robinson, E	549	Roeh	589	Romano	629
Robinson, G	550	Roem	590	Romans	630
Robinson, H	551	Roep	591	Romb	631
Robinson, J	552	Roes	592	Romer	632
Robinson, K	553	Roess	593	Romi	633
Robinson, M	554	Roet	594	Romn	634
Robinson, P	555	Rof	595	Ron	635
Robinson, R	556	Rog	596	Ronc	636
Robinson, S	557	Roger	597	Rone	637
Robinson, T	558	Rogers	598	Rong	638
Robinson, W	559	Rogers, C	599	Rons	639

Roo	640
Roof	641
Rook	642
Roon	643
Roos	644
Roosevelt	645
Root	646
Root, S	647
Rop	648
Ropes	649
Ror	650
Ros	651
Rosal	652
Rosar	653
Rosc	654
Rosco	655
Rose	656
Rose, C	657
Rose, F	658
Rose, J	659
Rose, M	660
Rose, P	661
Rose, S	662
Roseb	663
Rosec	664
Rosel	665
Rosen	666
Rosen, G	667
Rosen, M	668
Rosen, S	669
Rosenb	670
Rosenbaum	671
Rosenberg	672
Rosenberg, D	673
Rosenberg, J	674
Rosenberg, M	675
Rosenberg, S	676
Rosenblatt	677
Rosenbloom	678
Rosenblum	679
Rosenf	680
Rosenfeld, M	681
Roseng	682
Rosenk	683
Rosens	684
Rosent	685
Rosenthal, F	686
Rosenthal, M	687
Rosenthal, S	688
Rosenw	689
Roset	690
Rosi	691
Rosk	692
Rosl	693
Rosn	694
Roso	695
Ross	696
Ross, C	697
Ross, E	698
Ross, G	699
Ross, J	700
Ross, M	701
Ross, P	702
Ross, S	703
Ross, W	704
Rossel	705
Rosset	706
Rossi	707
Rossi, M	708
Rossin	709
Rossl	710
Rosso	711
Rost	712
Rosto	713
Rot	714
Rote	715
Roth	716
Roth, E	717
Roth, J	718
Roth, M	719
Roth, S	720
Rothba	721
Rothen	722
Rother	723
Rothman	724
Rothman, M	725
Roths	726
Rothstein	727
Rothw	728
Rott	729
Rou	730
Roud	731
Roug	732
Rom	733
Rouner	734
Rous	735
Rouss	736
Roussel	737
Rout	738
Roux	739
Rov	740
Row	741
Rowan	742
Rowe	743
Rowe, G	744
Rowe, M	745
Rowel	746
Rowl	747
Rowland, J	748
Rowland, S	749
Rowley	750
Rowli	751
Rows	752
Roy	753
Roy, G	754
Roy, R	755
Royal	756
Royal M	757
Royce	758
Roye	759

Roys	760
Roz	761
Rozen	762
Ru	763
Ruben	764
Rubenstein	765
Rubi	766
Rubin, E	767
Rubin, J	768
Rubin, M	769
Rubin, S	770
Rubinstein	771
Rubinstein, M	772
Rubio	773
Ruc	774
Ruck	775
Rud	776
Rudd	777
Ruddel	778
Rude	779
Rudi	780
Rudman	781
Rudo	782
Rudolph	783
Rue	784
Ruef	785
Ruf	786
Ruffi	787
Rug	788
Ruggl	789
Ruh	790
Rui	791
Rul	792
Rum	793
Rumm	794
Rums	795
Run	796
Runn	797
Ruo	798
Rupp	799
Rupr	800
Rur	801
Rus	802
Rush	803
Rush, M	804
Rushf	805
Rusht	806
Rusk	807
Russ	808
Russell	809
Russell, C	810
Russell, E	811
Russell, G	812
Russell, J	813
Russell, K	814
Russell, M	815
Russell, P	816
Russell, S	817
Russell, W	818
Russia	819
Russo	820
Russo, M	821
Rust	822
Ruste	823
Rut	824
Ruth	825
Rutherf	826
Rutherford, M	827
Ruti	828
Rutl	829
Rutt	830
Rutz	831
Rwanda	832
Ry	833
Ryan	834
Ryan, D	835
Ryan, J	836
Ryan, M	837
Ryan, S	838
Ryb	839
Ryc	840
Ryd	841
Ryder	842
Ryder, M	843
Rye	844
Ryl	845
Rym	846
Rys	847
Ryt	848
Rz	849

S

S	001
Sab	002
Sabb	003
Sabi	004
Sabl	005
Sac	006
Sack	007
Sacks	008
Sad	009
Sadl	010
Sado	011
Sae	012
Saf	013
Saff	014
Sag	015
Sage	016
Sah	017
Sahg	018
Sai	019
Saik	020
Saint	021
Saint, D	022
Saint, J	023
Saint, M	024
Saint, S	025
Sainte	026

Sainto	027
Sait	028
Sak	029
Saki	030
Sal	031
Salan	032
Sale	033
Sales	034
Sali	035
Salisbury	036
Sall	037
Salm	038
Salmon, M	039
Salo	040
Salon	041
Salt	042
Salth	043
Saltz	044
Salv	045
Salve	046
Salz	047
Sam	048
Sami	049
Samo	050
Sampson	051
Sams	052
Samuel	053
Samuels	054
Samuels, M	055
Samuelson	056
San	057
Sana	058
Sanc	059
Sanchez, M	060
Sand	061
Sandberg	062
Sande	063
Sanders	064
Sanders, G	065
Sanders, M	066
Sanders, S	067
Sanderson	068
Sandf	069
Sandl	070
Sando	071
Sands	072
Sandu	073
Sanf	074
Sanford, M	075
Sang	076
Sani	077
Sann	078
Sans	079
Sant	080
Sante	081
Santo	082
Santr	083
Sao	084
Sapo	085
Sar	086
Sard	087
Sarg	088
Sargent, J	089
Sargent, S	090
Sark	091
Sarm	092
Saro	093
Sart	094
Sas	095
Sass	096
Sat	097
Sato	098
Satt	099
Sattl	100
Sau	101
Saul	102
Saun	103
Saun, G	104
Saunders, M	105
Saunders, S	106
Saup	107
Sav	108
Savage, J	109
Savage, S	110
Savas	111
Savi	112
Savin	113
Savo	114
Saw	115
Sawi	116
Sawyer	117
Sawyer, M	118
Sax	119
Saxo	120
Say	121
Sayers	122
Sayl	123
Saym	124
Sayre	125
Sca	126
Scal	127
Scam	128
Scan	129
Scar	130
Scam	131
Scars	132
Sch	133
Schach	134
Schad	135
Schaef	136
Schaeffer	137
Schaf	138
Schaff	139
Schag	140
Scham	141
Schap	142
Schar	143
Schat	144
Schau	145
Sche	146

Sched	147	Schne	187	Schum	227
Schef	148	Schneider	188	Schuman	228
Schei	149	Schneider, E	189	Schun	229
Scheim	150	Schneider, J	190	Schur	230
Schel	151	Schneider, M	191	Schus	231
Schen	152	Schneider, S	192	Schut	232
Schenk	153	Schni	193	Schuur	233
Scher	154	Scho	194	Schw	234
Scherm	155	Schoe	195	Schwal	235
Schet	156	Schoen	196	Schwar	236
Schev	157	Scbene	197	Schwartz	237
Schi	158	Schoeng	198	Schwartz, C	238
Schie	159	Schof	199	Schwartz, F	239
Schiff	160	Schol	200	Schwartz, J	240
Schiffer	161	Scholl	201	Schwartz, M	241
Schil	162	Schon	202	Schwartz, S	242
Schiller	163	Schoo	203	Schwarz	243
Schilli	164	Schoolc	204	Schwarz, M	244
Schin	165	Schop	205	Schwe	245
Schir	166	Schot	206	Schweitzer	246
Schl	167	Schra	207	Schweitzeris	247
Schle	168	Schram	208	Schwem	248
Schlei	169	Schre	209	Schwi	249
Schleiden	170	Schreiner	210	Sci	250
Schles	171	Schri	211	Science M	251
Schli	172	Schro	212	Scientific	252
Schlo	173	Schroeder, G	213	Scin	253
Schlu	174	Schroeder, S	214	Sco	254
Schm	175	Schu	215	Scon	255
Schme	176	Schue	216	Scott	256
Schmi	177	Schul	217	Scott, C	257
Schmidt	178	Schull	218	Scott, E	258
Schmidt, F	179	Schulm	219	Scott, G	259
Schmidt, J	180	Schultz	220	Scott, J	260
Schmidt, M	181	Schultz, J	221	Scott, K	261
Schmidt, S	182	Schultz, M	222	Scott, M	262
Schmit	183	Schultz, S	223	Scott, P	263
Schmitz	184	Schulz	224	Scott, S	264
Schmo	185	Schulz, M	225	Scott, W	265
Schn	186	Schulze	226	Sccotti	266

Scr	267	Sem	307	Shal	347
Scrip	268	Seminar	308	Sham	348
Scu	269	Seml	309	Shan	349
Sea	270	Sen	310	Shane	350
Seager	271	Senc	311	Shank	351
Seam	272	Sene	312	Shankl	352
Sear	273	Seneg	313	Shannon	353
Sears	274	Seng	314	Shannon, M	354
Sears, M	275	Seni	315	Shap	355
Seat	276	Senn	316	Shapiro,	356
Seb	277	Sens	317	Shapiro, C	357
Sec	278	Seo	318	Shapiro, H	358
Secr	279	Ser	319	Shapiro, M	359
Sed	280	Sere	320	Shapiro, S	360
Sedl	281	Seri	321	Shar	361
See	282	Sern	322	Sharf	362
Seed	283	Serr	323	Sharm	363
Seel	284	Serro	324	Sharma, J	364
Seem	285	Service	325	Sharma, S	365
Seg	286	Ses	326	Sharman	366
Segal, J	287	Set	327	Sharp	367
Segall	288	Seto	328	Sharp, J	368
Sege	289	Settle	329	Sharp, M	369
Segr	290	Sev	330	Sharpe	370
Sei	291	Severn	331	Sharpl	371
Seid	292	Sew	332	Shat	372
Seider	293	Sewel	333	Shau	373
Sief	294	Sex	334	Shaw	374
Seil	295	Sey	335	Shaw, D	375
Seis	296	Seymour, M	336	Shaw, H	376
Sej	297	Sf	337	Shaw, L	377
Sel	298	Sha	338	Shaw, P	378
Selden	299	Shad	339	Shaw, S	379
Self	300	Shaf	340	Shawch	380
Seligman	301	Shaffer	341	She	381
Sell	302	Shaffer, M	342	Shea, M	382
Selle	303	Shah	343	Shear	383
Selli	304	Shaha	344	Shears	384
Sello	305	Shai	345	Sheb	385
Selv	306	Shak	346	Shee	386

Sheel	387
Shef	388
Shei	389
Shel	390
Sheldon, M	391
Shell	392
Shelley	393
Shelley, M	394
Shelp	395
Shen	396
Shep	397
Shepard, M	398
Sheph	399
Shepherd, J	400
Shepherd, R	401
Shepp	402
Sheppard, M	403
Sher	404
Shere	405
Sheri	406
Sherif	407
Sherm	408
Sherman, G	409
Sherman, M	410
Sherman, S	411
Sherr	412
Sherrod	413
Sherw	414
Sherwo	415
Sherwood, M	416
Shett	417
Shi	418
Shield	419
Shields, M	420
Shig	421
Shil	422
Shim	423
Shin	424
Shinn	425
Ship	426
Shipp	427
Shir	428
Shirley	429
Shirr	430
Shiv	431
Shla	432
Sho	433
Shoemake	434
Shoes	435
Shof	436
Shon	437
Shor	438
Short	439
Short, M	440
Shos	441
Shov	442
Shr	443
Shri	444
Shro	445
Shu	446
Shuf	447
Shul	448
Shuh	449
Shum	450
Shun	451
Shus	452
Shuv	453
Sib	454
Sibl	455
Sic	456
Sid	457
Sidn	458
Sie	459
Sieg	460
Siegel, E	461
Siegel, M	462
Siegel, S	463
Siegl	464
Siem	465
Sierra	466
Sies	467
Sig	468
Sigl	469
Sign	470
Sih	471
Sil	472
Silberm	473
Silbi	474
Sile	475
Sill	476
Silv	477
Silver	478
Silver, J	479
Silverberg	480
Silverman	481
Silverman, J	482
Silverman, R	483
Silverstein	484
Silverstone	485
Sim	486
Sime	487
Simi	488
Simm	489
Simmons	490
Simmons, J	491
Simmons, R	492
Simms	493
Simon	494
Simon, G	495
Simon, M	496
Simon, S	497
Simond	498
Simons	499
Simonsen	500
Simp	501
Simpson	502
Simpson, D	503
Simpson, J	504
Simpson, M	505
Simpson, S	506

Sims	507	Sle	547	Smith, John	587
Sims, M	508	Slem	548	Smith, Jos	588
Sin	509	Sli	549	Smith, K	589
Sinclair, J	510	Slo	550	Smith, L	590
Sind	511	Sloan, M	551	Smith, M	591
Sing	512	Sloane	552	Smith, Mi	592
Singer, G	513	Slob	553	Smith, N	593
Singer, M	514	Slom	554	Smith, O	594
Singer, R	515	Slot	555	Smith, P	595
Singh	516	Slu	556	Smith, R	596
Singh, G	517	Sma	557	Smith, Rob't	597
Singh, M	518	Small, J	558	Smith, Roge	598
Singh, S	519	Smalley	559	Smith, S	599
Singl	520	Smar	560	Smith, Sol	600
Sinh	521	Smart, M	561	Smith, St	601
Sini	522	Sme	562	Smith, T	602
Sins	523	Smel	563	Smith, W	603
Sir	524	Smi	564	Smith, Willi	604
Sirm	525	Smim	565	Smith, Wm	605
Sis	526	Smith	566	Smithe	606
Siv	527	Smith, Am	567	Smithson	607
Six	528	Smith, B	568	Smo	608
Ska	529	Smith, Bo	569	Smoo	609
Ske	530	Smith, C	570	Smy	610
Skelton	531	Smith, Charl	571	Smyth, M	611
Ski	532	Smith, Co	572	Sna	612
Skinner	533	Smith, D	573	Snell	613
Skinner, J	534	Smith, David	574	Sni	614
Skir	535	Smith, De	575	Sno	615
Sko	536	Smith, Do	576	Snow	616
Skom	537	Smith, E	577	Snow, M	617
Skr	538	Smith, Eli	578	Sny	618
Skv	539	Smith, F	579	Snyder, G	619
Sla	540	Smith, G	580	Snyder, M	620
Slad	541	Smith, George	581	So	621
Slag	542	Smith, H	582	Sobel	622
Slater	543	Smith, He	583	Sobo	623
Slater, M	544	Smith, I	584	Soc	624
Slaughter	545	Smith, J	585	Social	625
Slav	546	Smith, Je	586	Social M	626

Socialist	627
Socied	628
Societa	629
Societe	630
Societe M	631
Societe S	632
Society	633
Society G	634
Society P	635
Sociolog	636
Sod	637
Soe	638
Soft	639
Sog	640
Soil	641
Sok	642
Soklov	643
Sol	644
Sole	645
Soll	646
Solo	647
Solomon, D	648
Solomon, M	649
Solt	650
Som	651
Somal	652
Somerv	653
Somm	654
Somers	655
Son	656
Song	657
Sonn	658
Sono	659
Soo	660
Sop	661
Sor	662
Soren	663
Sorenson	664
Sori	665
Sorr	666
Sos	667
Sou	668
Soul	669
Sound	670
Source	671
South	672
South Af	673
South Am	674
South As	675
South Au	676
South C	677
South M	678
Southe	679
Southeast	680
Southern	681
Southern M	682
Southwest	683
Southwick	684
Souto	685
Soviet	686
Soviet M	687
Sow	688
Spa	689
Spad	690
Spain	691
Spalding	692
Span	693
Spar	694
Sparks	695
Sparr	696
Spau	697
Spe	698
Spears	699
Special	700
Speck	701
Spee	702
Spei	703
Spel	704
Spen	705
Spencer	706
Spencer, G	707
Spencer, M	708
Spencer, S	709
Speng	710
Sper	711
Spero	712
Spi	713
Spieg	714
Spiel	715
Spier	716
Spil	717
Spin	718
Spink	719
Spir	720
Spit	721
Spiva	722
Spo	723
Spol	724
Sport	725
Spr	726
Spra	727
Spran	728
Spri	729
Springer	730
Spro	731
Spru	732
Spu	733
Sq	734
Squirs	735
Sra	736
Sri	737
Sriv	738
Sro	739
St	740
Stac	741
Stack	742
Stad	743
Staf	744
Stafford, M	745
Stah	746

Stai	747
Stal	748
Stalling	749
Stam	750
Stamp	751
Stan	752
Stand	753
Standish	754
Stanf	755
Stang	756
Stanis	757
Stanl	758
Stanley, G	759
Stanley, M	760
Stann	761
Stant	762
Stanton, M	763
Stap	764
Star	765
Stark	766
Stark, M	767
Starki	768
Starr	769
Starr, M	770
Start	771
Stat	772
State G	773
State R	774
Statis	775
Stau	776
Stauf	777
Stav	778
Ste	779
Stearn	780
Steb	781
Sted	782
Steel	783
Steele	784
Steele, J	785
Steele, S	786
Steen	787
Steer	788
Stef	789
Steffe	790
Steg	791
Stei	792
Stein	793
Stein, F	794
Stein, M	795
Stein, S	796
Steinb	797
Steinberg, M	798
Steine	799
Steiner, M	800
Steinf	801
Steins	802
Stel	803
Sten	804
Stem	805
Step	806
Stephen	807
Stephens	808
Stephens, J	809
Stephens, R	810
Stephenson	811
Stephenson, G	812
Stephenson, M	813
Stephenson, R	814
Ster	815
Stern	816
Stern, G	817
Stern, M	818
Stern, R	819
Sternb	820
Sterne	821
Stet	822
Stev	823
Stevens, D	824
Stevens, J	825
Stevens, M	826
Stevens, S	827
Stevenson	828
Stevenson, G	829
Stevenson, M	830
Stevenson, S	831
Stew	832
Stewart	833
Stewart, D	834
Stewart, G	835
Stewart, J	836
Stewart, M	837
Stewart, R	838
Stewart, T	839
Sti	840
Stie	841
Stif	842
Stil	843
Stillman	844
Stim	845
Stin	846
Stinb	847
Stir	848
Stit	849
Sto	850
Stocka	851
Stockh	852
Stockm	853
Stod	854
Stoddard	855
Stoe	856
Stof	857
Stok	858
Stokes	859
Stokes, M	860
Stol	861
Stolo	862
Ston	863
Stone, D	864
Stone, G	865
Stone, J	866

Stone, M	867	Stru	907	Sur	947
Stone, P	868	Strung	908	Surin	948
Stone, S	869	Stry	909	Surr	949
Stone, T	870	Stu	910	Surv	950
Stone, W	871	Stuart, G	911	Sus	951
Stoneman	872	Stuart, R	912	Sussman	952
Stoo	873	Stub	913	Sut	953
Stor	874	Stuc	914	Suth	954
Stork	875	Student	915	Sutherland, J	955
Storr	876	Studi	916	Suti	956
Stos	877	Studia	917	Sutton	957
Stou	878	Stue	918	Sutton, J	958
Stout	879	Stum	919	Sutton, R	959
Stove	880	Stur	920	Suz	960
Stow	881	Sturm	921	Sva	961
Stra	882	Stut	922	Svens	962
Strad	883	Sub	923	Swa	963
Strak	884	Subr	924	Swain	964
Strang	885	Suc	925	Swam	965
Stras	886	Sud	926	Swan	966
Strat	887	Sue	927	Swander	967
Stratt	888	Sug	928	Swanson	968
Strau	889	Sugg	929	Swanson, L	969
Straus	890	Sui	930	Swar	970
Straus, M	891	Sul	931	Swartz	971
Strauss	892	Sullivan	932	Swazil	972
Straw	893	Sullivan, E	933	Swe	973
Stre	894	Sullivan, J	934	Sweden	974
Street	895	Sullivan, M	935	Sweeney	975
Strief	896	Sullivan, S	936	Sweetland	976
Strem	897	Sully	937	Swensen	977
Stri	898	Sum	938	Swet	978
Strickl	899	Summers	939	Swi	979
Strid	900	Sumn	940	Swift	980
Strin	901	Sun	941	Swin	981
Stro	902	Sundb	942	Swit	982
Strog	903	Sunderl	943	Sy	983
Stron	904	Sundown	944	Syk	984
Strong, M	905	Suns	945	Syl	985
Strot	906	Sup	946	Sym	986

Symons	987
Symp	988
Symposium	989
Symposium J	990
Symposium R	991
Syn	992
Syr	993
Sza	994
Szan	995
Sze	996
Szel	997
Szi	998
Szu	999

T

T	101
Tabe	102
Tabo	103
Tac	104
Tad	105
Taf	106
Tag	107
Tagl	108
Tai	109
Taip	110
Tait	111
Taiw	112
Tak	113
Takai	114
Take	115
Tal	116
Talbo	117
Talbot, M	118
Talbott	119
Tale	120
Tall	121
Talley	122
Talm	123
Talo	124
Tam	125
Tamb	126
Tami	127
Tamp	128
Tan	129
Tanaka	130
Tanc	131
Tand	132
Tang	133
Tani	134
Tann	135
Tanner	136
Tanner, M	137
Tans	138
Tanza	139
Tap	140
Tapp	141
Tar	142
Taras	143
Tarb	144
Tard	145
Targ	146
Tarl	147
Tarn	148
Tarr	149
Tars	150
Tartan	151
Tas	152
Task	153
Tat	154
Tate	155
Tate, M	156
Tath	157
Tatt	158
Tau	159
Taub	160
Taul	161
Tav	162
Taver	163
Taw	164
Tax	165
Tay	166
Tayler, A	167
Taylor, An	168
Taylor, B	169
Taylor, C	170
Taylor, D	171
Taylor, E	172
Taylor, F	173
Taylor, G	174
Taylor, H	175
Taylor, J	176
Taylor, Jo	177
Taylor, K	178
Taylor, L	179
Taylor, M	180
Taylor, N	181
Taylor, P	182
Taylor, R	183
Taylor, Ro	184
Taylor, S	185
Taylor, T	186
Taylor, W	187
Taz	188
Tc	189
Te	190
Teach	191
Teag	192
Teb	193
Tec	194
Techni	195
Techno	196
Ted	197
Tee	198
Tef	199
Tei	200
Teil	201
Teiw	202
Tel	203
Telecom	204

Telep	205	Thap	245	Thomas, M	285
Telev	206	That	246	Thomas, N	286
Telf	207	Thay	247	Thomas, P	287
Tell	208	Thayer, M	248	Thomas, R	288
Tem	209	The	249	Thomas, Ro	289
Temp	210	Theat	250	Thomas, S	290
Templ	211	Thei	251	Thomas, T	291
Temple, P	212	Thel	252	Thomas, W	292
Templet	213	Theo	253	Thomason	293
Ten	214	Theodo	254	Thomp	294
Teng	215	Theolog	255	Thompson, B	295
Tenn	216	Theon	256	Thompson, C	296
Tennesse	217	Theop	257	Thompson, D	297
Tenney	218	Theory	258	Thompson, Do	298
Tennis	219	Ther	259	Thompson, F	299
Teo	220	Thero	260	Thompson, G	300
Ter	221	Thesau	261	Thompson, H	301
Tere	222	Thi	262	Thompson, J	302
Terh	223	Thie	263	Thompson, Jo	303
Term	224	Thiel	264	Thompson, K	304
Terr	225	Thiem	265	Thompson, L	305
Terre	226	Thier	266	Thompson, M	306
Terri	227	Thies	267	Thompson, N	307
Terry	228	Thil	268	Thompson, P	308
Terry, M	229	Third	269	Thompson, R	309
Ters	230	This	270	Thompson, S	310
Tes	231	Tho	271	Thompson, T	311
Tesau	232	Thom	272	Thompson, V	312
Tess	233	Thoman	273	Thompson, W	313
Test	234	Thomas	274	Thoms	314
Tet	235	Thomas, B	275	Thomson	315
Teu	236	Thomas, C	276	Thomson, D	316
Tew	237	Thomas, D	277	Thomson, H	317
Texas	238	Thomas, De	278	Thomson, M	318
Text	239	Thomas, E	279	Thomson, P	319
Tey	240	Thomas, F	280	Thomson, S	320
Th	241	Thomas, H	281	Thomson, W	321
Thail	242	Thomas, J	282	Thor	322
Thal	243	Thomas, Ji	283	Thore	323
Tham	244	Thomas, K	284	Thom	324

Thornb	325
Thornd	326
Thorne	327
Thorner	328
Thornto	329
Thornton, M	330
Thornton, S	331
Thorp	332
Thorpe	333
Thorpe, M	
334	
Thors	335
Thr	336
Thre	337
Thro	338
Thu	339
Thur	340
Thurm	341
Thuro	342
Thurston	343
Thurston, M	344
Thw	345
Thy	346
Ti	347
Tibe	348
Tic	349
Tick	350
Tie	351
Tief	352
Tien	353
Tier	354
Ties	355
Tif	356
Tig	357
Tih	358
Til	359
Tile	360
Till	361
Tilley	362
Tillman	363
Tillo	364
Tils	365
Tim	366
Time	367
Times	368
Timm	369
Timmerman	370
Timmon	371
Timo	372
Tin	373
Tind	374
Tink	375
Tinn	376
Tip	377
Tips	378
Tir	379
Tis	380
Tise	381
Tit	382
Title	383
Titt	384
Tj	385
To	386
Toba	387
Tobi	388
Tobin	389
Tobin, M	390
Toc	391
Tod	392
Todd	393
Todd, G	394
Todd, M	395
Tode	396
Toe	397
Tof	398
Tog	399
Togo	400
Toh	401
Tok	402
Tokyo	403
Tol	404
Tole	405
Toli	406
Toll	407
Tolley	408
Tolm	409
Tols	410
Tom	411
Tomas	412
Tomb	413
Tome	414
Tomi	415
Tomk	416
Tomlinson	417
Tomlinson, M	418
Tomp	419
Tompkins, M	420
Ton	421
Tong	422
Toni	423
Tonn	424
Too	425
Tool	426
Toom	427
Toor	428
Top	429
Topic	430
Topol	431
Topp	432
Tor	433
Tore	434
Tori	435
Torn	436
Toron	437
Torr	438
Torre	439
Torren	440
Torres	441
Torrey	442
Torri	443

Tort	444	Tram	484	Trime	524
Tos	445	Trans	485	Trin	525
Tosi	446	Transp	486	Trini	526
Tot	447	Trap	487	Trip	527
Totm	448	Tras	488	Tripp	528
Tou	449	Trau	489	Tris	529
Toul	450	Traum	490	Trit	530
Tour	451	Travail	491	Triv	531
Tourist	452	Travel	492	Tro	532
Tourn	453	Travers	493	Trof	533
Tous	454	Travi	494	Trol	534
Tout	455	Travis, M	495	Trom	535
Touv	456	Trax	496	Tron	536
Tow	457	Tre	497	Tropi	537
Tower	458	Treas	498	Trot	538
Towl	459	Treb	499	Trotter	539
Town	460	Tree	500	Trou	540
Townl	461	Treg	501	Trow	541
Towns	462	Trei	502	Troy	542
Townsend	463	Trel	503	Tru	543
Townsend, D	464	Trem	504	Trud	544
Townsend, J	465	Trembl	505	True	545
Townsend, M	466	Tren	506	Trueg	546
Townsend, S	467	Trench	507	Truf	547
Toy	468	Trend	508	Trum	548
Toz	469	Trent	509	Trumbull	549
Tr	470	Tres	510	Trun	550
Trach	471	Tress	511	Trus	551
Tracy	472	Trev	512	Trut	552
Tracy, M	473	Trever	513	Try	553
Trad	474	Trevo	514	Ts	554
Trade	475	Trew	515	Tsch	555
Trade M	476	Tri	516	Tse	556
Traf	477	Trib	517	Tsi	557
Traffic	478	Tribune	518	Tso	558
Trag	479	Tric	519	Tsu	559
Trai	480	Trie	520	Tsui	560
Train	481	Trig	521	Tsur	561
Traiste	482	Tril	522	Tu	562
Tral	483	Trim	523	Tub	563

Tuc	564
Tuck	565
Tucker	566
Tucker, D	567
Tucker, M	568
Tucker, R	569
Tucker, S	570
Tuckerman	571
Tud	572
Tue	573
Tug	574
Tul	575
Tull	576
Tully	577
Tum	578
Tun	579
Tunisia	580
Tunk	581
Tuo	582
Tur	583
Turc	584
Ture	585
Turk	586
Turkey	587
Turn	588
Turnbull	589
Turnbull, M	590
Turner	591
Turner, C	592
Turner, E	593
Turner, G	594
Turner, J	595
Turner, K	596
Turner, M	597
Turner, P	598
Turner, R	599
Turner, S	600
Turner, W	601
Turno	602
Turp	603
Turt	604
Tus	605
Tut	606
Tuttle	607
Tuttle, M	608
Tuval	609
Tw	610
Twc	611
Twee	612
Twenti	613
Twi	614
Twis	615
Two	616
Ty	617
Tye	618
Tyl	619
Tyler, G	620
Tyler, M	621
Tyler, S	622
Tym	623
Tyn	624
Tyr	625
Tyrrell	626
Tys	627
Tyt	628
Tz	629

U

U	101
Ub	102
Uc	103
Ud	104
Ude	105
Udo	106
Ue	107
Ueki	108
Uf	109
Ug	110
Uh	111
Uhle	112
Ui	113
Uk	114
Ukra	115
Ul	116
Ule	117
Uli	118
Ull	119
Ullman	120
Ullmann	121
Ullo	122
Ulm	123
Ulp	124
Ulr	125
Ult	126
Um	127
Umb	128
Ume	129
Uml	130
Un	131
Underhill	132
Underhill, J	133
Underw	134
Underwood	135
Underwood, M	136
Underwood, S	137
Unesco	138
Ung	139
Unge	140
Unge, G	141
Unge, M	142
Unge, S	143
Uni	144
Union	145
Union I	146
Union N	147
Union S1	48
Unique	149
United	150
United K	151

United N	152
United S	153
Univers	154
Universidad	155
Universidad J	156
Universidad M	157
Universidad S	158
Universita	159
Universite	160
University A	161
University C	162
University G	163
University K	164
University M	165
University O	166
University S	167
University T	168
Uns	169
Unt	170
Unv	171
Up	172
Upd	173
Uph	174
Uphof	175
Upp	176
Upt	177
Upton	178
Ur	179
Urban	180
Urban, M	181
Urc	182
Uri	183
Uris	184
Urq	185
Urr	186
Uru	187
Us	188
Usb	189
Ush	190
Usl	191
Uss	192
Ust	193
Uta	194
Utl	195
Uttley	196
Uv	197
Uy	198
Uz	199

V

V	101
Vach	102
Vad	103
Vag	104
Vai	105
Vail, M	106
Vain	107
vaj	108
Val	109
Vald	110
Vale	111
Valen	112
Valent	113
Valentine, M	114
Valentino	115
Valer	116
Vali	117
Valk	118
Vall	119
Valle	120
Vallen	121
Valli	122
Valo	123
Vam	124
Van	125
Vanak	126
Vanam	127
Vanas	128
Vanb	129
Vanben	130
Vanbr	131
Vanbu	132
Vanc	133
Vance	134
Vance, M	135
Vancl	136
Vand	137
Vande	138
Vandel	139
Vanden	140
Vandenberg, M	141
Vandenbo	142
Vandend	143
Vander	144
Vanderbilt	145
Vanderd	146
Vanderh	147
Vanderk	148
Vanderl	149
Vanderm	150
Vandermer	151
Vanderp	152
Vanders	153
Vanderv	154
Vanderw	155
Vanderwo	156
Vandeu	157
Vandev	158
Vandew	159
Vandi	160
Vando	161
Vandre	162
Vandy	163
Vane	164
Vanek	165
Vanessa	166
Vang	167
Vango	168
Vanh	169

Vanhe	170	Varl	210	Vent	250
Vanho	171	Varn	211	Ventu	251
Vanhou	172	Varni	212	Venu	252
Vani	173	Vars	213	Ver	253
Vanka	174	Vas	214	Verbo	254
Vankl	175	Vasi	215	Verd	255
Vanl	176	Vasin	216	Verdo	256
Vanle	177	Vass	217	Vere	257
Vanli	178	Vast	218	Verel	258
Vanloo	179	Vat	219	Verg	259
Vanm	180	Vatican	220	Vergi	260
Vanmel	181	Vau	221	Verh	261
Vann	182	Vaughan	222	Veri	262
Vannes	183	Vaughan, C	223	Verl	263
Vanno	184	Vaughan, G	224	Verm	264
Vano	185	Vaughan, M	225	Verme	265
Vanos	186	Vaughan, S	226	Vern	266
Vanp	187	Vaughn	227	Verner	267
Vanr	188	Vaughn, M	228	Verno	268
Vanri	189	Vaul	229	Vernon, M	269
Vanro	190	Vay	230	Vero	270
Vans	191	Vb	231	Verr	271
Vanse	192	Ve	232	Vers	272
Vansl	193	Vec	233	Verso	273
Vanst	194	Ved	234	Verv	274
Vant	195	Vee	235	Ves	275
Vanto	196	Veg	236	Vess	276
Vanuatu	197	Vei	237	Vet	277
Vanv	198	Veit	238	Vett	278
Vanvla	199	Vel	239	Veu	279
Vanw	200	Veld	240	Vi	280
Vanwb	201	Veli	241	Viar	281
Vanwy	202	Vel	242	Vic	282
Vanzee	203	Velo	243	Vick	283
Vap	204	Ven	244	Vickers	284
Var	205	Vend	245	Vickery	285
Vard	206	Venez	246	Victo	286
Vare	207	Veng	247	Victor, M	287
Varg	208	Venk	248	Victoria	288
Varge	209	Venn	249	Vid	289

Video	290
Vido	291
Vie	292
Viel	293
Vier	294
Vies	295
Viet	296
Vig	297
Vigi	298
Vign	299
Vik	300
Vil	301
Vile	302
Vill	303
Villam	304
Villar	305
Ville	306
Villi	307
Vilm	308
Vin	309
Vincent	310
Vincent, J	311
Vincent, M	312
Vincent, S	313
Vinci	314
Vine	315
Vines	316
Ving	317
Vinn	318
Vio	319
Violl	320
Vir	321
Virgin	322
Viri	323
Vis	324
Vise	325
Visi	326
Visse	327
Visual	328
Vit	329
Vite	330
Vito	331
Vitt	332
Viv	333
Vivi	334
Vivo	335
Vl	336
Vle	337
Vo	338
Voe	339
Vog	340
Vogel, D	341
Vogel, J	342
Vogel, M	343
Vogel, V	344
Vogl	345
Vogt	346
Vogt, M	347
Voi	348
Voigt	349
Voil	350
Vol	351
Volk	352
Volkm	353
Voll	354
Volm	355
Volp	356
Volt	357
Volv	358
Von	359
Vonb	360
Vonbo	361
Vonc	362
Vond	363
Vondi	364
Vone	365
Vonf	366
Vong	367
Vonh	368
Vonhe	369
Vonho	370
Vonk	371
Vonl	372
Vonm	373
Vonn	374
Vonr	375
Vons	376
Vonse	377
Vont	378
Vonw	379
Vony	380
Voo	381
Vor	382
Voro	383
Vors	384
Vos	385
Vose	386
Voss	387
Vossen	388
Vot	389
Vov	390
Voy	391
Vr	392
Vri	393
Vro	394
Vu	395
Vuk	396
Vul	397
Vum	398
Vy	399

W

W	101
Wac	102
Wacht	103
Wack	104
Wad	105
Waddell, M	106
Wade 1	107

Wade, G	108	Walk	148	Walsh, M	188
Wade, M	109	Walker, B	149	Walsh, P	189
Wade, S	110	Walker, C	150	Walsh, S	190
Wadh	111	Walker, D	151	Walsh, W	191
Wads	112	Walker, E	152	Walt	192
Wae	113	Walker, G	153	Walter, G	193
Wag	114	Walker, J	154	Walter, M	194
Wagen	115	Walker, K	155	Walter, S	195
Wagg	116	Walker, M	156	Walters	196
Wagl	117	Walker, N	157	Walters, G	197
Wagn	118	Walker, R	158	Walters, M	198
Wagner, E	119	Walker, S	159	Walters, S	199
Wagner, H	120	Walker, T	160	Walth	200
Wagner, K	121	Walker, W	161	Walther	201
Wagner, M	122	Walket	162	Walto	202
Wagner, P	123	Wall	163	Walton, G	203
Wagner, S	124	Wall, K	164	Walton, M	204
Wagon	125	Wallace	165	Walton, S	205
Wah	126	Wallace, D	166	Walu	206
Wahle	127	Wallace, F	167	Walz	207
Wai	128	Wallace, J	168	Wam	208
Wain	129	Wallace, M	169	Wan	209
Wainwright	130	Wallace, P	170	Wando	210
Wait	131	Wallace, S	171	Wang	211
Waite, M	132	Wallace, W	172	Wang, G	212
Wak	133	Wallach	173	Wang, M	213
Wakef	134	Wallard	174	Wang, S	214
Wakel	135	Walle	175	Wange	215
Wakin	136	Waller	176	Wanl	216
Wal	137	Waller, M	177	Wap	217
Walch	138	Walli	178	War	218
Wald	139	Wallis	179	Ward	219
Walde	140	Wallis, M	180	Ward, C	220
Waldm	141	Wallman	181	Ward, E	221
Waldo	142	Walls	182	Ward, H	222
Waldr	143	Walm	183	Ward, J	223
Waldrop	144	Walp	184	Ward, K	224
Wale	145	Wals	185	Ward, M	225
Walf	146	Walsh, D	186	Ward, P	226
Wali	147	Walsh, J	187	Ward, S	227

Ward, W	228	Wassi	268	Wayne, M	308
Warde	229	Wat	269	We	309
Wardl	230	Water	270	Wear	310
Ware	231	Water, R	271	Weather	311
Ware, J	232	Waterb	272	Weathers	312
Warf	233	Waterh	273	Weaver	313
Wari	234	Waterm	274	Weaver, G	314
Wark	235	Waterman, M	275	Weaver, M	315
Warm	236	Waters	276	Weaver, S	316
Warn	237	Waters, M	277	Web	317
Warner, D	238	Waterson	278	Webb, D	318
Warner, J	239	Watk	279	Webb, J	319
Warner, M	240	Watkins, G	280	Webb, M	320
Warner, S	241	Watkins, M	281	Webb, S	321
Warni	242	Watkins, S	282	Webb, W	322
Warr	243	Watl	283	Webbe	323
Warren, C	244	Wats	284	Webber, M	324
Warren, F	245	Watson, C	285	Weber	325
Warren, J	246	Watson, E	286	Weber, D	326
Warren, M	247	Watson, J	287	Weber, G	327
Warren, R	248	Watson, M	288	Weber, J	328
Warren, S	249	Watson, P	289	Weber, M	329
Warren, W	250	Watson, S	290	Weber, R	330
Warri	251	Watson, W	291	Weber, S	331
Wars	252	Watt	292	Webster	332
Wart	253	Watt, G	293	Webster, E	333
Warwick	254	Watt, M	294	Webster, J	334
Was	255	Watt, S	295	Webster, M	335
Washburn	256	Watten	296	Webster, S	336
Washburn, M	257	Watterson	297	Wech	337
Washington	258	Watts	298	Weck	338
Washington, G	259	Watts, G	299	Wed	339
Washington, M	260	Watts, M	300	Wede	340
Washington, R	261	Watts, S	301	Wedg	341
Washington, T	262	Wau	302	Wee	342
Wasi	263	Waugh, M	303	Week	343
Wass	264	Wax	304	Weekly	344
Wasserman	265	Way	305	Weeks	345
Wasserman, M	266	Wayb	306	Weeks, M	346
Wassermann	267	Wayn	307	Weem	347

Weg	348
Wegm	349
Weh	350
Wehr	351
Wei	352
Weib	353
Weiden	354
Weidm	355
Weig	356
Weigl	357
Weil	358
Weil, M	359
Weiler	360
Weim	361
Wein	362
Weinberg	363
Weinberg, G	364
Weinberg, M	365
Weinberg, S	366
Weinberger	367
Weine	368
Weiner, G	369
Weiner, M	370
Weher, S	371
Weingart	372
Weinh	373
Weinm	374
Weins	375
Wehstein, F	376
Weinstein, M	377
Weinstein, S	378
Weint	379
Weir	380
Weir, M	381
Weis	382
Weisb	383
Weisbo	384
Weise	385
Weisg	386
Weisk	387
Weiss	388
Weiss, E	389
Weiss, J	390
Weiss, M	391
Weiss, P	392
Weiss, S	393
Weissb	394
Weissen	395
Weissm	396
Weissn	397
Weit	398
Weitzman	399
Wel	400
Welch	401
Welch, G	402
Welch, M	403
Welch, S	404
Weld	405
Weldon	406
Welf	407
Well	408
Weller	409
Welles	410
Welli	411
Wellm	412
Wells	413
Wells, D	414
Wells, E	415
Wells, G	416
Wells, J	417
Wells, M	418
Wells, P	419
Wells, S	420
Wells, W	421
Welsh	422
Welt	423
Welton	424
Wem	425
Wend	426
Wendl	427
Wendt	428
Weng	429
Wenh	430
Wenn	431
Went	432
Wentworth	433
Wentz	434
Wenz	435
Wer	436
Werg	437
Wern	438
Werner, G	439
Werner, M	440
Wernh	441
Wert	442
Werther	443
Wes	444
Wesl	445
Wesner	446
Wess	447
Wessing	448
West	449
West A	450
West D	451
West J	452
West M	453
West R	454
West S	455
West W	456
Westa	457
Westb	458
Westc	459
Weste	460
Westerh	461
Westerm	462
Western	463
Western C	464
Western J	465
Western P	466
Western T	467

Westf	468	Whitb	508	Whittaker, M	548
Westh	469	Whitc	509	Whitte	549
Westl	470	White, A	510	Whitti	550
Westm	471	White, B	511	Whittl	551
Westo	472	White, C	512	Whitw	552
Weston, J	473	White, D	513	Who	553
Weston, S	474	White, E	514	Why	554
Westp	475	White, F	515	Whyte, M	555
Westr	476	White, H	516	Wi	556
Wet	477	White, J	517	Wic	557
Wetm	478	White, Jo	518	Wick	558
Wetz	479	White, K	519	Wicker	559
Wex	480	White, L	520	Wickh	560
Wey	481	White, M	521	Wicks	561
Weyl	482	White, N	522	Wid	562
Weym	483	White, R	523	Wide	563
Wh	484	White, Ro	524	Widm	564
Whaley	485	White, S	525	Wie	565
Whall	486	White, T	526	Wied	566
Whart	487	White, W	527	Wieg	567
What	488	Whitea	528	Wiel	568
Whate	489	Whiteh	529	Wien	569
Whe	490	Whitehead, J	530	Wiener, M	570
Wheatl	491	Whiteho	531	Wier	571
Wheato	492	Whitel	532	Wies	572
Whee	493	Whitem	533	Wiesen	573
Wheeler, C	494	Whites	534	Wiess	574
Wheeler, G	495	Whitf	535	Wig	575
Wheeler, M	496	Whiti	536	Wiggens	576
Wheeler, S	497	Whiting, M	537	Wight	577
Wheelo	498	Whitl	538	Wigm	578
Whel	499	Whitm	539	Wih	579
When	500	Whitman, M	540	Wik	580
Whi	501	Whitman, S	541	Wil	581
Whig	502	Whitmo	542	Wilbu	582
Whip	503	Whitn	543	Wilc	583
Whis	504	Whitney, G	544	Wilcox, E	584
Whit	505	Whitney, M	545	Wilcox, M	585
Whitaker, G	506	Whitney, S	546	Wild	586
Whitaker, M	507	Whitt	547	Wilde	587

Wilde, M	588	Williams, De	628	Wilson, C	668
Wilder	589	Williams, F	629	Wilson, D	669
Wilder, M	590	Williams, G	630	Wilson, De	670
Wildg	591	Williams, Ger	631	Wilson, E	671
Wildm	592	Williams, H	632	Wilson, F	672
Wile	593	Williams, J	633	Wilson, G	673
Wiley	594	Williams, Jan	634	Wilson, H	674
Wiley, M	595	Williams, Jo	635	Wilson, J	675
Wilf	596	Williams, K	636	Wilson, Jo	676
Wilh	597	Williams, M	637	Wilson, K	677
Wilhelm, M	598	Williams, Me	638	Wilson, L	678
Wilk	599	Williams, P	639	Wilson, M	679
Wilker	600	Williams, R	640	Wilson, N	680
Wilkes	601	Williams, Ro	641	Wilson, P	681
Wilki	602	Williams, S	642	Wilson, R	682
Wilkins	603	Williams, T	643	Wilson, Ro	683
Wilkins, M	604	Williams, W	644	Wilson, S	684
Wilkinson	605	Williamson	645	Wilson, T	685
Wilkinson, E	606	Williamson, F	646	Wilson, W	686
Wilkinson, J	607	Williamson, J	647	Wilt	687
Wilkinson, M	608	Williamson, M	648	Wim	688
Wilkinson, S	609	Williamson, S	649	Win	689
Wilks	610	Willie	650	Winc	690
Will	611	Willin	651	Wind	691
Willar	612	Willis	652	Winde	692
Willard, M	613	Willis, G	653	Windi	693
Willc	614	Willis, M	654	Winds	694
Wille	615	Willis, S	655	Wine	695
Willem	616	Willist	656	Wines	696
Willen	617	Willm	657	Wing	697
Willes	618	Willner	658	Winge	698
Willey	619	Willo	659	Wingo	699
Willi	620	Wills	660	Wink	700
William, M	621	Wills, M	661	Winkler	701
Williams	622	Willson	662	Winkler, M	702
Williams, Am	623	Wilm	663	Winn	703
Williams, B	624	Wilmo	664	Winner	704
Williams, C	625	Wilner	665	Wino	705
Williams, Ch	626	Wilson,	666	Wins	706
Williams, D	627	Wilson, B	667	Winslow, G	707

Winsor	708
Winston	709
Winston, M	710
Wint	711
Winter, G	712
Winter, M	713
Winter, S	714
Winterb	715
Winters	716
Winters, M	717
Winth	718
Wintr	719
Wir	720
Wirt	721
Wirth, M	722
Wis	723
Wise	724
Wise, G	725
Wise, M	726
Wisem	727
Wiseman, M	728
Wish	729
Wisl	730
Wiss	731
Wit	732
With	733
Withers	734
Withi	735
Witk	736
Witm	737
Witt	738
Witt, M	739
Witte	740
Witten	741
Wittg	742
Wittm	743
Wittr	744
Witz	745
Wl	746
Wo	747
Woe	748
Wof	749
Woh	750
Woi	751
Wol	752
Wolcott	753
Wold	754
Wolf	755
Wolf, E	756
Wolf, J	757
Wolf, M	758
Wolf, S	759
Wolfe	760
Wolfe, D	761
Wolfe, J	762
Wolfe, M	763
Wolfe, T	764
Wolff	765
Wolff, J	766
Wolff, M	767
Wolff, S	768
Wolfg	769
Wolfr	770
Wolfson	771
Woli	772
Wolk	773
Woll	774
Wolle	775
Wolm	776
Wolp	777
Wols	778
Wolt	779
Wolv	780
Woma	781
Women	782
Wong	783
Wong, J	784
Wong, S	785
Wonh	786
Woo	787
Wood, B	788
Wood, D	789
Wood, E	790
Wood, J	791
Wood, K	792
Wood, M	793
Wood, P	794
Wood, S	795
Wood, W	796
Wooda	797
Woodb	798
Woodbu	799
Woodc	800
Woodf	801
Woodh	802
Woodi	803
Woodm	804
Woodr	805
Woodru	806
Woods	807
Woods, G	808
Woods, M	809
Woods, S	810
Woodsi	811
Woodw	812
Woodward, G	813
Woodward, M	814
Woodwell	815
Woody	816
Wool	817
Woolf	818
Woolg	819
Woolm	820
Wools	821
Woot	822
Wor	823
Word	824
Wordsw	825
Work	826
Workm	827

Worl	828
World E	829
World M	830
World P	831
World S	832
Worm	833
Woro	834
Wors	835
Wort	836
Worthing	837
Worthington, M	838
Wortm	839
Wou	840
Wr	841
Wre	842
Wri	843
Wright	844
Wright, B	845
Wright, C	846
Wright, D	847
Wright, E	848
Wright, G	849
Wright, J	850
Wright, K	851
Wright, M	852
Wright, P	853
Wright, R	854
Wright, S	855
Wright, V	856
Wrightman	857
Writ	858
Wro	859
Wu	860
Wu, M	861
Wue	862
Wul	863
Wun	864
Wur	865
Wurt	866
Wus	867
Wy	868
Wyatt, M	869
Wyc	870
Wye	871
Wyl	872
Wylie, J	873
Wym	874
Wyn	875
Wynn	876
Wynne	877
Wyo	878
Wyss	879

X

X	101
Xan	102
Xav	103
Xe	104
Xexi	105
Xie	106
Xl	107
Xu	108
Xun	109

Y

Y	101
Yac	102
Yae	103
Yagi	104
Yah	105
Yak	106
Yal	107
Yale, M	108
Yam	109
Yamag	110
Yamam	111
Yaman	112
Yame	113
Yan	114
Yand	115
Yang	116
Yang, M	117
Yani	118
Yann	119
Yao	120
Yar	121
Yard	122
Yarf	123
Yarn	124
Yarr	125
Yas	126
Yasu	127
Yat	128
Yates, G	129
Yates, M	130
Yates, S	131
Yau	132
Yaw	133
Ye	134
Yeam	135
Yearbook	136
Yearbook D	137
Yearbook J	138
Yearbook M	139
Yearbook S	140
Yearbook W	141
Yeat	142
Yeb	143
Yeg	144
Yel	145
Yen	146
Yeo	147
Yep	148
Yes	149
Yeu	150
Yh	151
Yin	152

Yl	153
Yo	154
Yod	155
Yog	156
Yok	157
Yon	158
Yonge	159
Yoo	160
Yor	161
York	162
York, M	163
Yorke	164
Yos	165
Yoshio	166
Yot	167
Youe	168
Young	169
Young, An	170
Young, C	171
Young, D	172
Young, E	173
Young, F	174
Young, G	175
Young, H	176
Young, J	177
Young, Jo	178
Young, L	179
Young, M	180
Young, O	181
Young, R	182
Young, S	183
Young, T	184
Young, W	185
Younger	186
Youngm	187
Youngs	188
Your	189
Yous	190
Yp	191
Yu	192
Yu, M	193
Yua	194
Yug	195
Yuk	196
Yun	197
Yur	198
Yus	199

Z

Z	101
Zabe	102
Zac	103
Zacher	104
Zacu	105
Zag	106
Zah	107
Zaham	108
Zai	109
Zak	110
Zal	111
Zali	112
Zam	113
Zamo	114
Zan	115
Zane	116
Zang	117
Zann	118
Zap	119
Zar	120
Zari	121
Zaro	122
Zas	123
Zau	124
Zaui	125
Zay	126
Zd	127
Ze	128
Zec	129
Zed	130
Zeg	131
Zei	132
Zeigler	133
Zeis	134
Zeit	135
Zeits	136
Zel	137
Zelen	138
Zell	139
Zelles	140
Zem	141
Zen	142
Zeno	143
Zentra	144
Zer	145
Zern	146
Zes	147
Zet	148
Zev	149
Zh	150
Zhon	151
Zhur	152
Zi	153
Zie	154
Zieg	155
Ziegler	156
Ziegler, M	157
Ziem	158
Zies	159
Zif	160
Zik	161
Zil	162
Zim	163
Zimba	164
Zimmer	165
Zimmer, M	166
Zimmerman	167
Zimmerman, G	168
Zimmerman, M	169
Zimmerman, S	170

Zimmermann	171	Zoe	184	Zuc	197
Zimn	172	Zol	185	Zuckerman	198
Zims	173	Zolo	186	Zuckerman, M	199
Zin	174	Zon	187	Zues	200
Zink	175	Zoo	188	Zul	201
Zio	176	Zoolo	189	Zun	202
Zip	177	Zop	190	Zur	203
Zir	178	Zor	191	Zus	204
Zis	179	Zot	192	Zw	205
Zit	180	Zou	193	Zwem	206
Ziv	181	Zs	194	Zwl	207
Zlo	182	Zu	195	Zwy	208
Zo	183	Zuber, M	196	Zy	209

Ⅵ. 저자기호표의 자동검색 시스템

A. 시스템 설계의 개요

본 연구의 Ⅱ장에서도 언급한 바와 같이 열거식 저자기호표들은 기호수의 방대함으로 인하여 기호를 매길 때 많은 시간과 노력을 요하는 문제점이 있었다. 그러나 이 문제는 오늘날 컴퓨터의 활용을 통하여 기호매김의 시간을 절약하고, 업무의 정확성을 기할 수 있게 되어 열거식 저자기호표의 가장 큰 문제점을 해소할 수 있게 되었다.

오늘날 목록 데이터를 컴퓨터에 입력하여 이를 도서관의 제반 업무에 활용하고자 하는 시도가 거의 모든 유형의 도서관에서 행해지고 있다. 특히 서양서를 정리하고자 할때 Bibliofile을 활용하여 분류, 목록을 자동화하는 방법은 국내의 경우 대학도서관을 중심으로 점차 일반화되어 가고 있는 실정이다. 그러나 Bibliofile의 저자기호 부분은 LC저자기호를 중심으로 하고 있고, Sanborn의 저자기호는 할당하고 있지 않기 때문에, Sanborn저자기호표를 사용하는 도서관에서는 결국 수작업을 통해 저자기호를 찾아서 입력하는 비효율적인 방법을 쓰고 있다.

그러므로 이 장에서는 저자기호를 검색할 때 컴퓨터에 기초한 검색방법을 모색, 검색의 효율성을 높히고자 한다. 저자기호법을 위한 자동검색 시스템으로서 가능한 방법은 이론적으로 세가지 유형이 있을 수 있다. 첫째는 Bibliofile과 직접 연계하여 눈으로 확인하면서 저자기호를 자동적으로 산출하여 입력시키는 방법이며, 둘째는

Bibliofile의 서지정보를 자관 MARC 자료형태로 가공하여 호스트 컴퓨터로 보낼 때 저자기호가 내부적으로 가공되어 입력되는 방법이다. 그리고 셋째는 Bibliofile과는 독립적(Stand-alone)으로 저자기호만 자동으로 검색하는 방법이 있다.

이러한 방법 가운데서 첫 번째 방법이 가장 효율적이지만, 현재 활용되고 있는 Bibliofile은 이용자가 실행 화일들을 수정할 수 없기 때문에 시스템의 설계가 불가능하다. 둘째와 셋째 방법만이 가능한데 두 번째 방법은 호스트 컴퓨터와 연결되어 서지데이터가 시스템에 저장된 상태에서 효율적이고 가능한 방법이므로 본고에서는 세 번째 방법, 즉 저자기호만 자동으로 검색하는 방법을 중심으로 구현해 보고자 한다.

구현 도구로는 1984년에 배포된 UCD Micro MUMPS Ver, 5.1을 1을 이용했다. MUMPS(Massachusetts General Hospital Utility Multi- Programming System)는 계층적 데이터 베이스로서, 1960년대 말 메사추세츠 종합병원에서 종래의 FORTRAN, COBOL과 같은 언어가 병원 데이터 처리에 부적합하여 개발된 소프트웨어 도구이다. 병원 환경의 특수한 형태 즉, 질병에 따른 다양한 약품구조, 발생 빈도에 따른 데이터 양의 가변성, 문서 형태의 표현등에 맞도록 설계된 시스템으로서 병원 데이터베이스 응용뿐만 아니라 일반 사업용 팩키지와 도서관 자동화등에도, 널리 사용되고 있다.

MUMPS는 간편하면서도 강력한 고급 언어와 사용하기 쉬운 데이터베이스 처리 시스템을 결합한 시스템인 ANSI(American National Standards Institute)에서 표준으로 인정된 언어는 가변장 문자열 처리 및 다중 터미널 입출력을 지원하며, 프로그램 생성 및 변경 그리고 에러 수정이 쉽도록 만들어져 있다. 또한 신속한 데이터 검색과 반응 시간이 요구되는 온 라인 대화환경에 주로 적용되는 프로그램이다.

데이터베이스는 저자기호표 각 표목의 첫 번째 문자별로 구분하여 26개의 독립된 구조로 구축하였다. 따라서 검색 시 선정된 기본 표목의 첫문자에 따라 26개의 데이터 모듈중 하나의 모듈에 대해 검색이 이루어 지도록 하였으며, 기본 표목의 길이에 따라 처음 두 자리 문자를 검색의 초기치로 설정함으로써 검색의 효율성(검색속도)을 높였다. 아울러 저자기호표 데이터베이스에 저장되는 자료와 검색 대상 기본표목으로 입력되는 자료의 획일성을 기하기 위해 대, 소문자 구분없이 대문자로 자료를 통일시키므로써 검색어를 입력할 때 대문자와 소문자를 혼동하여 입력함에 따라 검색 시 발생할 수 있는 오류의 가능성을 제거하였다.

B. 검색 과정

저자기호를 자동 검색하기 위해서 검색 프로그램을 실행시키면 <그림 6-1>과 같은 메인 메뉴 화면이 나타난다.

>>>>>>> M A I N M E N U <<<<<<<

1. 검 색

2. 종 료

원하는 메뉴번호를 선택하시오.[1-2]-----------------------------[_]

<그림 6-1> Main Menu 화면

1번과 2번 메뉴는 검색을 시작할 때와 작업이 종료될 때 사용된다. 기본표목에 해당하는 저자기호를 검색하기 위해 1번 메뉴(검색)를 선택하면 그림 <6-2>와 같은 검색 초기화면이 나타난다.

<<<<<<< 기 본 표 목 검 색 >>>>>>>

>>>>> 기 본 표 목 :

>>>>> 저 자 기 호 :

[명령어]>>[_]

*********<<<< R = 검색, C = 계속, E = 복귀 >>>>********

<그림 6-2> 검색 초기 화면

검색을 수행하기 위해 검색화면에서 R. C의 명령어를 선택하고, 기본표목의 첫 번째 어휘를 입력하고 기능어ㄴ를 생략한 다음 두 번째 어휘를 입력하면 저자기호가 자동적으로 산출된다. 검색의 기본적인 방법은 ASCII코드값의 비교에 의해 이루어지고, 검색의 초기치는 기본표목의 문자가 2자리수 이상이면 처음 두자리 문자로 주고 아니면, 첫 번째 문자로 준다. 주어진 초기값에서 부터 ASCII코드값의 비교에 의해 검색이 이루어져 검색어의 입력과 거의 동시에 저자기호가 자동적으로 산출된다.

검색어를 입력할 때 다음과 같은 두 가지의 요소를 유의하여야 한다. 첫째, 인명의 경우 성, 콤마, 첫째 이름등 세 요소를 모두 입력해야 한다. 왜냐하면 빈도수가 높은 성의 경우 표목이 세분되어 있기 때문이다. 인명 표목의 경우 두 번째 검색어의 가장 긴 자리수가 6문자이므로, 성과 콤마를 입력한 다음 이름은 최소한 6자리수를 입력해야 한다. 둘째, 단체저자와 서명을 위한 표목의 경우도 빈도수에 따라 세분되어 있으므로 첫 어휘를 입력하고 한칸을 띄운후, 가종 기능서와 관사를 생략한 다음 두 번째 어휘의 첫 문자까지 입력해야 한다.

<그림 6-3>은 John S. Williams란 개인 저자가 기본표목인 경우 저자기호가 검색된 형식을 보여 주고 있으며, <그림 6-4>는 단체저자나 연속간행물의 표제가 American Library로 시작되는 기본표목일 경우의 입력과 저자기호의 검색결과를 예시한 것이다. 그리고 <그림 6-5>는 이상의 전체 검색과정을 흐름도로 나타낸 것이다.

<<<<<<< 기 본 표 목 검 색 >>>>>>>

>>>>> 기 본 표 목 : WILLIAMS, JOHN

>>>>> 저 자 기 호 : W635

[명령어]>>[_]

*********<<<< R = 검색, C = 계속, E = 복귀 >>>>********

<그림 6-3> 인명 표목의 검색 실례

<<<<<<< 기 본 표 목 검 색 >>>>>>>

>>>>> 기 본 표 목 : AMERICANL

>>>>> 저 자 기 호 : A401

[명령어]>>[_]

*********<<<< R = 검색, C = 계속, E = 복귀 >>>>********

<그림 6-4> 단체저자 및 서명 표목의 검색 실례

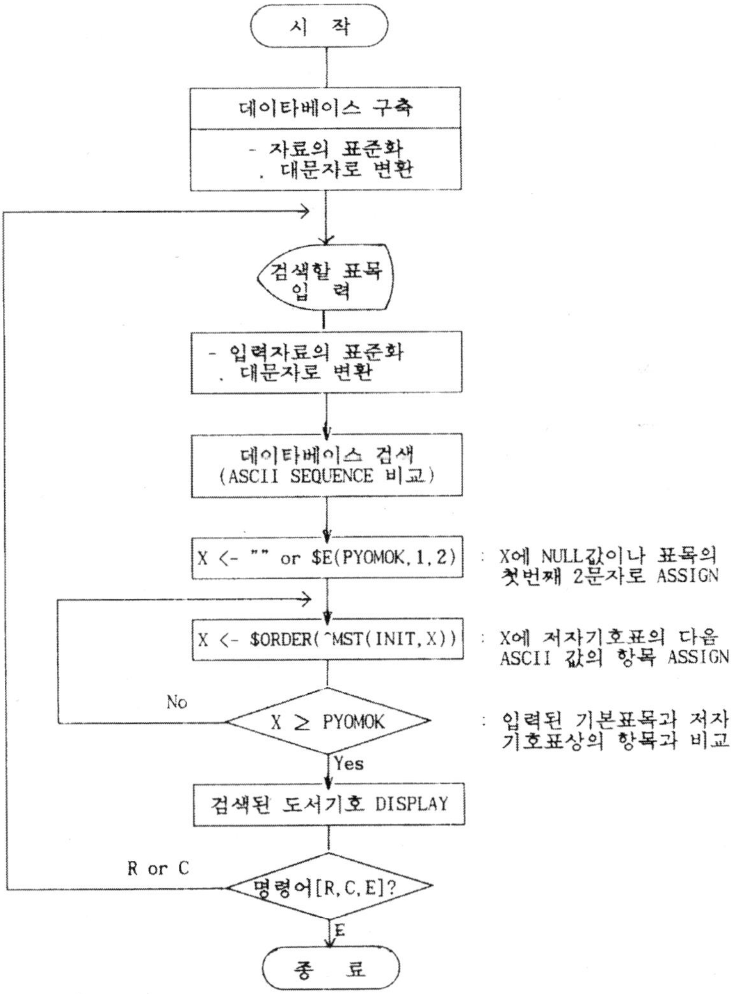

<그림 6-5> 자동 검색 시스템 흐름도

結　論

이상에서 Sanborn의 세자리수 저자기호표의 특성과 장, 단점등을 분석하여 그 내용을 평가하고 분석한 결과 나타난 단점들을 보완하여 새로운 기호표를 구성하는 한편, 이를 자동으로 검색하는 시스템을 개발한바 그 내용을 요약하면 다음과 같다.

1. 저자기호법은 한 저자의 모든 저작과 평론서, 전기서등 연관 저작을 한데 모아 주는 분류의 보조기호로서의 성격을 가지며, 동일 분류항목내의 저작을 개별화하는 기능을 가진다.
2. 저자기호표를 구성하는 형식은 열거식 방법과, 분석 합성식 방법이 있다. Sanborn의 기호표가 채택하고 있는 열거식 방법은 구분능력(표목의 수), 단순성과 간결성, 서가 배열의 용이성, 작업의 능률성, 그리고 자동화시스템의 개발 가능성등의 관점에서 LC저자기호표가 채택하고 있는 분석 합성식 기호표보다 효용성이 높다는 사실을 논증하였다. 아울러 본 연구에서는 표목의 선정범위, 서가배열기준, 알파벳 각 문자별 번호 할당비율, 표목과 표목간의 간격문제, 기호표의 사용과 검색의 능률성, 자동화시스템의 설계 가능성등의 제 요소를 분석하여 이상적인 열거식 저자기호표를 설계하는데 필요한 기준을 제시하였다.
3. 저자기호법은 분류번호 다음에 저자의 성을 그대로 써 넣어주는 형식에서부터 이를 기호로 바꾸어 줌으로써 기존 장서의 중간에 삽입할 수 있는 상대적 기호법으로, 그리고 문자나 숫자만을 사용하는 순수기호로부터 문자와 숫자가 결합된 혼합기호법의 형식으로 발전되어 왔다.

4. Sanborn의 기호표를 분석한 결과, 이는 열거식 서수적 기호체계로서 기존장서의 중간삽입이 가능한 변환시스템, 문자와 숫자가 결합된 혼합기호법, 단순하고 간결하여 기호의 작성과 문헌의 검색에 편리한 점등이 장점으로 나타났다. Sanborn기호표의 단점으로는 각종 단체저자와 연속간행물 및 참고도서의 표제를 기호화하기 어렵다는 점과 각 문자별 번호할당의 비율을 기준 없이 적용함에 따라 기호표의 문자별 점유율에서 심한 편차를 나타내고 있다는 점이다. 이런 현상은 문자그룹별로 저자가 밀집되거나 분산되는 결과를 가져와 저자기호로서의 효용성을 반감시키고 있다. 또한 표목과 표목간의 간격을 결정하는데 있어서 실제적인 인명의 분포상황 및 출판상황과 전혀 일치하지 않아 각 표목별로 저자가 집중되고 분산되는 불균형현상이 심하다. 이러한 현상은 특정 표목에서 문헌의 개별화작업을 어렵게 한다는 사실을 확인하였다.
5. 본고에서는 Sanborn기호표의 장점을 반영하고, 단점으로 제시된 단체저자및 표제, 문자별 번호할당의 비율. 표목의 간격문제를 보완하여 새로운 기호표를 구성, 제시하였다. 이 새로운 기호표는 저자와 표제의 빈도를 분석하여 표목을 선정하였으며, Sanborn기호표에서 6,624개의 표목이 반영되고 새로이 7,120개의 표목을 추가하여 모두 13.744개의 표목으로 구성하였다. 이 기호표는 기본표목의 대상이 되는 모든 요소, 즉 인명, 단체 및 기구명, 국가 및 지역명, 연속간행물과 참고도서의 표제를 기호매김할 수 있다. 그리고 문자별 표목의 할당비율을 전화번호부와 Books in Print에서의 인명 및 단체명의 점유율과 합치되도록 조정하고, 표목간의 간격을 실제 출판상황과 일치시켜 배분함으로써 각 문자별, 표목별 저자의 집중 및 분산을 예방하여 기호표의 효용성을 극대화시킬 수 있도록 하였다.
6. 종래 열거식 기호표들이 가졌던 공통의 결함인 저자기호를 매기는데 소요되는 업무의 부담과 시간문제를 해결하기 위하여 자동

검색 시스템을 개발하여 그 모형을 제시함으로써 문헌의 정리작업을 효율적으로 수행할 수 있도록 하였다.

참 고 문 헌

金南碩. 圖書記號. 大邱, 啓明大學校 出販部, 1988.

리재철. "구조론에 입각한 한국 저자기호표의 연구 한글의 구조상의 특색, 기입의 형식, 배열, 표기법 문제등과 관련한 고찰". 圖書館學, 제1집 (1970). pp. 1-57.

리재철. "저자기호법에 있어서 한글의 기호삼기 문제에 대하여". 人文科學(延世大). 24집 (1971). pp. 221-245.

리재철. "한글, 숫자 기호법의 도서기호로서의 문제점; 張一世氏의 논박에 대한 반박." 人文科學(延世大), 27집(1972). pp.183-212; 28집(1972). pp. 73-102.

李丙洙. "圖書記號의 여러 가지 방법 Ⅰ." 국회도서관보, 5,10 (1968. 11-12), pp. 13-28.

李丙洙. "圖書記號의 여러 가지 방법 Ⅱ". 국회도서관보, 6권 1호(1969. 1-2). pp. 19-28.

장일세. "우리나라에 있어서 저자기호표에 관한 연구." 圖書館學, 제2집 (1971). pp. 1-45.

정필모. "韓國文獻記號法 硏究 現行 列擧式 著者記號法에 대한 代案." 국회도서관보 9권 5호(1972. 7). pp. 5-62.

정필모. 文獻分類論. 서울, 구미무역, 1991.

仙田正雄. 圖書分類と 圖書記號. 東京, 蘭書房, 1955.

Ashley. Frederick W. "Size Marksfor Class Number." *Library Journal*, 26(Janary 1901). p. 22.

Barden, Bertha R. *Book Numbers: A Manual for Students with a Basic Code of Rules*. Chicago, American Library Association, 1937.

Biscoe, Walter Stanley. "Chronological Arrangement. on Shelves."

Library Journal, 10 (Sept.-Oct. 1885). pp. 245-46.

Bliss, Henry Evelyn. "Simplified Book-Notation." *Library Journal*, 35 (December 1910). pp. 544-46.

Bliss, Henry Evelyn. "A Simplified Alphabetic-Order Tab1e." *Library Journal*, 37 (February 1912). pp. 71-74.

"Book Numbers." Library Notes, 3 (October 1893), pp. 419-50.

Brown, Zaidee. "More about Cutter Number." *Library Journal*, 57 (May 1, 1932). p. 437.

Buchanan, Brian. Theory of Library Classification. London, Clive Bingley, 1979(정필모, 오동근 공역. 文獻分類理論. 서울, 구미무역, 1989)

Chan, Lois Mai. *Immorth's Guide to the Library of Congress Classification*. 3rd ed. Littleton, Colo, Libraries Unlimited, 1980.

Chakrabarti, S.N. "Some Modern Problem in Assigning Author Number and Book Number in Classifying Book." *Indian Librarian*, 17(Summer 1962). pp. 109-112.

Comaromi, John P. *Book Numbers: A Historical Study and Practical Guide to Their Use*. Littleton, Colo. Libraries Unlimited, 1981.

Comaromi, John P. and Santija Mohinder P. *Brevity of Notation in Dewey Decimal Classification*. New Delhi, Metropolitan, 1983.

"Cutter Author-Numbers in Connection with the Dewey Classification: [a Symposium]. " *Library Journal*, 13 (Sept-Oct 1888). pp.308-9.

Cutter, Charles Ammi. "Another Plan for Numbering Books." *Library Journal*, 3 (September 1878). pp. 248-51.

Cutter, Charles Ammi. *Boston Athenaeum: How to Get Books, with an Explanation of the New way of Marking Books*. Boston. Press of Rockwell and Churchill, 1882. pp. 14-18, 35-36.

Cutter, Charles Ammi. "Arrangement and Notation for Shakesperiana." *Library Journal*, 9 (August 1884). pp. 137-39.

Cutter, Charles Ammi. "Author-Tables for Greek and Latin Authors." *Library Journal*, 11 (Aug.-Sept. 1886). pp. 280-89.

Cutter, Charles Ammi. "How to Use Cutter's Decimal Author Table." *Library Journal*, 12 (July 1887). pp. 251-52.

Cutter, Charles Ammi. "Cutter's Author-Table: the Arrangement of Biography." *Library Journal*, 12 (December 1887). p. 544.

Cutter, Charles Ammi. "Adversaria." *Library Journal*, 13 (Mar.-Apr. 1888). p. 79.

"Cutter Author-Numbers in Connection with the Dewey Classification" [A Symposium]. *Library Journal*, 13 (Sept.-Oct. 1888). pp. 308-9.

Cutter, Charles Ammi. "The Cutter Author Marks: Why and How They are Used." In: *Expansive Classification*. Part I,. Boston, The Author, 1891-1893. pp. 139-60

Cutter, Charles Ammi. "Comment." *Library Journal*, 21 (October 1896). p. 443.

Cutter, Charles Ammi. *Explanation of the Cutter-Sanborn Author-Marks (Three Figure Tables)*. 3rd ed. Northampton, Mass., Herald Office, 1899.

Cutter, Charles Ammi. *Explanation of the Alphabetic-Order Marks (Three Figure Tables)*. Northampton, Mass., C. A. Pierce, 1901.

Cutter, Charles Ammi. *Explanation of the Cutter-Sanborn Author-Marks (Three-Figure Tables)*. 4th ed., rev. by Kate Emery Jones. Boston, Library Bureau, 1904.

Cutter, Charles Ammi. *Explanation of the Alphabetic-Order Marks (Two Figure Tables)*. Northampton, Mass. Herald Job Print., 1911.

Cutter, Charles A.*C.A. Cutter's Two-Figure Author Table*. Swanson Swift Revision, 1969. Chicopee. Mass., H. R. Huntting, 1969.

Cutter, Charles A.*C.A, Cutter's Three-Figure Author Table*. Swanson Swift Revision, 1969. Chicopee, Mass., H.R. Huntting, 1969.

Cutter-Sanborn Three-Figure Author Table. Swanson-Swift Revision, 1969. Chicopee, Mass., H. R. Huntting, 1969.

Daniels, Joseph F. "Author and Title Marks in Fiction." *Public Libraries*, 7 (April 1902). pp. 143-144.

Dewey, Melvil. "A Modern Accession Catalogue." *Library Journal*, 1. (May 1877). pp. 315-320.

Dewey, Melvil. "Principles Underlying Numbering Systems-First Paper." *Library Journal*, 4 (January 1879). pp. 7-10.

Dewey, Melvil. "Principles Underlying Numbering Systems-Second Paper: a New Numbering Base." *Libray Journal*, 4 (March 1879). pp. 75 -79.

Dewey, Melvil. "Arrangement on the Shelves-First. Paper." *Library Journal*, 4 (April 1879). pp. 117-20.

Dewey, Melvil. "Arrangement on the Shelves-Second Paper." *Library Journal*, 4 (June 1879). pp. 191-94.

Dewey, Melvil. "Eclectic Book-Numbers." *Library Journal*, 11(Aug.-Sept. 1886). pp. 296-301.

Fitzpatrick, John. "The Mnemonic Numbering of Books" *Library Journal*, 7 (September 1882). pp. 229-30.

Immroth, John P. "Cutter, Charles Ammi" In: *Encyclopedia of Library and Information Science*. vol.6, New York, Marcel Dekker, 1971.

Langton, H.H. "Systems of Shelf-Notation." *Library Journal*, 21 (October 1896). pp. 441-43.

Laws, Anna Cantrell. *Author Notation in the Library of Congress*. Washington, Government Printing Office, 1917.

Lehnus, Donald J. *Book Numbers: History, Principles, and Application*. Chicago, ALA., 1980.

Levy, Grace. "Cuttering the Corporate Entry." *Special Libraries*, 60 (December 1969). pp. 657-58.

"Libraries on Special Authors." *Library Notes*, 2(June 1887). pp.14-16.

Massey, A.P. "Classification of Fiction." *Library Journal*, 6 (January 1881). pp. 7-9.

Mead. H, Ralph. "Some Problems in Book Numbers." *ALA Bulletin*, 5 (July 1911). pp. 251-53.

Merrill, William Stetson. "The Merrill Book Numbers." *Public Libraries*.

17 (April 1912). pp. 127-29.

Merryman, John Henry, and Long, Rosalee M. “A New Author Notation.” *Library Resources 8 Technical Services*, 9 (Summer 1965). pp. 356-58.

Neiswanger, Laura. “Book Numbers in University Libraries.” *Catalogers' and Classifiers' Yearbook*, No.8, 1939. Chicago: American Library Association. 1940. pp. 88-95.

Olin. C.R. “An Order Table for Collective Biography.” *Library Journal*. 18(May 1893). p. 144.

“Plans for Numbering, with Especial Reference to Fiction: a library Symposium.” [Contribution by John Edmands, Josephus N. Larned. Melvil Dewey. Charles A. Cutter, and Frederic B. Perkins.] *Library Journal*, 4(February 1879). p. 38-47.

Poole, William Frederick. “Shelf-Lists vs. Accession Catalogue.” *Library Journal*, 3 (September, 1978). pp. 324-26.

Richardson, Ernest Cushing. “An Expansive Author-Table.” *Library Journal*, 18 (June 1893). p. 187.

Satua, Mohinde Partap. “Book Number and Call Number.” In: Encyclopedia of Library and Information Science. Vol.45. New York, Marcel Dekker. 1990. pp. 18-45.

Schwartz, Jacob. “A ‘Combined’ System for Arranging and Numbering.” *Library Journal*, 3 (March, 1878), pp. 6-10.

Schwartz, Jacob. “Mr. Cutter’s Numbering Plan.” *Library Journal*, 3(October 1878). p. 302.

Schwartz, Jacob. “A New Classification and Notation.” *Library Journal*, 7 (July-Aug. 1882). pp. 148-66.

Swan. Charles H. “Alfab. -Order Table for Names of P1aces.” *Library Juornal*, 11 (April 1886). p. 118.

Swanson, Paul K. and Swift, Esther M. *Instruction Book for C.A. Cutter's Two-Figure Table*. Swanson-Swift revision, 1969. Chicopee, Mass., H.R. Huntting, 1969.

Swanson, Paul K. and Swift, Esther M. *Instruction Book for C.A. Cutter's Three-Figure Table*. Swanson-Swift revision, 1969. Chicopee, Mass., H.R. Huntting, 1969.

Swanson Paul K. and Swift, Esther M. *Instruction Book for Cutter-Sanborn Three-Figure Author Table*. Swanson-Swift revision, 1969. Chicopee. Mass., H. R. Huntting, 1969.

Tomlinson, Anna Louise. "Are Cutter Numbers Doomed?" *Library Journal*, 57 (March 15. 1932). p. 292.

Winsor, Justin. "Shelf-List vs. Accession Catalogue." *Library Journal*, 3 (September 1878). pp. 247-48.

Design of New Author Table
including it's Automatic Retrieval System

by Park, Joon Shik

〈ABSTRACT〉

The first purpose of this study is to evaluate the contents through the analysis of the merits and demerits, and its special quality of the *Cutter-Sanborn Three-figure Author Table.* The second purpose is to design a new author table with improvement of its demerits detected from the results of the analysis. The third purpose is to design automatic retrieval system of the new author table. The abstract of this study is as follows:

1. Author notation has a function to distinguish books in the same class numbers. However, author notation is the supplementary method of the classification and with these all works of individual author, and his relative works such as critics and biographies are collected together. So, its function could be seen as a supplementary symbol of the classification.
2. The form of organizing the author table has two methods. The one is the enumerative method and another is the analytic method. In this study we find that enumerative author table is more effective than the other in view of individualizing capability, simplicity, criterion of arrangement, efficiency of

numbering, and possibility of the automatic retrieval system by means of comparing the specification of these two. Also this study suggests a standard for an ideal enumerative author table design. Such standard is presented based on the analysis of several elements such as suitability of headings, arrangement criterion on the shelves, efficiency of numbering, percentages of the numbers assigned to each letter, separation of headings, the use of table and effectiveness of information searching, and possibility of automatic retrieval system design.

3. Author notation was developed from the fixed notation like the early sequential accession number to relative method which new books could be inserted among existing books: from the form in which they put the author's name into translation system which convert it into symbol and from pure notation to mixed notation in which letters and numbers were mixed.

4. With the results of the analysis of *Cutter-Sanborn's Table*, several adventages were found in the area of enumerative- ordinal numbering system, mixed notation method in which letters and numbers were combined, simplicity of notation, and information retrieval. A defect is that each corporate author and serials and reference book's titles are difficult to be numbered, and there is serious diviation in percentages of the numbers assigned to each letter because each letter apportion rate was applied without any criteria. Such phenomenon decrease the effectiveness as author notation in several letters. The separation of headings are seriously unbalanced because the separation of heading is not consistent with actual publishing trends. This phenomenon made difficult individualization of materials in several letters.

5. This study suggests anew author table by reflecting the advantages of *Cutter-Sanborn's Table* and by improving the several problems. The new author table include not only corporate author and subjects but also person's names in selection of headings. The new author table was organized by considering the actual publishing trends and frequencies of the names and titles and separation of headings.
6. A new automatic retrieval system was designed to reduce the time for the numbering which was a common defect all the existing enumerative author tables.

부록: 저자기호표 자동검색 시스템 프로그램

```
REPORT ;저자 기호법 자동화 시스템
        ;기본표목에 대한 저자기호 자동산출
        SET HORT1="W *205, *205, *205, *205, *205, *205, *205, *205, *205, *205"
        SET SC=";" W#
        SET DX=20, DY=5
        W *27, *91, DY, *59, DX, *72
        W *213 X HORT1 X HORT1 X HORT1 X HORT1 W *184
        W !?19, *179, ">>>>> ", $P($T(TEXT+1), SC,3)," <<<<<", *179
        W !?19, *212 X HORT1 X HORT1 X HORT1 X HORT1 W *190
        W !!!!?26, "1.", ?33, $P($T(TEXT+2), SC, 3)
        W !!!!?26, "4." ", ?33, $P($T(TEXT+2), SC, 4)
        W !!!?19, *213 X HORT1 X HORT1 X HORT1 X HORT1 W *184
        W !?19, *179, ?60, *179
        W !?19, *212 X HORT1 X HORT1 X HORT1 X HORT1 W *190
        SET DX=26, DY=20
        W *27, *91, DY, *59, DX, *72
        W $P($T(TEXT+3), SC, 3)
P1      SET DX=54, DY=20
        W *27, *91, DY, *59, DX, *72
        W *7 R NO#1
        IF '$L(NO)!(NO'?1N)!(NO'>0)!(NO'<5) GOTO P1
        IF NO=4 W #!!!!!!!?5, "Exitng ........." QUIT
        ELSE SET NO1=NO+3
        SET ROU=$P($T(TEXT+NO1), SC, 3)
        D @ROU GOTO REPORT
        QUIT
TEXT    ;
        ; ; M A I N M E N U
        ; ; 검색 종료
        ; ; 원하는 기능[1-4]---------[ ]
        ; ; PRET
        ; ; ^PSTWD
        ; ; ^TRFORM
```

```
        ; 기본 표목 검색 및 구축 루틴
PRET    SET HORT2="W *205, *205, *205, *205, *205, *205, *205, *205
        *205"
        SET SPACE="W !?10,*179, ?69, *179"
        W#
        SET DX=11, DY=3
        W *27, *91, DY, *59, DX, *72
        W *213 X HORT2 X HORT1 X HORT1 X HORT1 X HORT1 X HORT2 W *184
        X SPACE
        W !?10, *179, ?23, $P($T(ROPT+1),SC,3). ?69, *179 X SPACE
        W !?10, *198 X HORT2 X HORT1 X HORT1 X HORT1 X HORT1 X HORT2 W
        *181
        X SPACE X SPACE X SPACE X SPACE X SPACE
        X SPACE X SPACE X SPACE X SPACE X SPACE
        W !?10, *198 X HORT2 X HORT1 X HORT1 X HORT1 X HORT1 X HORT2 W
        *181
        X SPACE X SPACE X SPACE
        W !?10, *212 X HORT2 X HORT1 X HORT X HORT1 X HORT1 X HORT2 W *190
        SER DY=10, DX=17
        W *27, *91, DY, *59, DX, *72
        W $P($T(ROPT+2),SC, 4)
        W !!!!?10, *179, ?16, $P($T(ROPT+2), SC, 3)
        SET DY=19, DX=13
        W *27, *91, DY, *59, DX, *72
        W $P($T(ROPT+3), SC,4)
        W !!?10, *179," ",$P($T(ROPT+3), SC, 3)
PR1     ;
        SEF DY=19, DX=13
        W *27, *91, DY, *59, DX, *72
        W *7, $P($T(ROPT+3), SC, 4)
        SEF DY=19, DX=26
        W *27, *91, DY, *59, DX, *72
        R CMD#1
        GOTO PR2: $L(CMD)&( "RC"[CMD!( "rc"[CMD)), PR3: $L(CMD) &
        ("Ee")
        [CMD), PR1: 1
        ;
        ;
PR2      기본 표목 검색 부분
        SET DY=9, DX=17
        W *27, *91, DY, *59, DX, *72
```

```
PR2     W !?10, *179, ?16, $P($T(ROPT+2), SC, 4), ?69, *179
        W !!!!?10, *179, ?16, $P($T(ROPT+2),SC.3), ?69, *179
        SET DY=10, DX=41
        W *27, *91, DY, *59, DX, *72
        READ PYOMOK. GOTO PR1: PYOMOK=""
LTU     ; 소문자를 대문자로 변환하는 루틴
        S (CH, M)=""
        S LENG=$L(PYOMOK)
LTU1    SET J=0
LTU2    ;
        S J=J+1 GOT0: J>LENG LTU3 SET CH=$E(PYOMOK, J)
        I $A(CH)'<97&($A(CH)'>122) S UP(J)=$C($A(CH)-32), M=M_UP(J) G LTU2
        E S M=M CH G LTU2
LTU3    SET PYOMOK=M
        IF PYOMOK[", " D COMMA
SP      IF PYOMOK["  " D DSPACE G: PYOMOK["  " SP
        SET INIT=$E(PYOMOK), TWO=$E(PYOMOK, 1, 2)
        IF ($L($P(PYOMOK, " ", 1))'<2)&$DATA(TWO)=11 SET (X, FOL)=TWO
        ELSE SET (X, FOL)=" "
        ;
        ; 저자기호표 검색
        G PR22:X=PYOMOK
        S FOL=$ORDER(^MST(INIT, X)) GOTO PR22:FOL]PYOMOK
        ;
PR21    S X=$ORDER(^MST(INIT, X)) G PR22:X=PYOMOK
        S FOL=$ORDER(^MST(INIT, X)) I FOL=PYOMOK S X=FOL G
        PR22
        GOTO PR21: PYOMOK]FOL&(FOL'="")
PR22    ;
        SET DY=14, DX=41
        W *27, *91, DY, *59, DX, *72
        W ^MST(INIT, X) GOTO PR1
PR23    ;
PR3     ;
        QUIT
COMMA   ; 입력데이터의 "," 처리
        S CFST=$P(PYOMOK, ",", 1), CSND=$P(PYOMOK, ",", 2)
        S PYOMOK=CFST_", "_CSND
        QUIT
DSPACE  ; 입력 데이터의 두개의 인접 공란 처리
        S SFST=$P(PYOMOK,"  ", 1), SSND=$P(PYOMOK, "  ", 2)
        S PYOMOK=SFST_" "_SSND
        OUIT
```

```
DSPACE ; 입력 데이터의 두개의 인접 공란 처리
        S SFST=$P(PYOMOK," ", 1), SSND=$P(PYOMOK, " ", 2)
        S PYOMOK=SFST_" "_SSND
        OUIT
        ; 기본 표목 검색 TEXT
ROPT    ; ; <<<<<기본표목검색>>>>>
        ; ;<<<<<저자기호>>>>>기본표목:
        ; ; *******<<<< R=검색, C=계속, E=복귀>>>>*******: [명령어]>>
        [_]
EOF     ; END OF FILF
TRFORM ; 도스 파일을 GLOBAL ARRAY 구조로 변환하는 루틴
        KILL S (INIT, PM, BNBR, BNO)=""
        OPEN 0,1,2:("A": "DATA-F. DAT")
TR1     USE KILL UP
        READ DATA IF DATA=""QUIT
        DO FORM
        SET DATA1=$E(DATA, 2, 99)
        SET PYOMOK=$P(DATA1, " ", 1)
        SET INIT=$E(PYOMOK)
        SET LOC=$L(PYOMOK)
TR2     SET LOC=LOC+1
        SET NUM=$EXTRACT(DATA1, LOC)
        IF $ASCII(NUM)'>47!($A(NUM)'<58) GOTO TR2
        SET BNBR1=$E(DATA, LOC+1, LOC+3)
        SET BNBR=INIT BNBR1
LTU     ; 소문자를 대문자로 변환하는 루틴
        S (I, J)=0, (Y, PM, MN, X)=""
        S LENG=$L(PYOMOK)
LTU1    SET J=0
LTU2    ;
        S J=J+1 GOTO: J>LFNG LTU3 SET CH=$E(PYOMOK, J)
        I $A(CH)=9 S PM=PM_""G LTU2 ;Tab 문자 제거
        I $A(CH)'<97&($A(CH)'>122) S UP(J)=$C($A(CH)-32)
        I S PM=PM_UP(J) G LTU2
        E S PM=PM CH G LTU2
LTU3    ;
        SET LN=$LENGTH(PM)
        IF $E(PM, LN)=" " SET PM=$E(PM, 1, LN-1)
        SET ^MST(INIT, PM)=BNBR GOTO TR1
FORM    ;
        USE 0 W #!!!!!!!!!!?10, $P($T(TXT+1). ";", 3) QUIT
TXT     ;
        ; ; ********** 변 환 중 **********
EOF     ; END OF FILE
```

《중앙대학교. 1992. 2 박사학위논문》

• 鄭駜謨教授指導 博士學位 論文 3 •

英美 著者記號表 研究

- 초판인쇄 2005년 1월 10일
- 초판발행 2005년 1월 15일
- 지 은 이 박준식
- 펴 낸 이 채종준
- 펴 낸 곳 한국학술정보(주)

경기도 파주시 교하읍 문발리 파주출판정보산업단지 526-2
전화 031) 908-3181(대표)·팩스 031) 908-3189
홈페이지 http://www.kstudy.com
e-mail (e-Book 사업부) ebook@ kstudy.com

- 등 록 제일산-115호(2000. 6. 19)
- 가 격 15,000원

ISBN 89-534-2206-X 94020 (Paper book)
89-534-2207-8 98020 (e-book)
89-534-2200-0 94020 (Paper set)
89-534-2201-9 98020 (e-book set)